神学と神話
ドイツ文化誌の視座から

河崎 靖

現代書館

神学と神話

ドイツ文化誌の視座から

目　次

はじめに……………………………………………………4

序…………………………………………………………10

第Ⅰ部　神学の歴史
キリスト教神学の成立史
——異教の文化圏への伝播の歴史——……13

第1章　キリスト教の諸問題
　　　　——『旧約聖書』をどう読むか——……18

第2章　『聖書』が生まれた背景………………30

第3章　文化としての『聖書』
　　　　——キリスト教の伝播——…………58
　　1．十字軍……………………………………58
　　2．ローマ……………………………………63
　　3．ギリシア…………………………………69

第Ⅱ部　現代の神学
文化誌としての神学
——聖書・信仰・戦争——……………87

第1章　ルター
　　　　——『聖書』を軸に——………………98

第2章　ニーメラー
　　　　——権力に対峙する牧師——………133

第3章　ボンヘッファー
　　　　——ナチスに立ち向かう——………160

第4章　ガレン神父
　　　　——カトリックの立場から——……183

第5章　カール・バルト
　　　　——「告白教会」の支柱——………200

第Ⅲ部　神学と神話
　　　神話の世界
　　　　　──異教文化圏におけるキリスト教── ………215
　第1章　ゲルマン神話の本質……………………………218
　第2章　比較神話学………………………………………242
　第3章　日本神話（出雲神話を中心に）…………………254
　第4章　世界の神話………………………………………272

参考文献……………………………………………………277
おわりに……………………………………………………288

　　　　　　　　　　　　　　　　　　　　作図　曽根田栄夫

はじめに

> Seid allezeit fröhlich, betet ohne Unterlaß, seid dankbar in allen Dingen; denn das ist der Wille Gottes in Christus Jesus an euch.
> 「第一テサロニケ」(5, 16-18)[1]
> いつも喜んでいなさい。
> 絶えず祈りなさい。
> どんなことにも感謝しなさい。これこそ、キリスト・イエスにおいて、神があなたがたに望んでおられることです。

　本書では、ドイツ語の文献を中心にキリスト教の歴史・思想について解説を加えている。

　キリスト教は民族・人種・言語を越境する世界宗教であり、さまざまな言語圏においてすでに長い歴史を有することは言を俟たないであろう。しかし、本書ではあえてドイツ語圏、ドイツ語文献を軸として考察を進めている。これには以下のような理由がある。

　歴史的にキリスト教圏と見なされている欧州においてドイツのみがカトリック・プロテスタントがほぼ同数という均衡を保っているという珍しい国である点が挙げられる。これは国内において常に複数の視点で宗教的意見が存在することを示しており、これはキリスト教の思想を考察する上において、注目に値する特徴と言えるであろう[2]。また併せて、その要因でもある宗教改革が起きた国ということも広く知られている史実である。ルターの宗教改革は、宗教意識のみならず当時の人びとに多様な意識改革をもたらし、その影響力は全欧州にも及んだ。

これは中世におきた画期的改革であり、のちの近代への道のりの一里塚であった。宗教思想というと、ときに静的な沈思黙考と思われる向きもあるが、実は同時代的な思想課題に向き合う、動的な活動をも含むのである。時代状況に応じてさまざまな思想的脱皮を試みる精神的足跡を学ぶために、宗教改革の母国と言うべきドイツ史を改めて再考することには大きな意義があろうと思われる。

そして、何よりも重要な点は、ドイツが20世紀においてナチスという忌まわしき時代を経験していることである。言うまでもなく、ナチスはドイツで起きた政治運動であり、差別的であり、反博愛的な民族主義は前例を見ない残虐さでユダヤ人やロマなどの「異民族」を殺害した。この「加害の国」においてキリスト教は、まさに真価を問われたのである。ナチスに加担した人びとの中で孤立しながらも、ナチスに抵抗したキリスト者も同時にいたのである。この困難な時代にキリスト教はどんな思想・運動を示し得たのかを学ぶにはドイツ現代史は、人類に残されたメッセージでもある。

本書は、このように、主にドイツ語の諸テクストを使いながら、神学・神話の歴史とその意義を考察する試みである。つまり、キリスト教の伝播・拡張の過程を宗教学・歴史学の視点からではなく「文化的格闘の歴史」と見ることによって『聖書』がこれまでさまざまな文化圏で及ぼしてきた影響について、ドイツ語などの文献を用いながら検討・考究を行うものである。神学・神話の諸要素を踏まえ、ドイツ語文献を軸に考察を展開する構成をとっている。

したがって、本書の読者は、場合によっては文脈に応じて複数のポイントを見出すことがあるかもしれない。キリスト教史

についての解説本として読んで下さる方もいれば、あるいは少し発展的なドイツ語の参考書として利用して下さる方もいるかもしれない。しかし、実はいずれの視点で読んで下さっても筆者にとっては大きな喜びなのである。なぜなら、キリスト教理解には外国への興味や外国語の知識は大いに役立つものであり、このように多角的にキリスト教を学ぶということは大変重要だからである。

　今この世界にいるという存在意義、生死の意味に関わる問題に対して、然るべく説得力をもって答えてくれる存在はいるだろうか？　共同体もしくは社会の安定を保証する必要に応えてくれるものは果たしてあるだろうか？　この人類普遍の"永遠の問い"に真摯に向き合ってきたのが神学であり神話である。

　始原の時よりこの世のあり方について問いかけ、ひたむきに答えを模索してきた神学は、古代の人たちには一種のモラルのように機能していたのであろう。世界の成り立ちや生き方の指針を示し、時空を超越した大いなる視点で生命のあり方を捉える構想力は、いずれの神話にも見出せる特性と言えるだろう。かくして神学・神話は語り継がれるべく存在し続けるのである。神学や神話は、人間が自分を取り囲む世界についての思索の結晶とみなすことができ、また、人間を他の動物、つまり自然と区別する、いかにも人間らしい所業である。どのようにして宇宙は、人間は、文化はでき上がったのかと思考することこそ、文化の所有者である人間を人間たらしめていると言うこともできよう。

　確かに、時代や共同体によって、超越的絶対者の規定も異なる。その意味では神話もまた絶対的な物語ではなく、相対的なものと言えるであろう。例えば『旧約聖書』のメシア（救世主）

像は、イスラエルの軍隊を率いて敵を倒すダビデ王のような力強い戦士にして神の民の支配者たる人間である。この救世主とは、神に選ばれし者が支配する王国を建設する前に、圧倒的な力で敵と戦う、一種の地上における世界の審判者なのである(5)。敵を制圧し、権力で神の民を統べる力を神から与えられた偉大で強力な存在のことである。あるいは、異教であれば超越者のイメージは根本からまったく異なる場合もある(6)。このような異教の超越者もときに崇拝の対象になるのは、異教の神々が繁栄・健康などの恩恵をもたらすことで、生きていくことを意義あるものにしてくれるからであり、信者は伝統的なやり方で神々に祈りを捧げることで(7)、受け継がれてきた古来の伝統を守ることになる。人は何かを決断するとき、信仰に基づくのでなければ気持ちが揺らぐものである。自ら自身の決めごとだけでは自信がもてなくなる。そんなときキリスト教徒であれば『聖書』は信仰のよすがとなる。

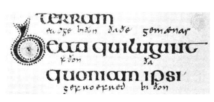

リンディスファーン福音書 Lindisfarne Gospel（7世紀の宝石をちりばめた華麗なヴルガータの写本）の行間訳（gloss）は注目に値する。イギリスの聖書研究の質の高さが窺える(8)（British Library所蔵）

　学究的な活動（学会など）と日常（信者の実生活）とが2つの世界に分離してしまっていることは否めない。この現実を前に、神学からの視点にしても神話学的な観点からにしても、キリスト教など宗教について新たに考え直すきっかけが与えられればと望むところである。現代の学問的水準（神学・神話）とは従来の先行研究と格闘して得てきた貴重な力の源である。この力

を自らの内に見出し、自分なりになすべきことに思いを巡らすことの重要性を改めて感じる。神学者で言えば、自分の霊性が自らの神学的な研究成果とどう絡んでいくかに関して常に苦闘し続けなければならない。同時に、一般の信者もまた自分の信仰心を教会での活動の中でどのように活かしていくかを考えることは日常的な課題であろう。学識に裏打ちされた信仰にすることが理想であろう。(9)神学と信仰とが有機的に結びつけられて、キリスト教について新たに考え直すきっかけになればという思いである。

【注】

(1) ルター『聖書』(1984)
(2) 出典：https://ja.wikipedia.org/wiki/%E3%82%AD%E3%83%AA%E3%82%B9%E3%83%88%E6%95%99%E8%AB%B8%E6%95%99%E6%B4%BE%E3%81%AE%E4%B8%80%E8%A6%A7（2018年10月アクセス）なぜ本書では数ある外国語テクストの中で、あえてドイツ語のテクストを多用しているのであるか？ そこには実はドイツ語圏とキリスト教の歴史が深く関係している。この点についても本書の記述の中でその都度、言及していきたい。

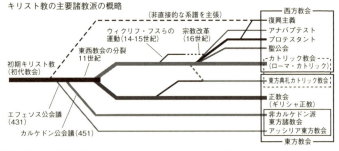

(3) まさに「神話というのは、いま、ここに生きてあることの根拠を語る」（三浦 2003:19）ものである。

(4) 吉田・松村（1987:31-2）
(5) アーマン（2011:173-174）
(6) 基本的にはキリスト教以外の宗教のこと。
(7) アーマン（2011:192-193）
(8) ドイツ語などの俗語が文字として書かれる契機となったのは、ラテン語テクストに付けられた語釈だった。ラテン語に該当する単語が行間訳として添えられた（ブリンカー・フォン・デア・ハイデ 2017:228）。

(9) 秦（2018:318）：「世に信仰の書となった文書ほど取り扱いに難しいものはない。偏らず、適切に、過もなく不足もなく紹介することなどは至難の業である」。

序

　そもそも宗教とは何のためにあるのか。ある社会状況（例：軍隊）で懸命に生きる人たちの支えになるためか、あるいは、社会的に虐げられている人々に寄り添う目的のためなのか。宗教の存在意義がますます問われる時代ではある。

　翻って思い起こせば、イエスの周りに集まった原始キリスト教の人びとは間違いなく平和主義であったはずである。イエスの宗教運動はその理念として絶対平和主義を掲げているし、『旧約聖書』の「イザヤ書」などに見られる次のような思想を展開しているわけである：「主は国々の争いを裁き、多くの民を戒められる。彼らは剣を打ち直して鋤とし槍を打ち直して鎌とする。国は国に向かって剣を上げず、もはや戦うことを学ばない」（「イザヤ書」2:4）。この部分は『旧約聖書』の中の平和主義を表わす側面としてよく知られている。さて、本来の信仰に立ち戻るということは、『新約聖書』のイエスのことばやパウロの書簡などを根拠とするわけで、いわゆる非暴力主義・平和主義に立ち返ることである。歴史の中で、この繰り返しが何度も行われたということではないか。

　不信と暴力が今、説得力を持ちつつあるように感じられてならない。隣人、特に自分たちに似ていない隣人に私たちは良き振る舞いを取り得るのか？　今こそ、私たちの社会の真価が問われているように感じられる。サマリア人の教えが、21世紀の人類にはまだ遥かに遠い光に思われる。愚かな為政者に誤った力を与えないよう、ひたすら学び、小さく行動し続けないと

いけない時である。

　本書では、第Ⅰ部「神学の歴史」で、まずキリスト教神学の成立史、および、『聖書』が正典として生まれたプロセスを概観する。ここでは、キリスト教が異教の文化圏に伝播していく歴史を中心に考察する。続いて第Ⅱ部「現代の神学」では、戦争をキーワードに、ニーメラー・ボンヘッファー・バルトらがどのような思想を展開したのか、彼らの生の言葉を用いて裏付ける。併せて、歴史的背景として。ギリシア・ローマ、十字軍、宗教改革者ルターについても十分に言及した。最後の第Ⅲ部「神学と神話」は、神学の諸問題と通底する神話学の視点から神学と神話の関連性に斬り込む。世界のさまざまな神話を対象とする比較神話学の術語を用いて、ゲルマン神話・日本神話を例証として、神話学の観点から神学との親和性に関し論考を試みたい。

「死海文書」

【注】

(1) 軍事にたずさわることとキリスト教信仰とは相容れないものなのだろうか（石川2016:183）。

第I部

神学の歴史
キリスト教神学の成立史
――異教の文化圏への伝播の歴史――

Der HERR segne dich und behüte dich; der HERR lasse sein Angesicht leuchten über dir und sei dir gnädig; der HERR hebe sein Angesicht über dich und gebe dir Frieden.[1]
主があなたを祝福し、あなたを守られるように。
主が御顔(みかお)を向けてあなたを照らしあなたに恵みを与えられように。
主が御顔をあなたに向けてあなたに平安を賜るように。(民数記6:24-26)[2]

現在、世界の各地で起こっている戦争に対して、宗教の側からは、「われわれは平和を説いているのであって、戦争のような暴力行使とは関係がない」という趣旨の言明がなされることがしばしばある。一般的に戦争には大義名分（正当化）が必要であり、この点に関しては、かつてチチェスター（イギリス）のジョージ・ベル主教（イギリス国教会）が提案したように、少なくとも正しい戦争か否かという（戦争を正当化する）議論に宗教（教会）が加担しないことの重要性が今日ますます問われている。戦争の問題に限らず、また、クリスチャンであるか否かに関わらず、今日の私たちは世界のさまざまな社会問題に広くアンテナを張っておく必要がある時代に生きているのだという自覚が要ることは確かである。戦争と宗教という問題は、このように古くて新しいテーマである。

　聖典をもつ宗教において、信仰の最重要な教義はそこに十全に込められていると見なされていることが通例である。その宗教の信徒であるか否かは、聖典の教えを尊び帰依するか否かによって明らかになるほどである。故にキリスト教徒・ユダヤ教徒の大半が、『聖書』の執筆の時点において何らかの神からの霊感があったものと信じているのは、むしろ当然のことと理解できるであろう。場合によっては、『聖書』の一言一句は神のことばであり、ゆえに完全無欠で決して矛盾のないものと考えている。『聖書』に「聖書はすべて、神の霊感によるもので、教えと戒めと矯正と義の訓練とのために有益です」（テモテ3:16）とあるように、聖書は神の口から紡ぎ出された言葉であるのだから、『聖書』の神聖さ・無謬性は絶対的だとする捉え方が今日なお大多数のキリスト教徒の『聖書』に対する態度である。

聖典は信仰の礎であるのだから、こうした姿勢は当然ではあるが、あえて『聖書』を「著作物」として歴史学的・文献学的に考察すれば、その位相は当然、異なってくる。実際、『聖書』はどのようにして成立したのか。決して、完成した文書として天から舞いおりたのでもなければ、ひとりの人間（モーセ）が啓示を授かり、それを一言一句記録したものでもない。歴史的著作物である聖典とは、長い年月をかけ、多くの人の手を経て記述・筆写・編集がなされたものであり、その過程で時代と環境の影響をさまざまに受けてきた。『聖書』という聖典は、私たちが考えているように、当初から定まったものではなく、むしろ各宗派がそれぞれ異なった文書を崇敬し、それら諸々のものがある意味、人為的に集大成され現在ある形にまとめあげられてきたと見るほうが現実に近いと言えよう。

キリスト教の『旧約・新約聖書』の正典化のプロセスを見ると、紀元後1世紀末には現に数多くの著述家によるキリスト教の文書がいくつか存在していたことがわかってくる。そして、正典としての文書が権威を与えられる前に、実は、教会が何を信じ、どのような形で礼拝すべきかということすらも決定していた。すなわち、『聖書』という聖典が仕上がる前の時点で、教会公会議や教会教父が教義や典礼の教令を決めており、この信条に合うキリスト教文書を『聖書』として取捨選択したわけである。こうして、初期教会の教父たちが、紀元後1世紀から2世紀初期の文書の一部を元に、キリスト教徒のための教会の規準（教令）をまず定め、これに矛盾しない文書をいくつかの公会議での議論を経て選定していく作業が続くのである。イエスが磔刑に処せられて後4世紀かけて正典化に向けての話し合いが行なわれ、ようやく今日の形の『聖書』が誕生するという

ことになる。このように『聖書』の成り立ちは思っている以上に入り組んだ複雑な経緯を辿ったわけである。[13]

【注】

(1) 『ルター聖書』(1984)。今日の語法に合うように、正書法・文体面などが改訂されている。
(2) ケテフ・ヒンノム碑文(紀元前7世紀中期～紀元前6世紀初期。現在、イスラエル博物館@エルサレム所蔵)に記されている祭祀の祝福の言葉。この碑文の文言の多くが、後代、編集者の手によって『旧約聖書』の「民数記」の本文に組み込まれることになった。こうした古い時代のヤハウェ礼拝者の思想や行いが収集され編集された集成が『旧約聖書』なのである。実際、ヘブライ語聖書になるテクストが書き記され最古の版として編集されたのはペルシア時代(紀元前6～5世紀)のことである。
(3) 戦争を政治的あるいは経済的な要因によって説明しようとする立場は、戦争の重大な別の側面を見逃している。すなわち、戦争は、古代・中世においてのみならず現代においても、その当事者にとっては「聖戦」に他ならないという点である。これはいかなる戦争においても絶対条件である。そのために宗教・信仰をめぐる争いもまた絶えることがなかった。(アーマン2011:169):「キリスト教徒が何世紀にもわたって、いかに暴力的で、抑圧、権利侵害、戦争、十字軍、大虐殺、宗教裁判およびホロコースト(大虐殺)を助長してきたか」。
(4) 新改訳『聖書』による。
(5) 洗礼の仕方、迫害への対処法、三位一体の考え方、復活祭のあり方などに関して、信者の間で解釈の違いが生じてくるわけである。
(6) 初期キリスト教時代以来作成されてきた文書の中には、いわゆる偽造文書(偽りの著者名を冠した文書)も多くある。ただ、自分の正体を偽った著者が、信仰のために嘘をついたと考えれば、この行為は容認されるかもしれない(アーマン2011:324)。
(7) カーギル(2018:277)
(8) There are many Gospels available to early Christians - not just the Matthew, Mark, Luke, and John familiar to readers of the New Testament today. Even though most of these other Gospels have

become lost public view, some were highly influential within orthodox circles throughout the Middle Ages (Ehrman 2003:8).

(9) カーギル (2018:283):「初期キリスト教の教義は、正典からではなく、人間つまり初期教会教父から生まれた」。
(10)「使徒信条」の原型とされる「古ローマ信条」は2世紀末に成立している。
(11) カーギル (2018:279):「キリスト教の最初の数世紀の間に作られた『聖書』の書の目録は複数あった。[…] 意見の相違が一致を見るのはなんと四世紀の終わりになってからだった」。あるいは、カーギル (2018:283):「三世紀中葉、[…] 依然として教会はどの書が権威と見なされるか議論を続けていた」。
(12)「十二使徒の教訓」や「クレメンスの手紙 コリントのキリスト者へ (Ⅰ)」などの「使徒教父文書」(90年代から150年代の間に成立) は、『新約聖書』の27文書 (50年代～150年代) と年代も重なり、内容的にも「正典」に次ぐ位置を占めている。『新約聖書』と「教父文書」の中間の時代に、キリスト教の正統的立場を明らかにするため著された諸文書である。使徒教父 (Patres Apostolici) の一般的な定義は (荒井1998:13-14)、「使徒の時代に活躍した教父たち」あるいは「使徒の弟子たち」といったものである。
(13) エウセビオス (2010:4-5):「西洋のキリスト教世界において、エウセビオスの『教会史』とアウグスティヌスの著作が反ユダヤ主義の形成に非常に大きな役割をはたした」。殺すな、生かしておけ、キリスト登場の証人としてという趣旨である (エウセビオス2010:5)。これらの著作が、西洋の反ユダヤ主義の核心部分を形成してきたと言える。

第1章
キリスト教の諸問題
―― 『旧約聖書』をどう読むか ――

> Vergeltet niemand Böses mit Bösem. Seid bedacht auf das, was ehrbar ist vor allen Menschen!(1)
> 「誰に対しても悪に悪を返さず、すべての人の前で善を行うように心がけなさい。」ローマ書 (12:17)

イエスの周りに集まった原始キリスト教の人びとは間違いなく平和主義であったはずである。イエスの宗教運動はその理念として絶対平和主義を掲げており、『旧約聖書』の「イザヤ書」などに見られる次のような思想を展開しているのである。

「イザヤ書」(2:4)
Er wird richten zwischen den Nationen und für viele Völker Recht sprechen. Dann werden sie ihre Schwerter zu Pflugscharen umschmieden und ihre Speere zu Winzermessern. Nicht mehr wird Nation gegen Nation das Schwert erheben, und sie werden den Krieg nicht mehr lernen.(2)

Er「主」(Herrのこと), richten「裁く」, Recht sprechen「判決を下す（雅語）」, Pflugschar「（農耕用）鋤の水平刀」, umlschmieden「鍛造し直す」, Winzermesser「鎌，（ブドウ摘み用）ナイフ」
主は国々の争いを裁き、多くの民を戒められる。彼らは剣を打ち直して鋤とし槍を打ち直して鎌とする。国は国に向かって剣を上げず、もはや戦うことを学ばない。

この部分は『旧約聖書』の中の平和主義を表わす側面としてよく知られている。さて、本来の信仰に立ち戻るということは、『新約聖書』のイエスのことばやパウロの書簡などを根拠とするわけで、いわゆる非暴力主義・平和主義に立ち返ることである(3)。不信と暴力が今、説得力を持ちつつあるように感じられてならない。隣人、特に自分たちに似ていない隣人に私たちは良き振る舞いを取り得るのか？　今こそ、私たちの社会の真価が問われているように感じられる。サマリア人の教えが、21世紀の人類にはまだ遙かに遠い光に思われる。愚かな為政者に誤った力を与えないよう、ひたすら学び、小さく行動し続けないといけない時である。

　ところで、これまでの歴史の中でも、宗教の違いそのものが戦争の直接的な原因になるという事態は実際、それほど多くはない。ただ、宗教が戦争に連動して意識され、またあるいは戦争の大義として利用されるという例は残念ながら後を絶たない。近年のアメリカによる「十字軍」発言(4)も、キリスト教が異教に対してかつて行ってきた暴力行為を指し示し、キリスト教が自らの正義のために他宗教に対し行った戦争（聖戦）をイメージさせるものである。この聖戦のルーツを遡ると『旧約聖書』に行き着くことは言うまでもない。『旧約聖書』には異教に対する徹底的な暴力を当然のこととして正当化している言説がいくつもあるのである。特に「ヨシュア記」・「士師記」・「サムエル記」にはこの傾向が集中的に現われている(5)。

「ヨシュア記」（1:2-3, 5-6）
Wohlan, ziehe hier über den Jordan als Führer dieses ganzen

Volkes in das Land, das ich ihnen Israeliten, verleihen will! Jegliche Stätte, die eure Fußsohle betritt, gebe ich euch, wie ich dem Moses verheißen habe. […] Ich will mit dir sein, wie ich mit Moses gewesen bin; ich lasse nicht von dir ab und verlasse dich nicht! Sei mutig und stark![6]

 wohlan「さあ」, Israelit「イスラエル人」, jeglicher「すべての」, Stätte「場所」, Fußsohle「足裏」, von et.³ abllassen「断念する・見捨てる」

 今、あなたとこのすべての民は立って、このヨルダン川を渡り、私がイスラエルの人々に与えようとしている地に行け。あなたがたが足の裏で踏む所はことごとく、私がモーセに約束したとおり、あなたがたに与えている。[…] わたしは、モーセとともにいたように、あなたとともにいよう。わたしはあなたを見放さず、あなたを見捨てない。強くあれ。雄雄しくあれ。

　ここでは具体的な武力行使に言及している語はないが、その文脈は明らかに異教徒・異民族への攻撃を示唆している。

　『新約聖書』には、『旧約聖書』からの引用や、『旧約聖書』の内容を念頭においた記述が多く見られ、『旧約聖書』を参照しなければ理解できない部分が少なくない。つまり、『新約聖書』は『旧約聖書』を解説・解釈しているのである。このように2つの聖典の連動性については、『聖書』そのものの歴史経緯が関係している。旧約のヘブライ語『聖書』が完成したとみなされるのは、ヤムニア会議（ユダヤ戦争終結後、90年代に主にファリサイ派[7]のラビたちによって行われユダヤ教のヘブライ語聖書の定義と分類を決定した宗教会議）で、どの文書を『聖書』に含めるのかあるいは除外するのかが決定した時点である[8]。『新約聖書』が成立し正典とされたのは紀元397年のカルタゴ会議（第

3回の教会会議で、聖書の聖典＜Scripturas cannonicas＞の決議をした。アウグスティヌスも参加した）の席上である。実にイエスの死後、長い時を経て『新約聖書』は今のような形をとるようになったのである。口伝による伝承、イエスの言行録が次第に形を整え、紀元50-100年に福音書・書簡の大半が執筆されるに至っている（『旧約聖書』に関しても、本当のテクストはあくまで原語のものであって、原語のテクストに比べて翻訳版のテクストは「価値がない」「究極のところでは依拠できない」とするのが基本的な立場である(9)）。

　『旧約聖書』には確かに神ご自身の意思による戦いが記されている。神ヤハウェはヘブライ人の軍隊を守護する神であり、ヘブライ人が敵を打ち破り悪を打ち滅ぼすことは神に定められた神聖な義務として意義付けられている。『旧約聖書』の預言者たちが伝えた異教徒を殲滅する戦いを鼓舞する神のことばがキリスト教史の中で十字軍の思想を生み出したのだと言えるかもしれない。(10)では果たして「聖戦」なるものはあり得るのか？(11)

　『旧約聖書』は「人殺しをしてはならない」（「出エジプト」20:13）と言ってはいるが、字義通りには（ヘブライ語の意味では）「敵意をもって他者を意図的に殺すこと」(12)である。『旧約聖書』において、イスラエルの人びとは神の命令に従ってカナンの地を奪い取るという戦争の形で記されている。カナンの地に着いたとき、あくまで神の命令に従ってカナンの地を占領したと書かれている（次の箇所である）。

「申命記」（20:10-16）
Wenn du vor eine Stadt ziehst, um gegen sie zu kämpfen, so sollst du ihr zuerst den Frieden anbieten. Antwortet sie dir

friedlich und tut dir ihre Tore auf, so soll das ganze Volk, das darin gefunden wird, dir fronpflichtig sein und dir dienen. Will sie aber nicht Frieden machen mit dir, sondern mit dir Krieg führen, so belagere sie. Und wenn sie der HERR, dein Gott, dir in die Hand gibt, so sollst du alles, was männlich darin ist, mit der Schärfe des Schwerts erschlagen. Nur die Frauen, die Kinder und das Vieh und alles, was in der Stadt ist, und alle Beute sollst du unter dir austeilen und sollst essen von der Beute deiner Feinde, die dir der HERR, dein Gott, gegeben hat. So sollst du mit allen Städten tun, die sehr fern von dir liegen und nicht zu den Städten dieser Völker hier gehören. Aber in den Städten dieser Völker hier, die dir der HERR, dein Gott, zum Erbe geben wird, sollst du nichts leben lassen, was Odem hat.

 friedlich「平和的な」, auf|tun「開ける」, fronpflichtig「賦役の義務のある」, belagern「包囲（攻撃）する」, Herr「主」（強調してすべての文字を大書することもある）, erschlagen「（打ち）殺す」, Beute「戦利品」, aus|teilen「分配する」, Erbe「相続・遺産」, Odem「息（=Atem）」

ある町を攻撃しようとして、そこに近づくならば、まず、降伏を勧告しなさい。もしその町がそれを受諾し、城門を開くならば、その全住民を強制労働に服させ、あなたに仕えさせねばならない。しかし、もしも降伏せず、抗戦するならば、町を包囲しなさい。あなたの神、主がその町をあなたの手に渡されるとき、あなたは男子をことごとく剣にかけて撃たねばならない。ただし、女、子供、家畜、および町にあるものはすべてあなたの分捕り品として奪い取ることができる。あなたは、あなたの

神、主が与えられた敵の分捕り品を好きにしてよい。このようになしうるのは、遠く離れた町々に対してであって、次に挙げる国々に属する町々に対してではない。あなたの神、主が嗣業として与えられる諸国の民に属する町々で息のある者は、一人も生かしておいてはならない。

　神は、アブラハムの子孫であるイスラエルの民が（400年間エジプトで奴隷となった後）カナンの先住民であるアモン人の罪が満たされ、そのときにカナンの地に移り住むことを預言する。

「申命記」（9:4-5）
Wenn nun der HERR, dein Gott, sie ausgestoßen hat vor dir her, so sprich nicht in deinem Herzen: Der HERR hat mich hereingeführt, dies Land einzunehmen, um meiner Gerechtigkeit willen, da doch der HERR diese Völker vertreibt vor dir her um ihres gottlosen Treibens willen. Denn du kommst nicht herein, ihr Land einzunehmen, um deiner Gerechtigkeit und deines aufrichtigen Herzens willen, sondern der HERR, dein Gott, vertreibt diese Völker um ihres gottlosen Treibens willen, damit er das Wort halte, das er geschworen hat deinen Vätern Abraham, Isaak und Jakob.
　Herr「主」（強調してすべての文字を大書することもある）, aus|stoßen「追放する」, um ～ willen「～のために」, vertreiben「追い払う」, aufrichtig「誠実な」
　あなたの神、主があなたの前から彼らを追い出されるとき、あなたは、「わたしが正しいので、主はわたしを導いてこの土地を得させてくださった」と思ってはならない。この国々の民が

> 神に逆らうから、主があなたの前から彼らを追い払われるのである。あなたが正しく、心がまっすぐであるから、行って、彼らの土地を得るのではなく、この国々の民が神に逆らうから、あなたの神、主が彼らを追い払われる。またこうして、主はあなたの先祖、アブラハム、イサク、ヤコブに誓われたことを果たされるのである。

 イスラエル人は神による解放を経験した。そして、彼ら自身はエジプト人を殺すことはなかった。軍事力によってではなく、神に信頼することによってこの戦いに勝利したわけである[13]。ここでは、現実に実現した政治的・軍事的な成功を神の導きとして認識している。『旧約聖書』は独善的で偏狭な民族主義を抑制するかのような記述である[14]。『旧約聖書』の中の戦いの記述は、ヤハウェがご自身の御手の力をもって神の民を敵から救われたというところに論点がある。

 神は『旧約聖書』で見せていた、人間の罪に対する裁き（戦争で罪人たちを滅ぼす）を止め、イエス・キリストの十字架により人間の罪をお赦しになった。キリストを信じる者は悪に対して悪を返すのではなく、善によって打ち勝たなければならない[15]のである[16]。

「マタイ」(5:38-40)
Ihr habt gehört, dass gesagt worden ist: Auge für Auge und Zahn für Zahn. Ich aber sage euch: Leistet dem, der euch etwas Böses antut, keinen Widerstand, sondern wenn dich einer auf die rechte Wange schlägt, dann halt ihm auch die andere hin. Und wenn dich einer vor Gericht bringen will, um

dir das Hemd wegzunehmen, dann lass ihm auch den Mantel.[17]

an|tun「(危害などを)加える」, Widerstand「抵抗」, hin|halten「差し出す」, Gericht「裁判（所）」

あなたがたも聞いているとおり、「目には目を、歯には歯を」と命じられている。しかし、わたしは言っておく。悪人に手向かってはならない。だれかがあなたの右の頬を打つなら、左の頬をも向けなさい。あなたを訴えて下着を取ろうとする者には、上着をも取らせなさい。

　私たち人間の役割は人を裁くことではない。敵のような人であっても神の愛によって接するよう『新約聖書』の中でキリストは教えている。[18]こうした読みは、『旧約聖書』と『新約聖書』とを通した一貫したメッセージを見ようとする視点から可能になってくるのではないであろうか。[19]

　翻って考えてみれば、私たちはこれまでイスラエルの民の「選び」[20]という選民思想に囚われ、どうしても狭隘で偏狭な民族主義のようなイメージをもちがちであった。民族主義や排外的な国家主義が戦争に深く関わり、宗教信仰が戦争に重なることも少なくなかった。ユダヤ教の基礎となりキリスト教成立の土壌となった『旧約聖書』には、戦争の要因になりかねない偏狭な民族主義と並んで、諸民族の平和を希求する普遍主義とが拮抗している。平和を願わない人はおらず、中でも宗教とよばれる営みは、人類という立場から諸民族の平和と調和を希求し、人々の平安と安寧を約束するものである。平和への祈りは地球上の至るところで捧げられているわけである。

　『新約聖書』は、例えば、エルサレム中心主義を打破するイエスの発言（マルコ13:1-2, ヨハネ4:21）や、パウロの「信仰に

おいてユダヤ人もギリシア人もない」（ガラテア3:28）といった一連の発言に見られるように、『旧約聖書』の、民族主義から普遍主義へという方向性を引き継いでいる[21]。そもそも『旧約聖書』の冒頭「創世記」（第1～11章）の原初史には、人類・世界など普遍主義的な視座が語られている[22]。次の点は、いわゆる民族主義的な記述[23]とは相矛盾するとも言えるが、『旧約聖書』の中には、イスラエルの民の多様性を容認している描写も数多く見出される。例えば、

「出エジプト記」（12:37-38）
Nun brachen die Söhne Israel auf und zogen von Ramses nach Sukkot, etwa 600,000 Mann zu Fuß, die Männer ohne die Kinder. Es zog aber auch viel Mischvolk mit ihnen hinauf, dazu Schafe und Rinder, sehr viel Vieh.[24]
　aufbrechen「出発する」, ziehen「進む」, zu Fuß「徒歩で」, hinauf「さらに加えて＜あちらの上へ」
　イスラエルの人々はラメセスからスコトに向けて出発した。一行は、幼子を別にして、壮年男子だけでおよそ60万人であった。そのほか、多くの種々雑多な人々もこれに加わった。羊、牛など、家畜がおびただしい数であった。

といった場面などである。さまざまな人種の人たち（Mischvolk：エジプトでイスラエルの先祖たちと同じく強制的な賦役労働につけられていた人々のことで、人種も由来も異なる人たちだが、彼らもこの機会にエジプトから逃げ出そうということは歴史的にも十分ありうることである[25]）が、約束の地に向かうイスラエル人一行に加わっている様が描かれており、この記述などは、

いわば民族純血主義には反する姿勢であり、歴史の現実をありのままに記していると言える。⁽²⁶⁾

【注】

(1) Revidierte Elberfelder Bibel（1985）
(2) Revidierte Elberfelder Bibel（1985）
(3) 歴史の中でこの繰り返しが何度も行われてきた。
(4) 9.11事件後ほどなくしてジョージ・ブッシュ Jr. 大統領の口から出た発言：「この十字軍、このテロとの戦いは、すでに始まっている」、この中の、とりわけ十字軍という言い回しが、イスラム社会全体を震撼させた。中東諸国はもとよりヨーロッパ諸国からも非難の声が上がり、ホワイトハウス筋は「全イスラムを敵視しているわけではない」とコメントし火消しに躍起となった。
(5) 「士師記」には「地の先住民を残らず追い出せ」という神の命に背いた民に神の懲罰が下るという構図の描写がある。
(6) Hamp（1979）による。
(7) 律法を厳格に守り細部に至るまで忠実に実行することによって神の正義の実現を追求しようとしたユダヤ教の一派。
(8) 文書によっては匿名のものがあるが、これは、特定の個人が書いたものとなると、イエスに関する話がそれだけ普遍的なメッセージとしての意味を失うかもしれないという意図によるものである（アーマン 2011:259-260）。
(9) 加藤（2016:22）。加藤（1999:119-136）は、『聖書』を翻訳版によって読むことの問題点を次のように指摘している：「『聖書』は、オリジナルの言語（ギリシア語）のテクストを読むこと、正文批判の作業を経た上で確定されたテクストを読むことが望ましい。［中略］翻訳はあくまで便宜上のものである。［中略］原文の意味を十全に伝える翻訳を作成することは不可能である。［中略］翻訳が、聖書の内容をある程度了解する上では大きな有効性があることを認めねばならない。［中略］翻訳はどれも不十分なのである」。なお、『シラ書』では（ユダヤ教・プロテスタントでは外典として扱われ、カトリック・正教会では旧約聖書に含められている書）では「元来ヘブライ語で書かれているものを他の言語に翻訳すると、それは同じ意味合いをもたなくなる」

(序言21-22)と言われている。
(10)アメリカ人神学者・牧師R.ニーバー:「人間は善を求めつつも、原罪を背負った罪深い存在であることから逃げることはできない。私たちは、一人ひとりとしては道徳的に正しい人間であろうとしても、集団を形成し、例えば国家として行動する際には、十分な自覚なしに悪に加担してしまうことがある」。彼は、そうした人間の限界や現実を念頭におき、責任をもって政治的秩序を形成しようとするならば、暴力を無制限に否定することは不可能であり、場合によっては無責任でさえありうると考える(石川2016:63)。
(11)『旧約聖書』の中で神はイスラエル人にしばしば他国と戦争をするように命じている(「第一サムエル」15:3,「ヨシュア」4:13)。
(12)石川(2016:77):「『旧約聖書』には数えきれないほど戦争や殺戮の話が書かれている」・「殺人は『聖書』のなかで明確に禁止されているが、それにもかかわらず、どうして多くの戦争の記述があり、また信者たち自身も戦争を繰り返しているのか」。
(13)アブラハムがイサクを捧げようとした記述や、ヨシュアの戦いから、今日的な意味での殺人の是非を引き出すことはできないであろう。
(14)『旧約聖書注解Ⅰ』(1996:315)
(15)自分が正しいから神が先住民を追い払うのではないということを『旧約聖書』も言っている。神が民に先立って進み敵を滅ぼすという聖戦思想の原理が、自己義認をもって心の中で追い払いを正当化する独善的な民族主義に転化する危険性を察している(『旧約聖書注解Ⅰ』1996:315)。
(16)近年のアメリカによる「十字軍」発言は、キリスト教が異教に対してかつて行ってきた暴力行為をイメージさせる。しかもそれが「聖戦」であったことを想起させるものである。
(17)共同訳聖書(Einheitsübersetzung)による。
(18)フロイトは「ヒトはなぜ戦争をするのか」(Warum Krieg?, 1932年)の中で、これまで人類史上、戦争のない時代はほぼないが、戦争を行うのはヒトの本性ではなく、戦争が遂行されるのは一部の政治家の意志によるものだとした上で、文化的な態度と、将来の戦争が及ぼす影響に対する当然の不安、これら二つの契機が働いて、近いうちに戦争遂行に終止符が打たれるであろうというのは、ひょっとすると単にユートピア的な希望ではないかもしれない。どのような道(あるいは回り道)を経てそれが実現するのか、私たちは推し量ることはできない、と結論付けている。
(19)カントによって著された政治哲学の著作『永遠平和のために』(Zum

Ewigen Frieden, 1795年)は、戦争を一時的に調整するのではなく永遠平和の樹立・実現の可能性を示す具体的な計画を示そうとした。
(20)「申命記」(7:6-8)。神ヤハウェとイスラエルの間の唯一で排他的な契約関係を述べている。
(21)民族主義は、現代的に言えば一国中心主義(愛国心)という感情的な側面ももち合わせるため、とりわけ政治の世界では覇権主義と相俟って克服しがたいものではある。敵に対する憎悪に裏打ちされた愛国心とも言える軍国主義などは戦争を正当化することにもなりかねない。
(22)日本の国生み神話とは対照的である。
(23)「ネヘミア記」13：23-25、もしくは、「ヨシュア記」10：34-35など。
(24)Revidierte Elberfelder Bibel (1985).
(25)『旧約聖書注解Ⅰ』(1996:142)
(26)現実的には、エジプトに非エジプト人とされるような者たちがまとまりもなく居住していて彼らのうちから共にエジプト脱出を試みる人たちがいたというふうに考えられる(加藤2016:31-32)。

第2章
『聖書』が生まれた背景⁽¹⁾

> Henoch war 65 Jahre alt und zeugte Metuschelach. Und Henochwandelte mit Gott. Und nachdem er Metuschelach gezeugt hatte, ebte er 300 Jahre und zeugte Söhne und Töchter, daß sein ganzes Alter ward 365 Jahre. Und weil er mit Gott wandelte, nahm ihn Gott hinweg, und er ward nicht mehr gesehen.[2]
> エノクは65歳になったときメトシェラをもうけた。エノクはメトシェラが生まれた後、神と共に歩み、息子や娘をもうけた。エノクは365年生きた。神と共に歩み、神が取られたので、いなくなった。(創世記5:21-24)

> Durch den Glauben wurde Henoch entrückt, damit er den Tod nicht sehe, und wurde nicht mehr gefunden, weil Gott ihn entrückt hatte; denn vor seiner Entrückung ist ihm bezeugt worden, daß er Gott gefallen habe.[3]
> 信仰によってエノクは死を経験しないように天に移された。神が彼を移されたので、見えなくなった。移される前に、神に喜ばれていたことが証明されていた。(ヘブライ人への手紙11:5)[4]

　宗教、特に一神教は画一的な教義に基づく統一儀式のみをもつというイメージは、実は現実を反映していない。宗教は人の生活に寄り添うが故に、驚くほどの多様性を獲得している。例えば信仰という格式ばった形態をとらない宗教も少なくない。初期キリスト教徒の集団もまた多様であり、信徒によってイエスの捉え方がまちまちであった。主イエスの捉え方一つにして

も、「人であり神性を帯びることはない」もしくは「完全に神性を有する存在で人ではない」等の意見の対立があった。初期キリスト教においては、パウロですらも抜きん出た存在ではなく、彼の考え方が絶対的ではなかった。むしろキリスト教共同体ごとに自分たちだけが正しいと言い張って、容易に統一見解には至らなかったくらいである。キリスト教の歴史をいわば文化誌として捉える必要がある。

　古く『聖書』の歴史を遡ると、古代フェニキアの諸都市（ティルス・シドン・ビュブロス）の繁栄（前2000年後半〜1000年前半）は、実は、イスラエルの預言者の徹底的な非難の対象であった。彼ら預言者たちは、片やイスラエルで窮乏にあえぐ民がいるのに強欲の留まるところを知らないフェニキア民族を戒めたのである[5]。とりわけ、ティルスとシドンの破滅（国力が隆盛して経済が過剰に繁栄したのち滅亡）は、貧者に思いやりをかけず神の声に耳を傾けない者に対する神ヤハウェの御業として理解され、ヘブライ人の多くの預言者や、後世のユダヤ人の記憶に残る事例となっていた[6]。こうした背景を踏まえないと、『旧約聖書』の「エゼキエル書」（第28章）におけるフェニキアに対する非難は理解できない[7]。

「エゼキエル書」（28:22-23[8]）
Ich, Gott, der HERR, sage: Sidon, jetzt bekommst du es mit mir zu tun! Wenn ich Gericht über dich halte, werden alle sehen, dass ich ein heiliger Gott bin. Ja, ich werde mein Urteil an dir vollstrecken und dadurch meine Macht und Herrlichkeit zeigen. Jeder soll erkennen, dass ich der HERR bin. In deinen Häusern wird die Pest ausbrechen, und in deinen Straßen wird

Blut fließen. Von allen Seiten bedrängen dich deine Feinde, und viele deiner Einwohner werden dem Schwert zum Opfer fallen. Dann erkennst du, dass ich der HERR bin.

Herr「主」(強調してすべての文字を大書することもある), es mit jm. zu tun bekommen「関わり合い（けんか）になる」, über jn. Gericht halten「裁く（雅語）」, ein Urteil an jm. voll|strecken「刑を執行する」, aus|brechen「突発する」

主なる神はこう言われる。シドンよ、私はお前に立ち向かう。私が裁きを行えば、私が聖なる神であることが皆にわかることであろう。私はお前に対して刑を執行し、私の力・栄光を示そう。誰もがわたしが主であることを知るようになる。わたしは、町の中に疫病を送り、また、通りに血を流れさせる。四方から敵が迫り、住人の多くが剣の犠牲になる。そのとき彼らは私が主であることを知るようになる。

エゼキエル（Ezeiel）[10]

このイスラエルの伝統（つまりフェニキアへの非難）は、イエスの時代になっても忘れ去られずにしっかりとユダヤ民族の記憶に残っていた。最初イエスは宣教の対象を同胞のユダヤ人に

向けていて、後に次第に異邦人へと拡大していった。注目すべきは、民族を超えたこうしたすべての人々(すなわち異邦人)へのイエスの宣教が初めて行われたのは(エルサレムやガリラヤではなく)彼の旅先の土地であるティルス(フェニキア)であったという事実である。イエスは、ガリラヤ湖周辺の都市に向かって、ティルスやシドンよりも重い罰が下るであろうと鋭く説くことになる。

　フェニキアの街であるティルスやシドンを比較の対象として、イエスは『新約聖書』の「マタイによる福音書」の中(第11章)、激しい口調でこう述べている。

「マタイ」(11:22-23)
Am Tag des Gerichts wird es Tyrus und Sidon besser ergehen als euch. Und du, Kapernaum, meinst du etwa, du wirst zum Himmel erhoben? Nein, ins Reich der Toten wirst du hinabfahren!
　er|gehen「境遇にある」, etwa「〜とでも言うのか」, zu Fuß「徒歩で」, Reich der Toten「死者の国(=ハデス)」
　裁きの日にはティルスやシドンの方がお前たちよりまだ軽い罰で済む。また、カペナウム、お前は天にまで上げられるとでも思っているのか。いや、死者の国(ハデス)に落とされるのだ。

　イエスは、すなわちガリラヤ湖北岸に近い都市の不信心な人々に向けてこのように厳しく説教したのである。イエスがティルスやシドンに出向き、初めて異邦人に施しをした様子は「マルコによる福音書」(第7章)で次のように記されている。

第2章　『聖書』が生まれた背景　33

「マルコ」(7:24-26)

Jesus brach von dort auf und ging mit seinen Jüngern in die Gegend von Tyrus. Dort zog er sich in ein Haus zurück, denn er wollte unerkannt bleiben. Aber es sprach sich schnell herum, dass er gekommen war. Davon hatte auch eine Frau gehört, deren Tochter von einem bösen Geist beherrscht wurde. Sie kam zu Jesus, warf sich ihm zu Füßen und bat ihn, den Dämon aus ihrer Tochter auszutreiben. Die Frau war keine Jüdin, sondern eine Syrophönizierin.[18]

 auf|brechen「出発する」, Jünger「弟子」, sich ziehen「おもむく」, sich herum|sprechen「(噂などが) あちこちに広まる」
 イエスは [⋯] 弟子たちと共にティルスの地方に行かれた。ある家に入り、誰にも知られたくないと思っておられたが、人々に気づかれてしまった。汚れた霊に取りつかれた幼い娘を持つ女が、すぐにイエスのことを聞きつけ、来てその足もとにひれ伏した。この女はユダヤ人ではなくギリシア人(シリア・フェニキアの生まれ)であったが、娘から悪霊を追い出してくださいと頼んだ。

この「マルコによる福音書」の第7章 (24-26) に続く箇所が、イエスの奇跡の場面である。

マルコ (7: 27-30)

Jesus antwortete ihr: »Zuerst müssen die Kinder versorgt werden. Es ist nicht richtig, den Kindern das Brot wegzunehmen und es den Hunden hinzuwerfen.« »Ja, Herr«, erwiderte die Frau, »und doch bekommen die Hunde die

Krümel, die den Kindern vom Tisch fallen.« »Damit hast du recht«, antwortete Jesus, »du kannst nach Hause gehen! Ich will deiner Tochter helfen. Der Dämon hat sie bereits verlassen.« »Als die Frau nach Hause kam, lag ihre Tochter friedlich im Bett. Der Dämon hatte keine Macht mehr über sie.(19)

versorgen「(食事などの)面倒を見る」, Krümel「パンくず」, friedlich「平穏な、温和な」

イエスは言われた、「まず子供たちに十分食べさせなければならない。子供たちのパンを取って、子犬にやってはいけない」。ところが、女は答えて言った、「主よ、しかし、食卓の下の子犬も、子供のパン屑はいただきます」。そこで、イエスは言われた、「それほど言うなら、よろしい、家に帰りなさい。あなたの娘を助けましょう。悪霊は彼女からもう出てしまった」。女は家に帰ってみると、その子は床の上に寝ており、悪霊はもはや力を及ぼさないでいた。

　異邦人であれ、イエスは社会的弱者を助けている。本来、非ユダヤ人に対して行われない癒しを実践している。これは、「マタイによる福音書」(15:24)の「わたしは、イスラエルの家の失われた羊のところにしか遣わされていない」という趣旨には反していることにはなる。初めは同胞のユダヤ人(イスラエルの家の失われた羊)に対してしか宣教していなかったイエスが、民族・国籍を超えてすべての人に向かって教えを説き始める端緒になったのが、この異邦人への奇跡であると言える。このように彼はフェニキアの都市で、宣教の範囲を異邦人へと拡大し、いよいよガリラヤ湖周辺の街(カペナウムなど)の人々に対し説教を始めるのであった。

ここまでフェニキアを軸に、『旧約聖書』でのいきさつから『新約聖書』のイエスに至るまでの大まかな流れは概略したが、そもそも『旧約聖書』の起こりに関して検討する作業は始めていない。まず、「出エジプト」を中心に、『旧約聖書』の骨格を示すことから入ろう。

聖書の中の暴力のシーン：兵を率いてミディアン人の軍勢を打ち破った士師ギデオン（「士師記」第6〜8章）

　『旧約聖書』の「出エジプト記」は、どのようにして神が自らの民（ユダヤ人）をエジプトでの奴隷状態から解放し、彼らを導き出したかを語っている。このエジプトからの脱出は、およそ紀元前1441年頃とされている。『旧約聖書』の記述によれば、エジプトで奴隷の身分にあったイスラエルの民はその地にあってエジプト人から過酷な待遇を受けていた。民は神に祈り、これに応えて神は民に導き手としてモーセを差し伸べた。そしてモーセが指導的な役割を果たし、民をシナイの荒野へと導き、シナイ山で神は民に、守るべき十戒とその他の多くの律法を与えた。このようにして「出エジプト」を契機として、ヤハヴェという神を崇拝する集団が成立し、いわゆるユダヤ民族の核となったと考えられる。さて、モーセが亡くなり、イスラエルの民は後継者のヨシュアに導かれ、シナイ半島を通ってヨルダン川の「向こう」（つまり、砂漠の側）から、カナンの地（現在のパレスチナ地域）に入ることになる。カナンと言えば、地

中海とヨルダン川・死海に挟まれた地域一帯を指し、『旧約聖書』では「乳と蜜の流れる場所」と描写されている。『旧約聖書』の神がアブラハムの子孫、すなわちイスラエルの民に与えると語った「約束の地」のことである。「申命記」(26:6-9)に以下のように記されている。

「申命記」(26:6-9)
Die Ägypter behandelten uns schlecht und bedrückten uns und legten uns einen harten Dienst auf. Da schrien wir zu dem HERRN, dem Gott unserer Väter. Und der HERR erhörte unser Schreien und sah unser Elend, unsere Angst und Not und führte uns aus Ägypten mit mächtiger Hand und ausgerecktem Arm und mit großem Schrecken, durch Zeichen und Wunder, und brachte uns an diese Stätte und gab uns dies Land, darin Milch und Honig fließt.

　auf|legen「課する」, Herr「主」(強調してすべての文字を大書することもある), erhören「聞き入れる」, aus|recken「伸ばす」, Stätte「場所」

エジプト人はこのわたしたちを虐げ、苦しめ、重労働を課しました。わたしたちが先祖の神、主に助けを求めると、主はわたしたちの声を聞き、わたしたちの受けた苦しみと労苦と虐げを御覧になり、力ある御手と御腕を伸ばし、大いなる恐るべきこととしるしと奇跡をもってわたしたちをエジプトから導き出し、この所に導き入れて乳と蜜の流れるこの土地を与えられました。

「創世記」の第12章から「出エジプト」の冒頭まで物語の関

心がユダヤ民族に集中する。「アブラハム－イサク－ヤコブ－十二部族の祖先」という系図も、カナンの地で十二部族が生活するようになった際、全体の統一を確保する手段の一つとして作られた民族起源の神話物語であると想定される。

さて、『旧約聖書』に描写されている各場面の物語は、ここの「出エジプト」に限らず、にわかに誕生したとは考えにくい。『旧約聖書』の物語の多くは、もしかすると、より古い時代の異文化に着想を与えられて書かれたのではないかという可能性もある。実際、今日の版図で言えばシリア北部で紀元前15世紀頃に居住していた古代ウガリト人の崇拝や宗教がどのようなものであったかが判明するにつれ、これらが『旧約聖書』に出て来る多くの物語と酷似していることが明らかになってきている。当時カナン地方で広く崇拝されていたウガリトの神々（＝フェニキアの神々）は古代イスラエル人の宗教の大まかな原型となっているかもしれないという考え方である。古代ウガリト遺跡の中、バアル・ハダド神殿とダゴン神殿の間に建つ、高位の神官の文書館を発掘の結果、出土した粘土板文書が、『旧約聖書』の成り立ち、具体的には文書（宗教・物語など）の内容に重要な意義をもつことがわかったのである。

ウガリトで出土した文書は、ウガリトのみならず、イスラエルを含む南のカナン一帯でも崇拝されていた多くの神々の姿を詳述している。このことは、すなわち『旧約聖書』に登場する多くの神々の来歴を探るためには、まずは古代イスラエルは多数の神々の存在を信じていたという事実から話を始めなければならないということを示している。これはとりも直さず、『旧約聖書』の起源、すなわち、イスラエルの宗教の起こりに関する議論である。つまり、『旧約聖書』の物語の多くが、もとも

と異教の人びとの伝統の中にあった物語が取り入れられ、作り変えられ、語り直されるうちに、やがて全く異質なヘブライの神について語る物語となったという経緯を探るということである。その中で、多神教の伝統がいかにして一神教宗教に組み込まれたのかという点は大きな問題になる。つまり、ここではそもそも古代イスラエルが他の神々の存在を信じなかったのではないという事実が重要である。(35) はるか後代のユダヤ教においては、ユダヤ人の一神教は唯一神の存在を信仰するものへと転じたが、イスラエル史の初期には多くの神々の存在が一般に認められていたことは注目すべきことである。(36) ウガリト（やその他の地域）の神々のさまざまな特性を一つに調和させ、ヘブライの神ヤハウェに組み入れたわけである。こうして、古代イスラエルは、多数の神々の崇拝という形態から、いわば他の神々をさしおいて、唯一神の存在を信じるようになったのである。(37) なお、他の神々の存在を認めつつ一神（ここではヤハウェ）だけを崇拝することは学術的には「拝一神教」とされ狭義の「一神教」とは区別される。同じ一神教（一柱の神を信仰する宗教）でも唯一神教が他の神々の存在を認めないのに対し、拝一神教は他の神々の存在を前提とする。

　紀元前8世紀、ユダのヒゼキア王（前726-697年）(38) の治世は改革から始まった。唯一神教としてヤハウェだけを崇拝するよう

人々に求めたのである。偶像崇拝の場所を破壊し宮殿を清め神礼拝を復活させるなど一連の宗教改革を断行した。政治的にも強国アッシリアに反逆し、結果、エルサレムがアッシリアの包囲戦から奇跡的に助かった経緯から、エルサレムは神聖不可侵な神の都であるという物語を生むことになる。『旧約聖書』の中、2箇所でほぼ同様の語りがなされている。「列王記（下）」18-20章、および、「イザヤ書」36-39章である。[39]主がエルサレムの町をアッシリアの王から守られたのである。

「列王記（下）」(19:35)[40]
Noch in dieser Nacht ging der Engel des HERRN in das Lager der Assyrer und tötete 185,000 Soldaten. Am nächsten Morgen war alles mit Leichen übersät.

　Herr「主」（強調してすべての文字を大書することもある), Leiche「死体」, über|säen「一面に覆う（＜種を一面に蒔く）」
　その夜、主の御使いが現われ、アッシリアの陣営で18万5千人を討った。朝早く起きてみると、彼らはみな死体となっていた。

このように『聖書』の中で同じ物語が二度も語られるというのは、この伝説的できごとがユダの民にとって重要なエピソードであることの何よりの証拠である。実際に当時、無敵と思われたアッシリアはエルサレムを包囲した。それでもアッシリアの脅威に耐えエルサレムは生き残った。アッシリアは諸々の町を瓦礫の山とし、その住人を枯れさせた。ユダの人々は、すぐ直前にも、サマリアや北のイスラエル王国がアッシリアに滅ぼされたのを目の当たりにしている。片や、ヒゼキア王は、アッシリアが諸国を荒らし、その神々を火に投げ込んだことを認め

た上で、ヤハウェは無力な神ではないことを示してほしいと祈っている。(41) 神ヤハウェのおかげでエルサレムは救われ、こうしてエルサレムは難攻不落の神聖な都市へと高められていくわけである。エルサレムを称える讃美は、例えば「詩編」の中に次のように謳われている。

「詩編」(122:6-8)(42)

Wünscht Jerusalem Frieden,
　　sicher mögen leben, die dich lieben.
Friede wohne in deinen Mauern,
　　Sicherheit in deinen Palästen.
Um meiner Brüder und Freunde willen
　　will ich dir Frieden wünschen.

　　wünschen「望む」(-tの語尾は二人称複数の命令形), die = wer immer「〜する人は誰でも」(先行詞を含んだ関係代名詞), wohnen「住む」(-eという語尾で接続法Ⅰ式の要求話法を示している), um 〜 willen「〜のために」

エルサレムの平和を求めよう。
「あなたを愛する人々に平安があるように。
あなたの城壁のうちに平和があるように。
あなたの城郭のうちに平和があるように。」
私は言おう、私の兄弟、友のために。
「あなたのうちに平和があるように。」

さて、エルサレム(エブス：ダビデが征服する以前の『聖書』でのエルサレムの呼称)へのイスラエル人の定住はどのように行われたのであろうか。「歴代誌」上(11章)・「サムエル記」

第2章　『聖書』が生まれた背景　41

下(5章)を見る限り、ダビデがエルサレムを征服し、ここを首都と定めたように読める。

「歴代誌」上 (11:4-5)[43]

David und ganz Israel zogen nach Jerusalem, das ist Jebus; und dort waren die Jebusiter, die Bewohner des Landes. Und die Bewohner von Jebus sagten zu David: Du wirst nicht hier hereinkommen! Aber David nahm die Bergfeste Zion ein, das ist die Stadt Davids.

 ziehen「進む」, herein-「こちらの中に」, ein|nehmen「占拠する」, Bergfeste「(山岳)要塞」

ダビデはすべてのイスラエル人と共にエルサレムに向かった。この町はエブスと言われ、エブス人がその地の住民であった。エブスの住民はダビデに「お前はここに入れまい」と言った。しかし、ダビデはシオンの要塞を陥れた。これがダビデの町である。

「サムエル記」下 (5:9-12)[44]

David wohnte in der Bergfeste und nannte sie Stadt Davids. Und David baute ringsum vom Millo an nach innen zu. Und David wurde immer mächtiger, und der HERR, der Gott der Heerscharen war mit ihm. Und Hiram, der König von Tyrus, sandte Boten zu David und Zedernholz und Zimmerleute und Mauerleute; die bauten David ein Haus. Und David erkannte, daß der HERR ihn als König über Israel eingesetzt und daß er sein Königtum um seines Volkes Israel willen erhöht hatte.

 wünschen「望む」(-tの語尾は二人称複数の命令形), die = wer

immer「〜する人は誰でも」(先行詞を含んだ関係代名詞), wohnen「住む」(-eという語尾で接続法Ⅰ式の要求話法を示している), um 〜 willen「〜のために」

ダビデはこの要塞に住み、それをダビデの町と呼び、ミロから内部まで周囲に城壁を築いた。ダビデは次第に勢力を増し、万軍の神、主は彼と共におられた。ティルスの王ヒラムはダビデのもとに使節を派遣し、レバノン杉・木工・石工を送って来た。彼らはダビデの王宮を建てた。ダビデは、主が彼をイスラエルの王として揺るぎないものとされ、主の民イスラエルのために彼の王権を高めて下さったことを悟った。

　ただ、このエルサレム征服の問題は一筋縄ではいかない。と言うのは、実際にエルサレムを征服したのは、ダビデなのか、ヨシュアなのかという点がいつまでも謎のままであるからである。確かに、初期イスラエル人のエルサレムに関する考古学的証拠が不足しているためではあるが、エルサレム征服についての『聖書』の記述には矛盾があり、これを首尾一貫した形で理解するのはなかなか難しい。まずエルサレムという町(古くは「エブス」と呼ばれていた)が最初に『聖書』に登場するのは「ヨシュア記」(10章)である。カナンの地を侵略したばかりのヨシュアは、エルサレムの当時の王アドニ・ツェデクを殺害し、イスラエル人がエブス人を打ち破った様は「ヨシュア記」(10:40)に次のように謳われている。

「ヨシュア記」(10:40)
Er besiegte alle Könige und ließ niemand in diesem ganzen Gebiet am Leben; an allen vollstreckte er den Bann, wie der

HERR, der Gott Israels, es befohlen hatte.

 jn. am Leben lassen「(殺さずに)生かしておく」, vollstrecken「執行する」, Bann「効しがたい力(雅語)」
 彼(ヨシュア)は王たちをみな制圧し、一人も残さず滅ぼし尽くした。イスラエルの神、主の命じられた通りであった。[48]

この箇所から読み解く限り、ヨシュア率いるイスラエル軍がエルサレムを征服したのは明らかである。しかしながら、「ヨシュア記」(15:63)では、イスラエル人はエルサレムを征服しなかったと敢えて語っている。

「ヨシュア記」(15:63)[49]
Die Männer von Juda konnten die Jebusiter nicht aus Jerusalem vertreiben; deshalb leben diese noch heute dort mit den Judäern zusammen.

 vertreiben「駆逐する」
 ユダの人々はエルサレムの住民エブス人を追い出せなかったので、エブス人はユダの人々と共にエルサレムに住んで今日に至っている。

ここで『聖書』が、イスラエル人がエルサレムを征服した、あるいは、征服しなかったと矛盾する伝承を残していることには、『聖書』の編集の意図がはたらいているとしか考えられない。つまり、ダビデこそ「神の御心に適う人」であり、エルサレムを「ダビデの町」として記録したいという信仰上の願いが、たとえ矛盾点を出しながらも、強く作用したのではないだろうか。「サムエル記」上(13:14)にも、

「サムエル記」上 (13:14)[50]

Er hat sich schon einen Mann ausgesucht, an dem er Gefallen hat. Den hat er zum Anführer seines Volkes bestimmt.

 Er「主 (= der Herr)」, aus|suchen「選び出す」, Anführer「指導者」
 主は御心に適う人をご自分の民の指導者として立てられる。

「サムエル記」下(5章)が伝えるような、エルサレムを征服した功績をダビデにこそ帰することを、『聖書』編集者たちが強く願望した結果なのだと想定すれば、エルサレム征服の物語を説明することができるように思われる[51]。

そもそもエルサレムがヘブライ人にとってこれほど重要であるのは、かつて遊牧民として荒野を移動していた頃は、民族にとって大事な、『旧約聖書』に記されている「十戒」が刻まれた石板を収めた「契約の箱」を移動ごとに持ち運んでいたわけであるが、今やエルサレム神殿の至聖所に「契約の箱」が安置され、自らがエルサレムという土地に定住する民となったという意味においてである。ユダヤ教にとって「十戒」のように神と人間との間で交わされた約束は尊いものであり、モーセを仲介者としてイスラエル民族に与えられた契約は何よりも大切である。

「列王記」上 (8:21)[52]

Ich bestimmte dort einen Platz für die Lade, in welcher der Bund des Herrn ruht, den er mit unsern Vätern schloß, als er sie fortführte aus Ägypten.

 Lade「箱」, welcher = der (関係代名詞), Bund「契約

(= Testament)」, ruhen「置かれている」, er「主（= der Herr)」, Vater「父祖（複数で)」, schließen「締結する」

主の契約が納められている箱のために、そこに一つの場所を設けた。その契約は、主が私たちの祖先をエジプトの地から連れ出された時に、彼らと結ばれたものである。⁽⁵³⁾

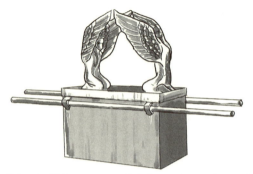

契約の箱（単立ペンテコステ教会『ちから』2018年9月号）

　ダビデが新しい都エルサレムに落ち着くと、彼は「契約の箱」をエルサレムに運び上げようとするのだが、その様子が「サムエル記」下 (6:13) に記されている。神の怒りに触れないように、主の箱を担ぐ者が6歩進むごとに、雄牛と仔牛の生贄を捧げたという。

「サムエル記」下 (6:13)⁽⁵⁴⁾

Als die Träger der Lade des HERRN die ersten sechs Schritte zurückgelegt hatten, ließ David sie anhalten und opferte ein Rind und ein Mastkalb.

　　Lade「箱」, Herr「主」（強調してすべての文字を大書することもある）, zurücklegen「進む、（道のりを）あとにする」, anhalten「停

止する」、Mast|kalb「(肥育)子牛」
主の箱をかつぐ者たちが六歩進んだ時、ダビデは(子)牛をいけにえとして捧げた。⁽⁵⁵⁾⁽⁵⁶⁾

「契約の箱」をエルサレムへ運び上げることができ、この瞬間、実にエルサレムが神の都となったのである。この時点を機に、エルサレムが真の礼拝の中心地であり、真の神の都となったわけである。

さて、エルサレムを取り巻く環境について述べるとすると、ヘレニズム思想を抜きにしては語れない。アレクサンダー大王の東征(紀元前334-324年)以降、ヘレニズムの思想と文化は東地中海岸地域にまで広がりを見せ、聖地エルサレムにも達したのである。ユダヤ人の住んでいる土地へ、ヘレニズム思想(特にギリシア思想)が及んだとき、彼らはギリシア文化を拒絶するどころか、進んで受け入れ取り入れていった[57]。というのも、バビロン捕囚時代・ペルシア時代の経験も踏まえて、ヘレニズム時代のユダヤ人は、偏狭な態度に陥るよりもむしろ、ユダヤ教にさまざまなギリシア哲学の学派の教えを取り込む方がユダヤ人の現実に即した形になると考えたからである[58]。このようにユダヤ教が今日のような形になったのはギリシアの宗教と思想の影響による[59][60]。ユダヤ教(後のキリスト教)の教えは徐々に性格を変え[61]、結果、後に西洋世界に広く伝播していく素地が築かれた。ヘレニズム時代(紀元前332-167年)にユダヤ教が受けた深い影響の中でも特筆すべきは、従来この世での正しい行いだけを説いていた教義が、来世の永遠の命をも包含する宗教思想へと発展したことである。新たに誕生したキリスト教は、このギリシア哲学・宗教思想を組み入れた宗教であったため、アテ

ネ発祥の思想体系に親しんでいる西洋文化圏（特にローマ）に受け入れられるには好都合だった。⁽⁶²⁾

ヘレニズム（ギリシア化）⁽⁶³⁾が古代ユダヤ世界に深く浸透し、そして必然的に『旧約聖書』の端々にギリシア哲学の影響が顕著に見受けられることになる。その典型と言えるのが、2つの世界が存在するというプラトン主義の考え方で⁽⁶⁴⁾、今日、神の支配する理想の天上世界と、その影にすぎない私たちの物質的な世界という二元論を説明する原理として機能・定着していると言ってよかろう。⁽⁶⁵⁾

「コリント人への手紙」一（13:12）⁽⁶⁶⁾
Jetzt sehen wir nur ein unklares Bild wie in einem trüben Spiegel; dann aber schauen wir Gott von Angesicht. Jetzt kennen wir Gott nur unvollkommen; dann aber werden wir Gott völlig kennen, so wie er uns jetzt schon kennt.

trübe「濁った」, von Angesicht「面と向かって」
今、私たちは鏡にぼんやり映るものを見ていますが、その時には顔と顔とを合わせて神を見ることになります。今、私たちは一部分しか知りませんが、その時には、神が私たちのことを完全に知っているのと同じように、私たちも完全に神のことを知ることになります。⁽⁶⁷⁾

　この二元論の他にも、ヘレニズム思想がユダヤ人の世界に到来し、『聖書』がギリシア哲学の大きな影響を受けた事象は数多く見られ、ギリシア哲学が『聖書』の形成に及ぼした影響力は絶大と言っていい。⁽⁶⁸⁾

　『聖書』におけるギリシア・ローマの影響は、概念の借用だ

けではない。『聖書』には数多くの著名なギリシア・ローマ作家の言葉使い・修辞的技巧に満ちていると言える。使徒パウロはギリシア・ローマ作家・哲学者の著作を多く援用しており、敢えてこうすることによって、パウロは自分の説く福音がギリシア・ローマの大家たちの偉大な教えと同類であるとしてギリシア・ローマの聴衆を納得させようとしたきらいもある。例えば「使徒言行録」(17:25) の次の箇所の着想の背景にあるのは、

「使徒言行録」(17:25)[69]
Er läßt sich nicht von Menschenhänden dienen, wie einer, der etwas nötig hätte, da er doch selber jedermann Leben und Odem und alles gibt.
　Er「主（= der Herr）」, sich lassen「～される必要がある」（受動・義務）, Menschenhand「人間の手（仕事）」, nötig haben「必要とする（動詞のhätteはhabenの接続法Ⅱ式の形）」, Odem「息（=Atem）」
　何かに不自由なことでもあるかのように、主は人の手によって仕えられる必要はない。すべての人に命と息と、その他すべてのものを与えて下さるのは神である。

ローマのストア派哲学者 小セネカ（紀元前4年-紀元後65年）の「神自身が人類に奉仕し、至る所ですべての人の助けになってくれる」[70]と言われている。確かに、一方で、パウロはギリシア人の知恵を非難し、哲学に対する警告をも行っている。

「コロサイの信徒への手紙」(2:8)[71]
Seht zu, daß euch niemand einfange durch Philosophie und

leeren Trug, gegründet auf die Lehre von Menschen und auf die Mächte der Welt und nicht auf Christus.

zu|sehen「心がける」, ein|fangen「捕まえる（動詞の語形は接続法Ⅰ式）」, Trug「ごまかし、欺瞞」
哲学、つまり、むなしいだまし事によって人のとりこにされないように気をつけるように。それは、人の教え、この世の諸力に従っており、キリストに従うものではない。

直接的・間接的にギリシア・ローマの影響が使徒パウロに及んでいることは明白である。パウロは具体的にギリシア・ローマの思想・文学を引用し言及している。彼は、自分の語るイエスの福音が伝統的なヘレニズム哲学に近しく聞こえるようにと企てたのであろう。こうした修辞的意図のもと、『聖書』の中に、ギリシア・ローマの哲学者・作家の言葉が多数、用いられたというわけである。ヘレニズム時代以降の『聖書』編集者は、ユダヤ教にさまざまなギリシア哲学の要素を組み入れ、ユダヤ人の現実に即した形にしたと考えるべきであろう。こうして、ギリシア・ローマ文化は、ユダヤ教徒の、そして後のキリスト教徒の信仰を変容させ、この宗教思想が西洋世界を形成していく。パウロは、いわば、ユダヤ教・キリスト教の教えを、ヘレニズム哲学・ローマ哲学の言葉で語り直したことになる。[72]

次の章では、キリスト教がローマ帝国が公認する宗教になった4世紀を軸に、これに前後する時代状況（ギリシア世界・十字軍）を対象とする。キリスト教が公認され国教とまでなったローマにおける宗教のありようについて考察を加えることにしたい。この時期、体制は決して安定的発展を遂げたわけではなく、社

会システムからすれば大きな変革、敢えて言えばコペルニクス的転換が起こった時であった。キリスト教は、抑圧される立場から今度は体制側の宗教となるわけである。必然的に、教会が世俗権力と結ぶことになり、キリスト教は変質していく。

　まさにこの時代である。こうした政治的・(宗教)文化的に揺れた時機であったからこそ、キリスト教は、今日まで続くような信仰告白を迫られた時であったのである。教会は常に、イエスは主であるとの告白を大切にしてきた。時には、この告白に生命を懸けることさえあった。この信仰告白に信仰の命があるからである。(73)今日を生きる私たちがみ言葉に導かれ信仰生活を続けていく上で、キリスト教会の遺産として拠り所としている信条告白は、ちょうどこの激動の4世紀にその礎を築いたのである。381年の「ニカイア・コンスタンティノポリス信条」には私たちの信仰の中身が凝縮されており、生ける神への応答としての告白であり、まさにここに生きる希望が言い表わされている。(74)

　わたしは信じます。唯一の神、
　全能の父、
　天と地、
　見えるもの、見えないもの、すべてのものの造り主を。
　わたしは信じます。唯一の主イエス・キリストを。
　主は神のひとり子、
　すべてに先立って父より生まれ、
　神よりの神、光よりの光、まことの神よりのまことの神、
　造られることなく生まれ、父と一体。
　すべては主によって造られました。

主は、わたしたち人類のため、
わたしたちの救いのために天からくだり、
聖霊によって、おとめマリアよりからだを受け、
人となられました。
ポンティオ・ピラトのもとで、わたしたちのために十字架につけられ、
苦しみを受け、葬られ、
聖書にあるとおり三日目に復活し、
天に昇り、父の右の座に着いておられます。
主は、生者(せいしゃ)と死者を裁くために栄光のうちに再び来られます。
その国は終わることがありません。
わたしは信じます。主であり、いのちの与え主である聖霊を。
聖霊は、父と子から出て、
父と子とともに礼拝され、栄光を受け、
また預言者をとおして語られました。
わたしは、聖なる、普遍の、使徒的、唯一の教会を信じます。
罪のゆるしをもたらす唯一の洗礼を認め、
死者の復活と
来世のいのちを待ち望みます。
アーメン。(75)

【注】

(1) ギリシア哲学は『聖書』に多大な影響を与えた。アレクサンダー大王とその後継者たちは聖地にヘレニズムをもたらし、ユダヤ教の神学思想に多大の影響を与え、キリスト教の原型を作り出すことになった（カーギル 2018:18）。
(2) 『ルター聖書』(1984)

(3)『ルター聖書』(1984)
(4)『聖書』の校訂・編集作業は長い期間を経て行われているわけであるが、『旧約聖書』と『新約聖書』が一体化している場面が例えば、このエノクの話である。
(5) カーギル (2018:25)
(6) カーギル (2018:34-35)
(7) 預言者イザヤは、「タルシシュの船よ、お前たちの砦は破壊されてしまった」(イザヤ書23:13-14) と述べ、フェニキアの没落に言及している。タルシシュとは、交易のため地中海を行き来していたフェニキアの船を示している。
(8) Hoffnung für Alle版の聖書。
(9) シドンも半バビロン運動に加わったため、シドンの王もバビロンに捕囚となった。疫病・剣は「エゼキエル書」によく出る典型的な裁きの手段である。エルサレムに対しては更に獣・飢えが加えられ裁きの完全性が意味されている(『旧約聖書注解Ⅱ』1994:560)。
(10) https://www.google.co.jp/search?q=ezekiel&source=lnms&tbm=isch&sa=X&ved=0ahUKEwjt8ebn8ZjeAhUIhrwKHQamB3UQ_AUIDigB&biw=1239&bih=621#imgrc=_&spf=1540171466985 (2018年10月アクセス)
(11) カーギル (2018:38)
(12) イエスは、エルサレムを起点としてユダヤの各地を回ったが、大半の時間を費やしたのはガリラヤで、その全域で集中的に証を行った。宣教のため、ティルスやシドン地方の人々のところへ、またデカポリスの至るところやペレアへも行った。マルコ (3:7-8):「ガリラヤから来たおびただしい群衆が従った。また、ユダヤ、エルサレム、イドマヤ、ヨルダンの向こう側、ティルスやシドンのあたりからもおびただしい群衆が、イエスのしておられることを残らず聞いて、そばに集まって来た」(新共同訳) も参照のこと。イエスは、エルサレムを起点としてユダヤの各地を回ったが、大半の時間を費やしたのはガリラヤで、その全域で集中的に証を行った。宣教のため、ティルスやシドン地方の人々のところへ、またデカポリスの至るところやペレアへも回った。
(13) 次の引用の直前の箇所でも「力あるわざが、もしもシドンで行なわれたのだったら彼らは［…］悔い改めていたことだろう」(マタイ11:21) と述べられている
(14) 歴史の結果として、フェニキアは、聖書の成り立ちに欠かせない3要素(アルファベット・紙・エルサレム神殿)を提供したことになる(ティルスから原料や名工の力を得てダビデ王・ソロモン王の宮殿が建設された)。特に神殿に関して、イスラエルとフェニキアの協同作業であっ

たことは歴史的事実として間違いない。なぜなら、もし事実でないなら、聖書の執筆者・編集者が（異教の神々を崇拝する）他民族との互恵関係を敢えて強調するはずがないからである（カーギル 2018:33）。
(15) Hamp（1979）
(16) とりわけカペナウムは、弟子ペテロの家があり、イエスのガリラヤでの宣教の拠点であった。
(17) 驕り・高ぶりがはびこる異教徒の街の典型と見られていた。
(18) Hamp（1979）
(19) Hamp（1979）
(20) 古代のユダヤ民族のために成立した文書集であり、この意味で民族主義的な傾向がきわめて濃厚である。普遍的と言えるような側面（例：全人類・全世界）もあくまでユダヤ民族の観点からの見方である。
(21)「出エジプト」の「出」はギリシア語のエクソドス Exodus（出発）から来ている。
(22)「民数記」（1:46）によれば、当時の20歳以上の男子の数が60万人とされていることから、イスラエル人の総人口は数百万人程度であろうと推定される。
(23) モーセがシナイ山で十戒を受けたとき、ヨシュアはモーセと共に山に登っており、ヨシュアはすでにモーセの従者という位置にいた（「出エジプト記」24:13）。
(24) 逃亡に成功した集団は、モーセの強力な指導のもと、ヤハウェという神のおかげで自分たちはエジプトから脱出できたと考えたのであろう。ヤハウェを神として崇拝することで団結を固めた「神の民」がいわゆるユダヤ民族を形成することになった。
(25) ヨシュアが初めて登場するのは（「出エジプト」17:8-16）、カナンの地に向かう途中でのアマレク人（シナイの荒野にいた遊牧諸部族の連合体）との戦いの時である。
(26) この頃イスラエルの民の群はゆるやかな部族連合を形成し次第に国家になろうとしていた。
(27) Grimm（²1879:273, グリムは名詞を大書することはない）„Im alten testament erscheint gott gleich von anfang leibhaft und redet mit Adam Eva Noah Abraham Moses [Josua], die seine rede von selbst verstehend und darauf antwortend dargestellt werden." (leibhaft「肉体を持った (= leibhaftig)」, von selbst「自然と」, verstehend, antwortend：共に現在分詞, darstellen「描く」)『旧約聖書』では、神は最初からすぐに肉体を持った姿で現われ、アダム、イヴ、ノア、アブラハム、モーセ、ヨシュアと話をする。この人々は、神の言葉を自然に理解し、答える姿

で描かれている。
(28)『ルター聖書』(1984)
(29)『ユダヤ古代誌』・『ユダヤ戦記』の著者であるユダヤ人歴史家ヨセフスはユダヤ人の間では伝統的にあまり高く評価されてこなかった。というのも、彼が証言の中でイエスについて言及しているために「キリスト教徒が彼の著作をわがものにしたから」(秦2000:179)である。
(30)加藤(2016:31-32):「『出エジプト』の冒頭では、エジプトでヤコブの子どもたちの子孫が増えてイスラエルの人びといったまとまりができていたと記されているが、実際はエジプトに非エジプト人とされるような者たちがまとまりもなく居住していて彼らのうちから共にエジプト脱出を試みる人たちがいたというふうに考えられる。」。
(31)「ギルガメシュ叙事詩」などである。
(32)カーギル(2018:44)
(33)ウガリトの神々の最高神。ウガリト神話で、バアル(豊穣の神)がヤム(海と川の神)を打ち倒すということは、ウガリト文明がエジプト文明・ミケーネ文明・メソポタミア文明に対し優位にあるということを象徴するだけでなく、ウガリトがこの地方で貿易の中核として繁栄するようになったことを示している。
(34)ウガリトの北に位置するツァフォン山は、ウガリト人やカナン北部の人々にとって、神々の集う最高峰の山である。ギリシア人にとってのオリンポス山のような存在であった。
(35)シナイ山の麓で金の雄牛を作り、これを神だと言っている場面がある(「出エジプト記」32:4)。
(36)カーギル(2018:58-60)
(37)イスラエルの人々は神ヤハウェを唯一崇拝することを許された(カーギル 2018:60)。
(38)上の画像は、https://ja.wikipedia.org/wiki/%E3%83%92%E3%82%BC%E3%82%AD%E3%83%A4 より(2018年10月アクセス)
(39)Hoffnung für Alle 版の聖書。
(40)この文言は次のように「イザヤ書」37章36節とほぼ同内容である:
Jesaja (37:36) Da ging der Engel des HERRN in das Lager der Assyrer und tötete 185,000 Soldaten. Am nächsten Morgen war alles mit Leichen übersät.
(41)『旧約聖書注解Ⅰ』(1996:658-659)
(42)Neue Zürcher Bibel © 2000 Verlag der Zürcher Bibel(Zürich)
(43)Revidierte Elberfelder Bibel(1985).
(44)Revidierte Elberfelder Bibel(1985).

(45) 紀元前14世紀、レビ族モーセの後継者エフライム族ヨシュアがリーダーとなってイスラエル人が「契約の箱」(「十戒」が刻まれた石板が収められている) を担いでカナンの地パレスチナに入ったことが「ヨシュア記」(10:1) に記述されている。また「申命記」(31:23) にも「あなたはイスラエル人を、私が彼らに誓った地に導き入れなければならない。私はあなたと共にいる」とある。一方、紀元前10世紀初頭、ダビデは南方部族の中心都市ヘブロンから南北複合王国の中間に位置するエルサレムに遷都し、そこへ王国成立前の部族同盟の象徴であった「契約の箱」を搬入した。そして、神ヤハウェがエルサレムを選び、ダビデとその子孫を全イスラエルの支配者と言明したという経緯である (ダビデ時代は、イスラエルにとっては勝利と栄光の時代である。苦難の時代を迎える度ごとにイスラエル人を救う第二のダビデすなわち救い主メシア出現という願望へと連なっていく)。
(46) 当時カナンの地には、背が高く体つきの大きいアナク人が住んでいて、ヨシュアたちは小人のように見えたという。
(47) Gute Nachricht Bibel (1999)
(48) ヨシュア記 (10:42):「イスラエルの神、主がイスラエルのために戦われた」。
(49) Gute Nachricht Bibel (1999)
(50) Gute Nachricht Bibel (1999)
(51)「サムエル記」下 (5章) のストーリーを、いわばエルサレム建都神話として捉えるわけである (カーギル 2018:199)。
(52) Hamp (1979)
(53) 新改訳 (2003) 聖書
(54) Gute Nachricht Bibel (1999)
(55) 祭儀規定による。
(56) 新改訳 (2003) 聖書
(57) カーギル (2018:136)
(58) ストア派・犬儒派・エピクロス派などである。
(59) カーギル (2018:142)
(60) メソポタミア・カナン・ペルシアの宗教的伝統の上にである。
(61) ヘレニズム化は、供え物、割礼といった伝統的なユダヤ教の宗教儀式を禁じた。
(62) カーギル (2018:128)
(63) ギリシアの哲学・宗教・修辞法などを指す。
(64) 後に新プラトン主義を通してキリスト教に取り入れられた。
(65) 肉体から独立した魂の存在と死後の世界が存在するというギリシアの

宗教思想はヘレニズム時代のユダヤ教に深く影響を及ぼした（カーギル2018:153）。
(66) 『ルター聖書』(1984)
(67) ここでは、終末の時が来たならば、人間が不確かにもっている知識ではなく、神の知識がすべてを覆うということを述べている。ギリシア語世界では、鏡の比喩は、明晰さ・自己認識・(見る際の) 間接性という意味で用いられるが、この箇所では最後の意味で使われている。
(68) 使徒パウロがストア派（stoicism）の哲学者と討論した様を記しているのが「使徒言行録」(17:18) である：Einige Philosophen aber, Epikureer und Stoiker, stritten mit ihm. Und einige von ihnen sprachen: Was will dieser Schwätzer sagen? Andere aber: Es sieht so aus, als wolle er fremde Götter verkündigen. Er hatte ihnen nämlich das Evangelium von Jesus und von der Auferstehung verkündigt.『ルター聖書』(1984)「エピクロス派やストアの幾人かの哲学者もパウロと討論したが、＜このおしゃべりは何を言いたいのだろうか＞と言う者もいれば、＜彼は外国の神々の宣伝をする者らしい＞と言う者もいた。パウロが、イエスと復活について福音を告げ知らせていたからである」。
(69) 『ルター聖書』(1984)
(70) セネカ『倫理書簡集』Ⅰ, 154頁、セネカ哲学全集5』（岩波書店）
(71) 『ルター聖書』(1984)
(72) カーギル (2018:153)
(73) 朝岡 (2016:3)。信仰のことば (=「告白」) と向き合う営みは意義深い。
(74) 朝岡 (2016:4)
(75) 日本カトリック司教協議会（2004年2月18日認可）のテクスト。

第3章
文化としての『聖書』
―― キリスト教の伝播 ――

　2003年アメリカのブッシュ大統領がイラク戦争に際し、十字軍（crusade）ということばを使ったことが諸国の非難の的となった。大統領にとって、クルセードという用語は聖戦を行う勇猛な英雄・騎士たちのイメージなのだろうが、イスラム諸国にとって十字軍は凶暴な侵略者集団にすぎないばかりか、欧米の知識層もこの点をよく認識している。中世風に、美しい鎧・兜に身を固め、パレスチナの戦場を疾駆する騎士たちが群がる非道のイスラム教徒の大軍を打ち破っていくという物語を空想することが事実誤認であることはもはや明らかである。本章では続いて、他文化（ギリシア・ローマ）との文化闘争という切り口で、使徒パウロの時代のキリスト教に焦点を当て、初期キリスト教の伝播の問題に目を向けてみたい。

1. 十字軍

　戦争との関連でキリスト教を捉えようとする場合、真っ先に思い浮かべられるのが十字軍であろう。中世期、キリスト教徒は聖地エルサレムを巡礼地として訪ねていたわけだが、1071年から1272年にかけての十字軍の遠征には特別な意味がある。中世の西ヨーロッパのキリスト教の諸国が聖地エルサレム（現在、ユダヤ教・キリスト教・イスラム教の共通の聖地）をイスラム

諸国から奪還すべく遠征軍を派遣したのである（エルサレムを攻めあぐねていた十字軍の士気を蘇らせたのはデジデリウス（Peter Desiderius）司祭の幻視体験であった。3日間の断食の後、裸足で市壁の周りを行進すれば、9日以内に城壁は崩れるというお告げだった）。

エルサレム城壁を攻める十字軍

　十字軍は、苦しみや試練のうちに信仰の証しをする格好の機会でもあった。その精神とは「名誉心」「兄弟愛」「聖所崇拝」などであると言える。

　軍事史的に見ると、十字軍の戦いとは、中世西ヨーロッパの騎士団とイスラムの軽騎兵の戦いであった。最初の交戦はマラズギルトの戦い（1071年）でセルジューク朝（イスラム王朝）軍がビザンティン（東ローマ）帝国に圧勝、つまりイスラム教とキリスト教の間に大きな武力衝突がありイスラム側が勝利をおさめたことから始まる。以前は、十字軍の歴史は1096年の軍隊遠征を第一回十字軍としていたが、近年ではそれ以前の動向も含めた広義の十字軍運動の研究によって、これらの史実も注目されるようになっている。このマラズギルドの戦いで敗れたビザンティン帝国は西ヨーロッパの騎士たちにキリスト教徒

の団結の名のもとに援軍を求めたのであった。教皇ウルバヌス2世（在位1088-1099年）は1095年、クレルモン（フランス）修道院で次のような過激な宣言をした。教皇はフランス・ドイツ・イタリアの貴族たちに「信仰ある者は同胞がトルコ人をエルサレムから追い出すのを支援せよ」と訴え「ムスリム（イスラム教徒）を殺しにエルサレムに赴く者には罪の償いを免除する」とまで宣告したのであった(11)：「今こそ、我が力を結集させ、十字架を取って立ち上がり、東方の我らの兄弟たちを救い、聖地奪回のため神とともに戦う時である。獣のごとき悪者に復讐し、聖なる領土を奪還することこそ、我らの使命である。神の御心は我らとともにある！」(12)。教皇の「若者よ、東を目指せ」との宣告に煽動され、その結果、中東のイスラム住民に対する無差別殺戮が繰り返された(13)。

教皇ウルバヌス2世（1042-1099）

こうした十字軍の戦いを思想的に支えていたと考えられるのは、通常、4世紀のアウグスティヌス（北アフリカの神学者）と言われている。ローマ法に由来する必要最小限度の暴力行使という原則をバックボーンとして、正しい戦争の遂行のしかた、すなわち正戦論として体系化した人物とみなされることが多いのである(14)。古代の西方キリスト教会の教父と言われるこのアウ

グスティヌスの思想が、600年の時を超えて中世の戦争にどれだけ責任があるのかは議論の残るところだが、少なくともアウグスティヌスの説が後世に大きな影響力をもったことは確かである。アウグスティヌスが考える正しい戦争とは、開戦の理由が正義に基づいていること・正当な権威（正当な政府など）が開戦の決定を下すこと・正当な目的をもって開戦すること・戦争が最後の手段であること等であり、ある意味で抑制的で、理不尽で恣意的な戦闘を回避しようとした努力であったことは認められるであろう。実際、ユダヤ・西洋の歴史を繙けば、まずは『旧約聖書』に見られる民族の神に託した戦争があり、悲惨な戦争は跡を絶たなかった。その後、極力、戦いを防止しようとする考えも発展し、「キリスト教と戦争」という矛盾と格闘しながら、アウグスティヌスの正戦論(15)が生まれてくることになった。さらに中世の騎士道精神（非戦闘員を攻撃してはならない）へと展開していくことになる。

　時代は2000年3月のことである。ローマ法王のヨハネ・パウロ2世（ポーランド出身）がバチカンのサンピエトロ寺院で、過去2000年間にキリスト教会が犯した罪を認め神の許しを請うミサを行った。そのときのミサで懺悔した内容には「十字軍」のことも含まれていた。その中身は、

　十字軍遠征、異端審問などでは異端に対する敵意を持ち、暴力を用いた。これらカトリック教会の名誉を汚した行いについて謹んで許しを求める。

というものである。中世以降はカトリック教会が国家を凌ぐほどの権力となり、十字軍を組織して熱狂的なキリスト信者たち

が聖地の奪回を唱えて何度もイスラム教徒と熾烈な戦いを繰り返した。この十字軍の戦いは「聖戦」とも捉えられ、異教徒と戦うときの暴力も当然、肯定された。この日のミサでヨハネ・パウロ2世は、十字軍だけではなく、中世における異端裁判や第二次大戦前後のユダヤ教迫害に対しても、カトリック教会の罪を認め、神の許しを請う懺悔を行った。すなわち、これまでイスラム圏などでなされたさまざまな罪過に関して謝罪を行ったのである。ビザンティン圏で言えば、十字軍(第4回)は聖地奪回という当初の目的から逸れて東ローマ帝国で東方正教会を攻撃したわけである。

　長い間、十字軍の罪に目を閉ざし、20世紀に至っても同じような罪(ベトナム戦争など)を繰り返してきた欧米にあって、次のヴァイツゼッカー(1985)『荒れ野の40年』のスピーチの意義は今なお大きい。

Es geht nicht darum, Vergangenheit zu bewältigen. Das kann man gar nicht. Sie läßt sich ja nicht nachträglich ändern oder ungeschehen machen. Wer aber vor der Vergangenheit die Augen verschließt, wird blind für die Gegenwart. Wer sich der Unmenschlichkeit nicht erinnern will, der wird wieder anfällig für neue Ansteckungsgefahren.

　　es geht um et.[4]「大事なのは〜である」, läßt sich「〜され得る」(受身・可能), die Augen vor et.[3] verschließen「〜に対して目を閉ざす・〜を直視しようとしない」, sich et.[2] erinnern「思い出す」, anfällig「感染しやすい・抵抗力のない」, Ansteckung「伝染・感染」
問題は過去を克服することではありません。そのようなことができるわけはありません。後になって過去を変えたり、起こら

なかったことにするわけにはまいりません。しかし過去に目を閉ざす者は結局のところ現在にも盲目となります。非人間的な行為を心に刻もうとしない者は、またそうした危険に陥りやすいのです。

　戦争の責任の所在を「罪責宣言」で公けにし（例：1945年の「シュトゥットガルト罪責宣言」(16)）、ナチス政権の12年間の歴史に対してドイツの責任がいかに大きいものであったかを述べている。少なくとも背景として、ドイツと日本には第二次世界大戦での罪責を反省すべき存在としての共通性がある。この問題を考えていく上でも、このヴァイツゼッカーのことばは今日も色褪せない。

2. ローマ

> Ein Kind wird uns geboren, ein Sohn wird uns geschenkt, auf dessen Schulter die Herrschaft ruht. Man nennt ihn: Wunderrat, Gottheld, Ewigvater, Friedensfürst.(17)
> イザヤ　9：6
> ひとりのみどりごが、私たちのために生まれる。ひとりの男の子が、私たちに与えられる。主権はその肩にあり、その名は『不思議な助言者、力ある神、永遠の父、平和の君』と呼ばれる。(18)

　ローマ文化の典型のように扱われるキリスト教も、ローマでの流布に関して言えば決して平坦な道のりではなかった。例えば、使徒のペテロもパウロもネロ帝（在位54〜68年）の時代にローマで迫害され殉教したことはよく知られている。当時のローマでは、キリスト者はローマ民衆の間に一般的に流布して

いた不道徳な習慣に従うことを拒否したため変人扱いされ、また皇帝崇拝も拒否したため、キリスト教は国家の秩序を乱す危険な宗教とみなされたりもした。

サン・ピエトロ大聖堂（バチカン市国南東端にあるカトリック教会の総本山）

　バチカン市国（写真）はカトリック教会の総本山で、約9億とも言われるカトリック教徒をまとめるが、もちろんキリスト教徒はそればかりではなく、さらにプロテスタントなど諸派を含めたキリスト教全体では現在、信者数が約20億人にのぼると言われている。言うまでもなく、世界で最も普及した宗教の一つとして認識されている。ただし、すでに触れたとおり、その道のりは険しく、ローマ帝国の初期には新興宗教の1つにすぎなかった。もともとローマ帝国は自国内の異教徒たちに自分たちの文化を押しつけるという政策を採らず、征服した地域の諸民族の神々をも認めるという多神教・多宗教の世界であった。次の写真は、紀元後1世紀ごろにローマ帝国に属していた北アフリカで出土した石像である。中央にローマの神が、両側には北アフリカの神々が配置されている。これはまさにローマ帝国の宗教風土を表わしていると言えるだろう。

　こうした時代、ローマ帝国の東の端であるパレスチナでイエスがユダヤ教の改革運動を始めたのであった。イエスは民族や階級を超えた神の愛と隣人愛を説いたわけであるが、イエスはローマ帝国に対する反逆者として訴えられ処刑された。そしてイエスの死後、彼の弟子たちによってイエスの教えが広まっていく。3世紀になると、ローマでは政治が混乱したこともあってキリスト教に救いを求める人々が増え始めた。こうした経緯でローマ帝国は（キリスト教を迫害した時期もあったが）やがて国の統治にキリスト教を利用するようになった。

　313年、コンスタンティヌス帝がミラノ勅令によって信教自由の原則に基づきキリスト教を公認した。他の神や宗教を認めないキリスト教の教えが広まっていくに従いローマはその後、一神教の世界へと変わっていく契機となり、コンスタンティヌス帝自身、後に皇帝としてローマ帝国初のキリスト教信者ともなった。このようにローマ帝国を後ろ盾としてキリスト教は世界宗教となる基礎を築いていくことになった。同時に、必然的に教会が世俗権力と結ぶことになり、キリスト教は国教化を経て変質していくことになる。

　キリスト教がすでに公認されていた4世紀のローマ帝国でさえ、伝統宗教への揺り戻しが起こった時期があった。ユリアヌス帝（360年、皇帝に即位）[22]は、皇帝になる前の時期、彼にとっ

て規律と強制のキリスト教から離れて、⁽²³⁾宗教心の自由な空間を獲得したいと考えていた。⁽²⁴⁾ギリシア文化を学ぶにつれ、キリスト教とは異なる「神々」との交信を行う術を知りたい思うようになっていた。⁽²⁵⁾その羨望の的のギリシア世界でも、キリスト教到来以前の500年間、宗教的信仰は哲学者たちの批判的討論の対象とされていた。⁽²⁶⁾このように、宗教・神話・哲学・政治の諸問題が複層的に絡み合う課題は確かに一筋縄ではいかない。⁽²⁷⁾

　ここまで最初期からのキリスト教の歴史を概観したが、後の世界の諸地域におけるキリスト教の発展を導く遠因として、紀元後4世紀にキリスト教が世界帝国ローマの宗教とされたことの意義は実に大きいと言える。⁽²⁸⁾ローマ帝国におけるキリスト教の公認・ローマ皇帝の入信・国教化・キリスト教以外の宗教の禁止が起きた4世紀は、西洋史上、実に重要な時期である。しかし皮肉なことに、この世紀のうちに、長く繁栄したローマ帝国が急速に衰退し、ついには東西に分裂する。また、ローマ帝国の衰退に歩調を合わせるように、西洋中世社会の担い手となる人びとの集団がドナウ・ラインの両大河を渡って続々と移動を始める。⁽²⁹⁾後世に名を残すコンスタンティヌス帝（在位306-337。ローマ帝国を危機から立ち直らせ、キリスト教を公認）・テオドシウス大帝（在位379-395。単一の皇帝権のもとにローマをまとめあげ、キリスト教を国教に定める）⁽³⁰⁾が「大帝」と呼ばれるのも、キリスト教会への貢献のゆえである。⁽³¹⁾

　このように、ローマ時代、キリスト教がローマの国教になったことで、真にキリストを信じていない者も、文化・社会的にキリスト教徒と呼ばれるようになった。このこと自体、実は主イエス・キリストは予見していたとして、次の引用のような警告を発している。

わたしに向かって「主よ、主よ」と言う者が皆、天の国に入るわけではない。わたしの天の父の御心を行う者だけが入るのである。かの日には、大勢の者がわたしに「主よ、主よ、わたしたちは御名によって預言し、御名によって悪霊を追い出し、御名によって奇跡をいろいろ行ったではありませんか」と言うであろう。そのとき、わたしはきっぱりとこう言おう。「あなたたちのことは全然知らない。不法を働く者ども、わたしから離れ去れ」。（マタイ7:21-23）(32)

　組織としての教会は拡張したとしても、その教会が行っていることはキリスト教的とは必ずしも言えない。キリスト教本来(33)の意味で言えば、十字軍の遠征などというものはあり得ないはずであった。キリスト者は愛と平和を唱えながら、どうして戦争をすることが可能なのか？　なぜキリスト教徒は武力行使するのか？　という疑念が湧く。そもそも宗教は、平和を祈願しつつ、その志を貫いて、戦争を食い止めることができるのか。前述のとおり、宗教に起因する争いは数限りなくある。ただし、特に注目するべきことに、歴史的に見れば、宗教に関わる戦争のほとんどがヨーロッパ周辺で起こっており、しかもキリスト教をめぐってのものであったことがわかる。大きく区分けすれば、一つは異教徒を排除する戦争であり、もう一方は権力としてのキリスト教会に対する、いわば反乱の戦いである。このうちの前者（異教徒との関係）に関して、実際、キリスト教の歴史の中には、十字軍をはじめキリスト教国と呼ばれる国々が他国に対し抑圧と暴力を行なってきたという経緯がある。西洋に(34)根強いヨーロッパ中心史観があるのは確かである。(35)

第3章　文化としての『聖書』　67

　もう一度、キリスト教と戦争の関係をまとめてみよう。『新約聖書』が編まれ出した時代から、キリスト教を公認したコンスタンティヌス帝のミラノの勅令（313年）までの時代、すなわち、初期キリスト教の時期のクリスチャンは基本的に平和主義者であったと考えられている。教父たちは概して、キリスト者が軍隊に入ることを認めておらず、170年頃まではキリスト者が軍隊にいたという記録がない。大多数のキリスト者は300年くらいまでは軍隊に入らなかったようである。(36)戦争に参加することに激しい抵抗感をもって、教会史が始まっていることは事実である。使徒パウロが兵士のモチーフを用いて語っている箇所についても、キリスト者としての生き方を兵士のメタファーを使って述べているだけであって、決して軍務に関係する事項に言及しているわけではない。

　第二テモテ（2:3-4）：「キリスト・イエスのりっぱな兵士として、私と苦しみをともにしてください。兵役についていながら、日常生活のことに掛かり合っている者はだれもありません(37)」

ただし、4世紀以降、キリスト教がローマ帝国の国教となり、キリスト教世界が作られ始めると事情が異なってくる。さまざまな職種でキリスト者の数が増え、軍隊に関わるキリスト者の比率も少なくなくなってくる。キリスト者が社会の大多数を占め出すと、キリスト者であるという意義付けが変わってくるわけである。キリスト教が国教となったことで教会はある種の公的機関として国家の一部に取り込まれていったという事実は決定的な影響力をもつ。キリスト者はキリスト教的に政治・社会・文化の中心を担おうとする立場に変わってくるのである。このようにしてヨーロッパは中世を経て、『聖書』をめぐる言語文化的な転機、すなわち宗教改革を迎えることになる。

3. ギリシア

> Ziehe deine Schuhe von deinen Füßen, denn die Stätte, auf der du stehst, ist heilig.[(38)]
> あなたの足のはきものを脱げ。あなたの立っている場所は聖なる所である。[(39)]（ヨシュア5：15）[(40)]

　キリスト教がヨーロッパで拡大していくに従い、「パウロ書簡」や初期の「福音書」といった初期キリスト教の文書を根拠に（ユダヤ教的な要素を排除しながら）キリスト教正典の編纂作業、つまり、文字による文書の記録が始められていく。367年に現行の『新約聖書』である27の文書群が初めて示される。[(41)]これはキリスト教文書の最初のものであり、現在の『聖書』の中の「書簡」の中心となる「パウロ書簡」は、パウロの伝道の間（第一次～第三次）に、各地の共同体に宛てて執筆されたものである。[(42)]また、紀元後70年前後に『聖書』の「福音書」中の最初の文書「マルコ福音書」が書かれたと推定されている。

この文書は、イエスの伝承という形式での最初の文書であり極めて重要な記録である。では、それらの文書は何語で、どの文字で綴られたものであったか？　詳しくは後述するが、それはギリシア語（コイネー：アッティカ方言にイオニア方言の要素が加わって形成。いわば標準化したギリシア語）であり、ギリシア文字であったのだが、ここではまずその伝播・伝道の経緯を押さえておこう。

　パウロの第一次・第二次および第三次伝道のルートは以下の通りである。当時の状況として、パウロはまさに「地の果てに至るまで私の証人となる」という主イエスの言葉を実践した最初の人であった。常に前進を続け、各所に教会の基礎をつくり、福音の種を蒔き、さまざまな方法で（テント職人として・ローマ市民権所有者として・囚人として）キリストを宣べ伝えた。パウロの宣教は決して華々しいものでも成功に満ちたものでもなかった。最後には囚人としてローマへ送られていく。この道程を私たちは信仰の広がりとして見るわけだが、同時に文字文化の伝播としても認識できる。

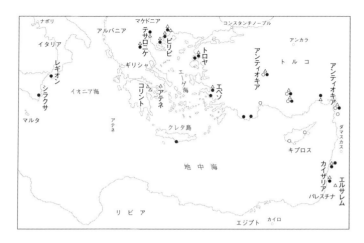

パウロの第1回伝道旅行（紀元後46-48年）は白丸、第2回伝道旅行（紀元後49-52年）は黒丸、第3回伝道旅行は三角印で地図に示した。

　苦難の連続であったと言うべき伝道を行ったパウロが各地の信徒に書き送った「書簡」を、文字を学ぶ機会もほとんどなかった多くの人たちはどの程度、理解していたのであろうか。言うまでもなく、学校のような学習の社会施設が存在しない当時、文字の学習は難事業であったことは想像に難くない。文字を理解できない人びとにも神の言葉を届けようとする努力は並大抵のものではなかっただろう(46)。ただ、むしろこうした人びとに支えられ、励まされ「書簡」が生み出されたとも考えられる。

　意外に思われるかもしれないが、実はキリスト教の成立期を厳密な意味でいつとするかは容易なことではない。「西暦」という世界で最も普及した宗教暦をもち、多くの史料が残るキリスト教にあっても、その初源を明らかにする作業は現在も慎重を期して行われている。しかしながら、ユダヤ教の総本山であ

るエルサレムとその神殿体制が終焉を迎えた紀元後70年をキリスト教の始まりとみなすのは通説にも適い妥当な視点であろう。この時期、いわゆるユダヤ教イエス派が脱皮と独立の時期を迎えていたからである。(47)この時期にあって、「福音書」・「パウロ書簡」の編集は必要かつ欠くべからざる作業であった。キリスト教自身の自己のアイデンティティーの確立が急務であったのである。(48)

　さて、パウロがエルサレムで民衆に襲われ、ローマ軍に逮捕され、ローマ送りとなったのは紀元後58年の秋ごろである。実際にローマに到着したのは59年春/夏であった。(49)「使徒言行録」に書かれているパウロに関する記述によれば、そのいきさつは次のようである(50)(以下に引用する文章の文字・ことばを理解できなくとも本書を読み進めるためにはまったく問題ない。ここではまず、どのような文字でどんな言語が綴られていたのかを押さえていただくだけで十分である)。

「使徒言行録」第28章

16節 ローマに入ったとき、パウロは番兵を一人つけられたが、自分だけで住むことを許された。

ギリシア語

16 Ὅτε δὲ εἰσήλθομεν εἰς Ῥώμην, ἐπετράπη τῷ Παύλῳ μένειν καθ' ἑαυτὸν σὺν τῷ φυλάσσοντι αὐτὸν στρατιώτῃ.

ラテン語

16 cum venissemus autem Romam permissum est Paulo manere sibimet cum custodiente se milite.

ドイツ語

16 Als wir nun nach Rom hineinkamen, wurde dem Paulus

erlaubt, für sich allein zu wohnen mit dem Soldaten, der ihn bewachte.

17節 三日の後、パウロはおもだったユダヤ人たちを招いた。彼らが集まって来たとき、こう言った。「兄弟たち、わたしは、民に対しても先祖の慣習に対しても、背くようなことは何一つしていないのに、エルサレムで囚人としてローマ人の手に引き渡されてしまいました。

ギリシア語

¹⁷ Ἐγένετο δὲ μετὰ ἡμέρας τρεῖς συγκαλέσασθαι αὐτὸν τοὺς ὄντας τῶν Ἰουδαίων πρώτους· συνελθόντων δὲ αὐτῶν ἔλεγεν πρὸς αὐτούς, Ἐγώ, ἄνδρες ἀδελφοί, οὐδὲν ἐναντίον ποιήσας τῷ λαῷ ἢ τοῖς ἔθεσι τοῖς πατρῴοις δέσμιος ἐξ Ἱεροσολύμων παρεδόθην εἰς τὰς χεῖρας τῶν Ῥωμαίων,

ラテン語

17 post tertium autem diem convocavit primos Iudaeorum cumque convenissent dicebat eis ego viri fratres nihil adversus plebem faciens aut morem paternum vinctus ab Hierosolymis traditus sum in manus Romanorum.

ドイツ語

17 Es geschah aber nach drei Tagen, daß Paulus die Angesehensten der Juden bei sich zusammenrief. Als sie zusammengekommen waren, sprach er zu ihnen: Ihr Männer, liebe Brüder, ich habe nichts getan gegen unser Volk und die Ordnungen der Väter und bin doch als Gefangener aus Jerusalem überantwortet in die Hände der Römer.
(51)

パウロはローマで実質的には軟禁状態であったろうが、それでも満2年ローマで宣教活動をしたと「使徒言行録」は述べて

いる。

「使徒言行録」第28章

31節 全く自由に何の妨げもなく、神の国を宣べ伝え、主イ
　　エス・キリストについて教え続けた。

ギリシア語

31 κηρύσσων τὴν βασιλείαν τοῦ θεοῦ καὶ διδάσκων τὰ περὶ τοῦ κυρίου ᾽Ιησοῦ Χριστοῦ μετὰ πάσης παρρησίας ἀκωλύτως.

ラテン語

31 praedicans regnum Dei et docens quae sunt de Domino Iesu Christo cum omni fiducia sine prohibitione.

ドイツ語

31 predigte das Reich Gottes und lehrte von dem Herrn Jesus Christus mit allem Freimut ungehindert.[52]

ここでは各節の最初にギリシア文字で綴られているテクストがあることが確認できる。エルサレムを核として後にローマ帝国内に広まるキリスト教のことばが、ギリシア文字で綴られたのには理由がある。パウロをはじめ当時の使徒たちが用いていたのはギリシア語訳の『旧約聖書』であったのである。このギリシア語訳『聖書』は一般に「七十人訳『聖書』」（羅：Septuaginta「セプテュアギンタ」、「70」の意）と呼ばれ、紀元前3世紀中葉から紀元前1世紀の間に、ヘブライ語のユダヤ教聖典（つまり『旧約聖書』）がギリシア語へ翻訳されたのである。[53] この翻訳はキリスト教史にとって重要な文化的意味合いがある。[54] と言うのもこの時期、広くヘレニズム世界（アレキサンダー

大王によってギリシア語が広められた地域)に多くのユダヤ人が居住することになり、もはや母語であるヘブライ語が十分に理解できないユダヤ人が増えてきたからである。ヘレニズム時代・ローマ時代にユダヤ人は各地のギリシア風都市に進出し、その新しい土地に定着して二代目・三代目と代を重ねるごとに、むしろギリシア語を日常語とするユダヤ人がますます多くなってくる。こうした人びとのために『旧約聖書』がギリシア語に翻訳されるに至ったのである。[55]パウロはヘブライ語も読めたようであるが、「書簡」では引用に際してこのギリシア語訳『聖書』を使っている。ギリシア語は当時のヘレニズム文化圏における国際共通語であったのである。[56]

　言語学の立場からグリムは次のように述べている。彼の時代（19世紀）、すなわち比較言語学の台頭期にはすでに克服されていたが、先立つ時代にあってはヘブライ語への特別な思いが強く残っていたのである。

Lange vermochte man sich nicht von der ansicht loszusagen, dasz die hebräische als eine heilige und vermeinte ursprache den brunnen aller etymologie in sich enthalte.
(Grimm [2]1879:307)
　vermochte < vermögen「〜できる」, sich von et.[3] los|sagen「〜と関係を絶つ」, dasz = dass, vermeinen「（誤って）〜と思う」, ursprache「祖語」
　長い間ヘブライ語が神聖な言語とされ、すべての語源学の源泉がそこにあるという憶測的な見解から脱することができなかった。

第3章　文化としての『聖書』　75

パウロの略年表(57)

紀元後5-10	タルソに生まれる
30	イエスの十字架と復活
36	回心
39	エルサレムにのぼる
43-44	アンティオキアで宣教
46-48	第一回伝道旅行
49	エルサレムの使徒会議
49-52	第二回伝道旅行
53-58	第三回伝道旅行
58	エルサレムで逮捕され、カイサリアに護送監禁
60-61	海路ローマに護送軟禁
67	ローマにて殉教

さて『聖書』は全巻、神が指導し神の全き支配の下に、人間の著者の手によって、神が書かれたものとしてキリスト教徒に尊ばれてきた。『聖書』は確かに多くの著者によって幾世紀にもわたって編集されたが、それでもそれは「1つの書物」とみなされている。さらに、『聖書』はそれ自体、各時代を通じての最も驚くべき奇蹟であり、超人間的な起源を自ら証しするものを高くかざしているとして最重要視されている。(58)

『旧約聖書』は1つの民族についての記述である。『新約聖書』は1人の人物に関して記されている。その民族は、この世界に「その人」が来るために神が始め育てられたのである。イエス

が地上に現われたことは、全歴史の中心的なできごとであり、『旧約聖書』はそのための舞台を作り、『新約聖書』はその事実を描写していると言ってもよいだろう。[60] とりわけ『旧約聖書』の最後の「預言」の部分では、救いの計画が鮮明に示されている。例えば、先駆者バプテスマのヨハネの出現、ロバに乗ってキリストがエルサレムに入城すること、あるいはユダの裏切りなどである。さらに古い実例を示せば、バビロニア捕囚からのエルサレム帰還に関しては、すでにその約170年前にイザヤが預言したことの成就であると言える。当時ユダヤ人はなおペルシア人に隷属し大祭司によって統治されていたが、エルサレムに神殿を再建し、民の間に大きな信仰復興が起こったのがこの時期（紀元前6〜5世紀）である。この頃から初期ユダヤ教が誕生していったのである。このような背景で成立し、まとめあげられていった『旧約聖書』の内実が預言のとおり現実化し成就したものであるとみなされるわけである。この件をイエス自身が述べているのが次の箇所である。

Ihr erforscht die Schriften, denn ihr meint, in ihnen ewiges Leben zu haben, und sie sind es, die von mir zeugen

von et.[3] zeugen「明白に示す・証拠立てる」
あなたがたは『聖書』（ここでは『旧約聖書』のこと）の中に永遠の命があると思って調べているが、この『聖書』は私について証をするものである」（「ヨハネ福音書」5:39）

ここで「私について」とはイエス・キリストのことである。このように、『旧約聖書』は『新約聖書』の光のもとで読む必要があるわけである。

このように、『旧約聖書』に書かれているのは、イエス・キリスト誕生以前の古代イスラエル民族についてである（ヘブライ語。一部アラム語）[61]。この文書にはイエス誕生のこと、すなわち救い主の誕生の預言が予兆されているが、ユダヤ人はこの記述に対してはまったく別の理解をしている[62]。端的に言えば、『旧約聖書』のエッセンスは、救い主イエスの誕生の預言である[63]。このように、『新約聖書』には、イエス・キリストの誕生以降の、神とキリストおよびその弟子たち、教会のことが記されている（ギリシア語）。

　上で引用したギリシア語・ラテン語の『聖書』テクストは、それぞれギリシア文字・ラテン文字で記されている。そもそもギリシア語が地中海世界に普及したのはアレキサンダー大王によるところが大きいわけである。およそ前1世紀頃には地中海東岸（フェニキア諸都市）もヘレニズム化がおおむね完了しており、教養ある人びとはギリシア語を話しギリシア風の名前をもっていた。ギリシアの様式にのっとった祭礼・供犠が人びとの生活に浸透していたことがわかっている。

　以上のように、この節ではギリシア世界を中心に、『聖書』にまつわる言語文化的な背景を古代から中世にかけて歴史文化的文脈の中で時代の流れに添って概観した。

【注】

(1) 石川（2016:161）：「1648年のウェストファリア条約以降、宗教の名による戦争は抑制されるようになったが、宗教としてのキリスト教そのものが修正・改良されたわけではない」。
(2) アラブ民族主義者は今日も、イスラエルへの支援など中東に対する欧米の関与を「十字軍」と呼んでいる。

(3) http://www.church.ne.jp/koumi_christ/shosai/lect.church.history.pdf
（2018年10月アクセス）
(4) パウロの生き方を象徴的に表わしているのが次の箇所である（「第二テモテ」4:6-8）:「わたし自身は、既にいけにえとして献げられています。世を去る時が近づきました。わたしは、戦いを立派に戦い抜き、決められた道を走りとおし、信仰を守り抜きました。今や、義の栄冠を受けるばかりです。正しい審判者である主が、かの日にそれをわたしに授けてくださるのです。しかし、わたしだけでなく、主が来られるのをひたすら待ち望む人には、だれにでも授けてくださいます」。
(5) 橋口（2014:6-7）:「キリスト教徒巡礼の起源は古く、その伝統は断絶なく継承されてきた。[中略] 5世紀には最初のブームがおとずれる」。この時期は、4世紀にローマ帝国でキリスト教が公認されてまもなくのことである。橋口（2014:3）:「十字軍の事跡は [中略] 神がそれを命じ、人がこれに従って、神と人との協同作業で行なわれた。[中略] 十字軍は神の命ずるところに従って人間がその意を体して行動する舞台である。[中略]「聖戦」であるといわれる」。
(6) 4世紀にローマでキリスト教が公認されると、キリスト教徒がキリストの生地であるベツレヘムそして受難の地であるエルサレムへ巡礼するようになった。
(7) 『旧約聖書』の中の「エリコ」の陥落の故事（ヨシュア記）を踏まえたものであった。
(8) ヨーロッパの人々には聖遺物蒐集という風習があった。キリストゆかりの遺品や道具類、聖母マリア・使徒や諸聖人にまつわる聖遺物への熱烈な愛好心が広まっていた（橋口1974:9）。
(9) 2世紀にわたる十字軍遠征で地中海沿岸のムスリム社会は破滅的打撃を受けた。
(10) トルコのセルジューク朝にアナトリア半島を占領された東ローマ帝国皇帝（アレクシオス1世：在位1081-1118年）がローマ教皇ウルバヌス2世に救援を要請したが（1095年）、この時、皇帝が依頼したのは東ローマ帝国への傭兵の提供であり、十字軍のような軍団ではなかった。
(11) 戦闘に参加したものに免償（罪の償いの免除）が与えられる、あるいは戦闘で死んだ者が殉教者となり得るという発想は十字軍運動の中で初めて生まれた。聖地を奪回する・イスラム教徒と戦うという意識以外に、免償を求めてエルサレムへ向かう巡礼の意味合いも強かった（http://www.church.ne.jp/koumi_christ/shosai/lect.church.history.pdf, 2018年10月アクセス）。

(12) 橋口 (1974:43-52):「おお、神の子らよ。あなた方はすでに同胞間の平和を保つこと、聖なる教会にそなわる諸権利を忠実に擁護することを、これまでにもまして誠実に神に約束したが、そのうえ新たに［…］あなた方が奮起すべき緊急な任務が生じたのである。［…］すなわち、あなた方は東方に住む同胞に大至急援軍を送らなければならないということである。彼らはあなた方の援助を必要としており、かつしばしばそれを懇請しているのである。その理由はすでにあなた方の多くがご存じのように、ペルシアの住民なるトルコ人が彼らを攻撃し、またローマ領の奥深く、聖グレゴリウスの腕と呼ばれている地中海沿岸部（ボスフォラス海峡・マルモラ海沿岸を指す）まで進出したからである。キリスト教国をつぎつぎに占領した彼らは、すでに多くの戦闘で七たびもキリスト教徒を破り、多くの住民を殺しあるいは捕らえ、教会堂を破壊しつつ神の国を荒しまわっているのである。これ以上かれらの行為を続けさせるなら、かれらはもっと大々的に神の忠実な民を征服するであろう。されば、［…］神はキリストの旗手たるあなた方に、騎士と歩卒をえらばず貧富を問わず、あらゆる階層の男たちを立ち上がらせるよう、そしてわたしたちの土地からあのいまわしい民族を根だやしにするよう［…］繰り返し勧告しておられるのである」クレルモン公会議における教皇ウルバヌス２世の演説）。シャルトルの修道士フーシェの年代記がさらに教皇は「あなた方がいま住んでいる土地はけっして広くない。十分肥えてもいない。そのため人々は互いに争い、互いに傷ついているではないか。したがって、あなた方は隣人の中から出かけようとする者をとめてはならない。かれらを聖墓への道行きに旅立たせようではないか。「乳と蜜の流れる国」は、神があなた方に与えたもうた土地である」と語り「かの地、エルサレムこそ世界の中心にして、天の栄光の王国である」と獅子吼した。これを聴いた民衆から『神のみ旨だ』という叫びが起こったという。

(13) エルサレム城でのイスラム教徒・ユダヤ教徒の大虐殺は『旧約聖書』の「ヨシュア記」に見る聖絶（宗教的理由により他民族を根絶やしにすること。敵対する異民族に対しては、神への奉納物として、異教の神を拝む者とそれに関連する事物をことごとく滅ぼし尽くすこと、すべての戦利品を滅却すること。すなわち、聖絶の対象とされた敵対異民族は全員が殺され、また家畜も含め生けるものは全て殺戮される）を思想的な背景としていると理解すべきである。この時、殺戮戦は聖戦として正当化されることになる。「ヨシュア記」10:40:「こうして、ヨシュアはその全土、すなわち山地、ネゲブ、低地、傾斜地、そのすべての王たちを打ち、ひとりも生き残る者がないようにし、息のある

ものはみな聖絶した。イスラエルの神、主が命じられたとおりであった」(新改訳)。なお、石川 (2016:149):「キリスト教の歴史を見れば、十字軍という経緯を経て、聖地との関わりが意識され始め、聖書における歴史物語に関心が高まった」も参照のこと。
(14) 厳密に言えば、アウグスティヌスに洗礼を授けたミラノ司教アンブロシウスがキリスト教的な正戦論の元祖である (石川2016:138)。
(15) 石川 (2016:137):「信仰における戦争と平和の矛盾は […] キリスト教がその初期から抱え続けている悲哀なのである。これまで二千年間もキリスト教はその矛盾について考えてきた」。
(16) 敗戦を迎えたドイツ福音主義教会の告白教会の人びとは新しいドイツの再建の道を見出そうと1945年10月シュットットガルトに集まった。この会議が「世界教会会議」の代表を迎えて開かれたとき、ニーメラー (第2章) の提唱のもと、教会の罪を明らかにすることをもって教会の再出発の原点としようとした。
(17) Hamp (1979)
(18) 新改訳『聖書』による。
(19) ローマ軍の兵士となることは皇帝という偶像を礼拝することになるため、初代教会は軍務に服することを禁じた。
(20) https://ja.wikipedia.org/wiki/%E3%83%90%E3%83%81%E3%82%AB%E3%83%B3# (2018年10月アクセス)
(21) http://www.nhk.or.jp/kokokoza/tv/sekaishi/archive/resume003.html (2018年10月アクセス)
(22) コンスタンティヌス帝がキリスト教を公認した313年 (ミラノ勅令)、テオドシウス帝がキリスト教を国教と宣言した380年の間に、反動的な動きをとった。
(23) 前皇帝コンスタンティヌス2世の時代に皇帝周辺で政治権力と結びついていたキリスト教勢力に対抗する措置である (南川 2015:74-76)。
(24) 髭をたくわえたユリアヌスの姿には伝統宗教の信徒のイメージがあるという (南川 2015:74)。
(25) 南川 (2015:70-71)
(26) 橋口 (2008:18)
(27) 石川 (2016:73):「はじめは迫害される側であった少数派のキリスト教徒たちであるが、じわじわと信者を増やし、4世紀にはローマ帝国の国教、すなわち体制側の宗教になった。国教、多数派の宗教になったということは、すなわち政治と関わらざるをえなくなることを意味する。国家とは、そもそも軍隊や警察など、暴力を独占するところがその肝でもあるので、政治と関わるということは、すなわち軍事とも

関わらざるをえなくなることを意味する」。
(28) 南川（2015:1-2）
(29) 南川（2015:1）：「5世紀後半に消滅する西ローマ帝国の命運はすでに4世紀にほぼ定まっていた」。
(30) キリスト教は、抑圧される立場から今度は体制側の宗教となるわけである。こうして兵役は当然のことながらキリスト教徒にとって義務となった。キリスト教徒が戦争に関わるべきか（関わってよいか）否かに関する議論が本格化する契機となる。
(31) 南川（2015:2,14）：「コンスタンティヌス帝の政治がディオクレティアヌス帝と最も異なるのは、キリスト教に対する対応である。ディオクレティアヌス帝（在位284-305）は最後のキリスト教徒大迫害を実行したローマ皇帝として知られている。実際に迫害を主導したのは副帝ガレリウスとも言われるが、ディオクレティアヌス帝がキリスト教徒を受け容れなかったことは間違いない」。
(32) Es werden nicht alle, die zu mir sagen: Herr, Herr!, in das Himmelreich kommen, sondern die den Willen tun meines Vaters im Himmel. Es werden viele zu mir sagen an jenem Tage: Herr, Herr, haben wir nicht in deinem Namen geweissagt? Haben wir nicht in deinem Namen böse Geister ausgetrieben? Haben wir nicht in deinem Namen viele Wunder getan? Dann werde ich ihnen bekennen: Ich habe euch noch nie gekannt; weicht von mir, ihr Übeltäter!
(33) むしろ、イエスが十字架で磔刑に処せられるときにローマ総督ポンティオ・ピラトに対して言ったことばのほうが真実に近いであろう：「わたしの国は、この世には属していない。もし、わたしの国がこの世に属していれば、わたしがユダヤ人に引き渡されないように、部下が戦ったことだろう。しかし、実際、わたしの国はこの世には属していない」（ヨハネ18:36）。また、マタイ（13:24-30）も参照のこと。
(34) またキリスト教会の歴史においては激しい内紛もあった。
(35) キリスト教的世界観のみに基づく独善的な歴史観のこと。具体的には、聖地エルサレム巡礼を行なうキリスト教徒を迫害から解放するのが十字軍の目的であるとし、これは正義の戦いであるとみなす考え方。
(36) キリスト教徒が兵役を拒否しようとした一番の理由は、軍隊における偶像崇拝である。具体的には皇帝崇拝を強要されるという点が最大の問題であった。
(37)「新改訳聖書」による。
(38) Hamp（1979）
(39)「新改訳聖書」による。

(40)「カナン(パレスチナの古称)の土地」(『旧約聖書』で神がユダヤ人に与えるという約束の地。「乳と蜜の流れる」地と呼ばれる)に入ることは他部族への侵略には当たらず、先住民族が裁きを受けるタイミングであったというのが聖書の解釈である。
(41)アレクサンドリアのアタナシウスによる。397年の第3回カルタゴ会議で正式に認められ、初期キリスト教以来350年ほどたって規範が形成されたことになる。
(42)パウロの伝道(第三次:紀元後53-58年):ついにローマにまで及ぶ。
(43)キリスト教が地中海世界に広まっていくプロセスの中、『新約聖書』を最初に記した言語はギリシア語であった。『新約聖書』の「マタイによる福音書」(5:18)にイエスのことば「まことに、あなたがたに告げます。天地が滅びうせない限り、律法の中の一点一画でも決してすたれることはありません。全部が成就されます」がある。この箇所はイエスが読んだ『旧約聖書』の文字(方形ヘブライ文字=現在のヘブライ語印刷文字の原型)に関係している。その「一点」とは最小文字ヨードのこと(ギリシア文字のイオータ、字形が最も簡略な字母)で、また「一画」とは文字によっては使う左上の角状飾りのことである。すなわち、律法は小さな文字一つ・記号に至るまで破ることのできないものだという意。
(44)石をもって追われ(リストラ)、投獄され(フィリピ)、暴動を起こされ(テサロニケ)鼻であしらわれる(アテネ)ものであった。
(45)神の言葉を伝える営みは、同時に文字を普及させる旅でもあった点を見落としてはならない。
(46)後にパウロが捕縛されたことでもわかるように、この伝道は布教の困難さだけでなく弾圧の危険にもさらされていた。
(47)キリスト教の礎を築いたと言われるパウロはただ、ユダヤ教の神の新たな啓示に忠実であろうとした。
(48)佐藤研(2003:144f.,152)『聖書時代史 新約篇』岩波現代文庫。キリスト教は、その成立期において言葉によるメッセージが重要な役割を担っていた宗教であった。
(49)パウロが皇帝に上訴する権利を持ち合わせていたのは、彼がローマ市民権を有していたからである。
(50)パウロの苦難のさまは「第二コリント」の第11章に詳しい:キリストに仕える者なのか。気が変になったように言いますが、わたしは彼ら以上にそうなのです。苦労したことはずっと多く、投獄されたこともずっと多く、鞭打たれたことは比較できないほど多く、死ぬような目に遭ったことも度々でした(11:23)。ユダヤ人から四十に一つ足り

ない鞭を受けたことが五度 (11:24)。鞭で打たれたことが三度、石を投げつけられたことが一度、難船したことが三度。一昼夜海上に漂ったこともありました (11:25)。しばしば旅をし、川の難、盗賊の難、同胞からの難、異邦人からの難、町での難、荒れ野での難、海上の難、偽の兄弟たちからの難に遭い (11:26)、苦労し、骨折って、しばしば眠らずに過ごし、飢え渇き、しばしば食べずにおり、寒さに凍え、裸でいたこともありました (11:27)。

(51) angesehen「名声のある」

(52) ungehindert「妨げられない」< hindern

(53) ハーレイ (^{3}2003:107):旧約聖書のギリシア語訳はエジプトでなされた」。

(54)『新約聖書』の中には『旧約聖書』から引用する際、この訳を用いている場合が多い。『聖書』(新・旧) のラテン語訳で名高いヒエロニムス (紀元後5世紀) も旧約の翻訳の際に、この「七十人訳聖書」を基本としている。

(55) 古く紀元前6世紀の「バビロン捕囚」頃からユダヤ民族が東方への離散を余儀なくされ (=ディアスポラ $διασπορά$)、あるいはその他のさまざまな機会に強制的であれ自発的であれ、パレスチナの外にユダヤ人が移り住むようになった。ヘブライ語を読めないギリシア語圏のユダヤ人、あるいは改宗ユダヤ人が増えた。いわゆる「ディアスポラ」のユダヤ人はヘレニズムに先行するが、ギリシア語話者ユダヤ人 (ヘレニスト) は、アレキサンダー大王の遠征以降、一層増加したと思われる。各民族語で書かれた文書が多数、ギリシア語へ翻訳される中で、『旧約聖書』もギリシア語に翻訳されたのである。

(56) キリスト教はパレスチナの枠を越えて広範に拡大していた。ギリシア語で執筆された文書を読むことによって知識を得るというシステムができあがっていた (加藤 1999:280)。

(57) 藤代 (1989:185)

(58) ハーレイ (^{3}2003:23-24)

(59) 古代イスラエル人の始祖アブラハムが現われるのは紀元前1900年頃のことである。その頃アブラハムは神ヤーウェと出会い、自分の家族をカナンに定住させた。

(60) ハーレイ (^{3}2003:21)

(61) 古代イスラエル人の始祖アブラハムが現われるのは紀元前1900年頃のことである。その頃アブラハムは神ヤーウェと出会い、自分の家族をカナンに定住させた。

(62)「来たるべき者」(イエスのこと) の告知の場面は、『新約聖書』で言えば、

「マタイ」(3:11-12)・「マルコ」(1:7-8)・「ルカ」(3:15-18) 等にある。
(63) 併せて、『旧約聖書』の中には、次のように、マリアの懐妊(イザヤ書)あるいは救世主がベツレヘムでお生まれになること(ミカ書)が預言されている(以下、ドイツ語):イザヤ7-14 Darum wird der Herr selbst euch ein Zeichen geben: Siehe, die Jungfrau wird empfangen und einen Sohn gebären und seinen Namen >Immanuel< nennen.「主みずから、あなたがたに一つのしるしを与えられる。見よ。処女がみごもっている。そして男の子を産み、その名を『インマヌエル』と名づける」。ミカ5-2 Du aber, Bethlehem in Ephrata, klein unter den Gauen Judas, - aus dir soll mir einer hervorgehen, um Herrscher in Israel zu sein. Sein Ursprung reicht weit zurück, in die Tage der Urzeit.「ベツレヘム・エフラテよ。あなたはユダの氏族の中で最も小さいものだが、あなたのうちから、わたしのために、イスラエルの支配者になる者が出る。その出ることは、昔から、永遠の昔からの定めである」。

第Ⅱ部

現代の神学
文化誌としての神学
──聖書・信仰・戦争──

Wir wissen aber, dass denen, die Gott lieben, alle Dinge zum Besten dienen, denen, die nach seinem Ratschluss berufen sind.[1]
神を愛する者たち、つまり、御計画に従って召された者たちには、万事が益となるように共に働くということを、わたしたちは知っています。(「ローマ書」8:28)

私たちは現在どのような世界に生きているのだろうか？　長い人類史の中、そしてキリスト教の信仰が生まれて二千年以上の時を経て、私たちは少なからず人間社会のために尽くしてきた。戦争や殺戮を防止し、飢餓や貧困を克服し、差別や弾圧を排除しようとさまざまな努力を重ねてきた。何よりも、その過程で私たちが理性的に世界を認識し社会生活を営もうとする姿勢を学んだことは大きな成果であった。しかし、それではなぜ、今も世界は数々の難問の前に苦闘を続けているのだろうか？
戦争は廃絶できず、人種問題も民族間の憎悪も過去のものとはなっていない。中でも、私たちを困惑させるのはテロリズムという脅威の増大である。昨今のテロ事件の背景に宗教的要因が含まれているということは、それが単に政治的・経済的問題に起因するのではなく、人々の救済を意図する営為が皮肉にもかえって争いの苗床にもなっているという事実を示唆している。私たちはこの世の現実を見るたびに自問せざるを得ない。果たして私たちはお互いに寛容な世界を創ることができるのか、と。この問題をテーマとして追求してきたのが宗教である。キリスト教は戒律を重んじるだけでなく、愛を重視する宗教である。キリスト教は博愛の精神を軸に世界に広く影響を及ぼし、近代的な人権・思想の確立にも大きく寄与していることは確かである。片や、現代の諸事件の背景にキリスト教など宗教が影を落としていることを憂慮せずにはいられない。

　キリスト教には実際「キリストの兵士よ、戦え！」と叫びながら人を殺めてきた歴史がある。キリスト者は、愛と平和を祈りながら、どうして戦争することができるのか？　どのように考えたら、キリスト教徒は武力行使を正当化することが可能になるのか？　この問題意識は、私たちが抱く現実的矛盾に通底

することになる。そもそも宗教は平和を祈願しつつ、その同じ志のもとに集結して戦争を食い止めることができるのであろうか？　これからの日本では特に、平和とは何かを学び真剣に考え実践したきた先人たちの足跡を知ることは必須の作業である。人間社会に博愛を伝え平和を説くはずの宗教が、なぜ反対に争いの原因になるのか？　一見すると、ありふれた問いにも感じてしまうこの難問は、しかし真摯な解答を得ようとすると、いかにも解きほぐすのが困難な課題である。

　時代を遡れば、かつて中世の十字軍にしても、近世の宗教改革（ルターなど）にしても、信仰の本来のあり方に基づいて起こった運動である。つまり、『新約聖書』の中のイエスのことばやパウロの書簡などに根拠をおく動きであり、この意味において、いわゆる非暴力主義・平和主義の教えを根幹としているはずである。ただ、その現場（十字軍・宗教改革）で見られるのは、武力が自らの信仰と矛盾するとは考えず、むしろ信仰のためには戦うべきであるとすら言える姿勢である。十字軍などまさにその典型例と言えるのではないだろうか。

第1回十字軍：アンティオキア（当時のシリア）での攻囲戦

　今日的な課題である難民問題・紛争地域として国際的に名を

馳せてしまっているシリアではあるが、実はシリアの地はもともと『旧約聖書』の歴史が展開し、また今日の西欧化されたキリスト教とは異なる独自のセム的（アラム的）キリスト教[15]が花咲いた土地であった[16]。中東の今の姿に思いを馳せて、キリスト教の原初的拡がりを含め、初期キリスト教会のありようについて振り返ることは、キリスト教の本質を理解するために役立つことであると言えよう[17]。

アンティオキアはローマ時代シリア属州の州都として栄え、シルクロードの出発点として知られている（現在はトルコのハタイ県の県庁所在地）。初期キリスト教の時代にはパウロの異邦人布教の拠点となり、キリスト教がギリシア文化の影響のもと発展した土地でもある[18]。「使徒言行録」によれば「クリスチャン」という呼称が初めて用いられた街でもある[19]。

当初、異教徒（イスラム教徒）から聖地パレスチナを奪い返そうという掛け声で始められた十字軍も決して「聖戦」ではない[20]。世界規模で見ても、ユダヤ教・仏教・ヒンズー教あるいはイスラム教などの周辺でこの種の争いがなかったわけではないが、その排他性においてキリスト教は際立っていると言えるかもしれない[21]。数々の戦いを経ながら、初期キリスト教の時期から流布・拡張を続けてきた過程において、異民族・諸宗教とのあつれきもあれば、内部対立や分裂もあった。

内部での争いと言えば、キリスト教という一宗教の内においてさえ、宗教改革に端を発するカトリックとプロテスタントとの対立は実に20世紀初頭に至るまで400年近くにわたって続いた[22]。1530年、皇帝カール5世はカトリック側・プロテスタント側、両方の言い分を聞き、両者の妥協点をさぐり神学的な和解

へ導こうとした。双方の対立に終止符を打とうとしたわけであったが、皇帝の思惑とは裏腹に、アウグスブルク帝国議会での信仰告白を機に、両者の対立はますます深まる方向に進んでいった。カトリック側諸侯とプロテスタント側諸侯はそれぞれ軍事同盟を結び、その対立の構図は複雑化するばかりであった。1546年ついには武力衝突にまで発展してしまったこの対立（カトリック・プロテスタント）が最終的な解決を見るのは1555年のアウグスブルク宗教和議においてである[23]。

『新約聖書』の中には戦争の問題について直接的には何も述べられておらず、戦争の正当性に関しはっきりした結論を『新約聖書』から導き出すことは不可能であると言わざるを得ない。初代教会の信者たちにとっては、現実的問題として迫害された時の心構えがむしろ重要であり、その場合のためにイエスが示した規範があった。イエスに倣い、彼らは武力でもって悪と戦おうとはしなかったし、善のために殺されることの方がかえって悪に対する勝利であると堅く信じていた。迫害者と武力で戦うことこそ、むしろ悪に打ち勝つのではなく、必要とあれば信仰のために自らの命を捧げることさえした。しかも、迫害者を憎まないどころか、彼らのために祈るのである[24]。

ここに見るような歴史的経緯をも視野に入れながら、今日、一大勢力となっている宗教文化（キリスト教）が生まれ育ったプロセスを、その萌芽期からさまざまな文化闘争という側面に光を当てながら、『聖書』という言語文化に斬り込んでいきたい。

次章以降では、2000年の研究史のある神学という学問領域を個々の神学者同士をできるだけ関連付けながら体系的に描写することを目指す。この作業は確かに容易ではないが、一人一人の著作内容を詳細に記述するのではなく、主軸となる著作物

をめぐる各々の著者の関心事を神学史の流れの中で捉えることを主眼とする。さまざまな文化闘争という側面に光を当てながら、キリスト教が生まれ育ったプロセスを、歴史的経緯も視野に入れつつ明らかにしたい。今日的状況（例：戦争）から遡り歴史的にその萌芽期に至るまで、『聖書』を中心としたキリスト教という言語文化の解明に取り組む。代表的な神学の中心的著作に基づき神学史の展開を理解することによって、現代的問題にも絡む神学的な見解を一通り把握することを目標とする。

> キリスト教小史

紀元前4年頃：イエス誕生。

紀元後6年：ユダヤ、ローマの直接支配下になる。

28年頃：イエスが伝道を開始する。

30年頃：イエス磔刑死、原始キリスト教会が成立。

51-57年：パウロの伝道。

64年：ローマ市の大火、ローマ皇帝ネロ帝によるキリスト教徒迫害。

64年：パウロ殉教。

67年：ペテロ殉教。

66-70年：第一次ユダヤ戦争（70年エルサレム陥落）。

132-135年：第二次ユダヤ戦争。

303年：ディオクレティアヌス帝のキリスト教迫害。

313年：ミラノ勅令（コンスタンティヌス帝）発布、キリスト教公認。

325年：ニカイア公会議（アタナウシス派：正統、アリウス派：異端）。

361年：ユリアヌス帝、キリスト教迫害。

380年：テオドシウス帝、キリスト教をローマの国教とする。

392年：テオドシウス帝、キリスト教以外の異教を全面禁止。

395年：ローマ帝国、東西に分裂。

426年：アウグスティヌス『神の国』。

431年：エフェソス公会議（ネストリウス派：異端）。

451年：カルケドン公会議。

【注】

(1) 『ルター聖書』(1984) による。
(2) 世界中を平和にできるような愛、見ず知らずの人をも大切にし赦し合う関係性、これらがどのくらい人間に可能なのか正直に認め合うことから議論を始める必要がある。
(3) カトリック教会は、確かに平和な世界を望み戦争を悪として非難してはいるものの、いかなる武力行使も認めないというわけではなく、正当防衛など条件付きの軍事行動は容認する立場である。
(4) どの宗教にも宗教争いや宗教対立があり、宗教の歴史とは宗教戦争の歴史でもある。
(5) 戦争や虐殺を単に狂気とみなさず、人間の理性・道徳がどこまで信頼できるものなのか見定める必要がある。戦争と平和は対の関係ではなく連続体と言えるかもしれない。
(6) 石川 (2016: ii〜iii):「戦争は人間ならではの営みであるように、キリスト教信仰それ自体も、所詮は人間的な営みに過ぎない。信仰や、理想や、正義感をもっているつもりでも、それでも人は過ちや失敗を犯す」。石川 (2006) の著『キリスト教と戦争』には「愛と平和」を説きつつ戦う論理という副題が付いている。また「カトリック教会は、確かに平和な世界を望み、戦争を悪として強く非難してはいるものの、現状においてはいかなる武力行使も認めないというわけではなく、正当防衛としてのそれは権利であるのみならず義務でもあるとして、条件付きの軍事行動には肯定的な立場をとっている」(石川2006:23)。
(7) 学校・病院など教会以外の施設の礼拝堂で奉仕する聖職者のことをチャプレン (chaplain) と言うが、石川 (2016:13) では「戦争をする組織である軍隊のなかに、愛と平和を唱える聖職者（従軍チャプレンのこと）がその一員として組み込まれているのは、奇妙に見えるかもしれない」と述べられている。
(8) 『現代世界における教会に関する司牧憲章』(1965年) の81項には「神の摂理はわれわれがつねに戦争に訴えるという古来の悪習を断ち切ることを切に求めている」とある。また、『教会の社会教説綱要』(教皇庁 正義と平和評議会) の514項では、テロに関して、教皇ヨハネ・パウロ2世のことばが引かれ「抑圧や制裁に訴える手段では不十分です。たとえ武力行使が必要な場合でも、そのとき伴わなければならないのは、テロ攻撃の背後にある動機の、勇気ある、正確な分析」であり、「政治と教育のレベルでの特別な関与も必要」だとされている。
(9) 戦場でのチャプレン (chaplain) つまり従軍牧師とは、従軍する聖職

者であるわけなので皮肉と言えば皮肉である。ここでは宗教は軍隊に付属している。従軍する聖職者の仕事は、定期的な礼拝以外で大事なのはカウンセリングであり、死の恐怖の前で神に祈りその恐怖を和らげようとする兵士たちの対話の相手となることである。
(10) 石川（2016:212）:「正しく生きたい、平和的に生きたい、という願望をもちつつも、何らかの形で暴力を用いてしまうのは、キリスト教徒だけの問題ではない。それは、他の宗教のみならず、無宗教の人たちも含めて、およそ人間なるものが共通して背負っている矛盾であるように思われる」。
(11) キリスト教による異教徒弾圧としてよく知られているのは十字軍の遠征（合計8回）である。この遠征は約200年間続き、犠牲者は相当な数にのぼった。聖地エルサレム奪回を掲げたキリスト者の蛮行ぶりは甚だしく、しかもこれは神の名においてなされた行為であった。もっとも、十字軍側の勝利は第1回の遠征（1071年）のみであり、その後1272年まで続く残りの7回にわたる戦いはイスラム側の勝利に終始した。
(12) ルターをはじめ他の宗教改革者たちも必ずしも絶対平和主義者ではなかった。いずれにしても、「農民戦争への態度やユダヤ人やトルコ人に敵対する論戦」（カウフマン2010:4）などは、その時代という歴史的文脈のもとで考察されなければならない。
(13) 石川（2006:49）
(14) 第1回十字軍を契機にライン河畔で始められたユダヤ人迫害（略奪を重ね軍資金を調達）は、その前後にも見られたユダヤ弾圧の歴史の一幕というだけでなく、ヨーロッパのキリスト教史の中の深刻な差別思想の現われである。その意味ではこれは一面で20世紀ドイツのヒトラー政権による大規模なユダヤ人迫害に至る序幕とも言える。なお、十字軍の際、指導者や聖職者たちがユダヤ人虐殺をあおったわけではなく、この動きは民衆レベルのものであった。ユダヤ人への迫害は十字軍運動の盛り上がりのたびに繰り返された。
(15) イエス・キリストが生まれたのも布教を始めたのも中東のイスラエルである。これが西方（ヨーロッパ大陸）に伝わって、現在の欧米のキリスト教となっているのであるが、本来の中東のキリスト教はイスラムに圧倒されているわけではなく（少数派であるが）、現代の中東にも少なからぬ数の（イエス・キリスト以来の）キリスト教徒が暮らしている。5世紀のカルケドン公会議で、ヨーロッパ教会と袂を分かった教会（シリア・コプト・アルメニア・エチオピア）もあれば、独自の典礼を行いつつカトリック教会に属するマロン派や、正教会に属す

るメルキートなど多様な教会が活動している。

(16) 使徒時代から現代まで中東にキリスト教徒が存在し続けているという事実は一般にあまり知られていない。キリスト教史の最初期の時代、使徒たちが福音を宣教し旅した中東・地中海世界にまずキリスト教会が設立され始めていったのである。今日、キリスト教の伝統の相続者である中東のキリスト教徒（700万人以上）は、キリスト教が始まったまさにその土地に住み続け、世界に広がるキリスト教会の歴史的起源という立場を保っていることになる。キリスト教の分類と言えば、カトリック、プロテスタント、ギリシア正教と分けられることが多いが、ここで挙げたオリエンタル・オーソドックスという存在も忘れてはならない。

(17) イエスの現実認識は、「ルカ福音書」（12:51）にあるように「あなたがたは私が地上に平和をもたらすために来たと思うのか、そうではない」というものであり、当時の新興宗教としてのイエスの宗教運動がさまざまな争い・対立を生み出すことはある意味、必然的であった。しかし一方で、パウロは「ローマ書」（12:17-18）で「誰に対しても悪に悪を返さず、すべての人の前で善を行うように心がけなさい。できれば、せめてあなた方はすべての人と平和に暮らしなさい」と述べている通り、イエスの平和思想を継承していると言える。

(18) 他のいずれのパウロ書簡にもまして「コリント人への手紙（第一・第二）」は、いわば「異邦人への使徒」パウロの福音宣教に対する熱意・献身、また、それゆえに耐え忍ばなければならなかった苦難を物語っている。

(19) 「使徒言行録」（11:25-26）：「バルナバはサウロ（パウロのユダヤ名）を捜しにタルソスへ行き、見つけ出してアンティオキアに連れ帰った。二人は、丸一年の間そこの教会に一緒にいて多くの人を教えた。このアンティオキアで、弟子たちが初めてキリスト者と呼ばれるようになった」。

(20) 十字軍遠征当時（11世紀末）パレスチナにおいて、ビザンティン帝国皇帝がローマ教皇に報告したような、イスラム教徒によるキリスト教徒迫害という事実はなかった。むしろ、イスラム教の寛容政策が行きわたっていたとされる。多くの諸民族の並存（東はインドネシアから西はイベリア半島）こそがイスラム世界の特徴であると言える。

(21) イスラム教は平和主義をモットーとするが、絶対的な平和主義でも無抵抗主義でもない。悪に対しては抵抗を要請するような積極的な平和主義である。『コーラン』によれば、「神は戦いを仕向けられた者たちに戦闘を許す。彼らが害悪を被ったからである。神は彼らを力強く助

ける」とある。
(22) 徳善（2012:185）
(23) この和議によって、教派属地権（領邦君主が定める教派をその領邦内の教派とする）の決定がなされた（徳善 2012:177）。こうしてキリスト教的一体世界は終焉を迎えた（カトリック・プロテスタントが併存することになった）。ただ、宗教改革500年を迎えた2017年の時点から振り返れば、再び一致へと向かう途上にあると言うこともできる。1962-65年の第2バチカン公会議（カトリックの司教らが集まる会議）で、キリスト教徒がまた一つになれるよう方向転換したわけである（この後、約50年かけてカトリック教会とルーテル教会は歴史の検証と神学的な不一致をめぐる対話を続け、ようやく2013年、両者は「争いから交わりへ」という共同文書を交わした）。より普遍的な枠組みで言えば、他の宗教に対する排他性は信仰者のアイデンティティーに関わるために根深く、他者に対して寛容でなくてはならないという態度とは矛盾する側面がある。両教会がこの点を実践の中で乗り越えていくことができれば宗教界に対し大きな意義があることは確実である。
(24) 被った不正を赦し迫害を忍耐強く堪え忍ぶことを教えるキリスト教の精神である。イエスは、自らに危害を加える者にすら手向かうことを戒め、むしろ敵のために祈ることを勧めた。ところが、イエスの後を継いだはずの教会は、後世、戦争に協力し正義のために戦うようになった。

第1章
ルター
——『聖書』を軸に——

> Diese aber sind aufgeschrieben, damit ihr glaubt, dass Jesus der Messias ist, der Sohn Gottes, und damit ihr durch den Glauben das Leben habt in seinem Namen.
> これらのことが書かれたのは、あなたがたが、イエスは神の子メシアであると信じるためであり、また、信じてイエスの名により命を受けるためである。
> 「ヨハネ福音書」(20:31)[1]

　キリスト教は、その長い歴史の中で多くの戦争に関わってきた。そのプロセスにおいて、戦争に関するスタンスという点で「絶対平和主義 – 正戦 – 聖戦」という揺れ幅を示してきたのも事実である。キリスト教の立ち位置が歴史的状況に応じ揺らいだというよりは、キリスト教界に同時に複数の立場が見出されるという捉え方が現実に即しているであろう。

　今日、正戦論の意味付けを考え直すべき時機に来ている。「絶対平和主義 – 正戦 – 聖戦」という枠組みの中にあって正戦論は、どちらかというと戦争を推進するための正当化の理論武装という面が強い。そうではなく、正戦論を、戦争を起こさなくても済むための、人間ならではの知力を総結集した理詰めの理論と捉えることはできないであろうか。ヨーロッパでは正戦の前に聖戦の歴史がある[2]。『旧約聖書』に見られるような民族の神のために戦う戦争であるから妥協が許されない戦いである。ここで流された血潮をもとに、これを乗り越えるべく、ヨーロッパ

文明は法倫理を編み出してきたのである。アウグスティヌスが、戦争という現実とキリスト教との原理的矛盾と格闘したのを皮切りに、ヨーロッパでは戦争を避けるべき基準として正戦論が論議されてきた長い道のりがある。すなわち、目の前で起こっている戦争という暴力を最小限に食い止めるにはどうしたらよいのかを考え抜いてきた議論の歴史である。いわばこうした極限状況から生まれてきたのが法律であり契約である。ことばという知性でもって暴力を防ごうとし続けてきた姿勢にこそ、正戦論の本質を見るべきではなかろうか。(3)

このような観点から正戦論を見直すならば、この正戦という考え方とは、際限のないように思われる戦いのうち（場合によっては）戦うことが許される戦争と決して戦ってはいけない戦争を区分し、前者であっても暴力の行使を最小限に制限する知的営為ということになろう。人は戦うことを止められない存在であるならば、この現実を受け止めて、暴力行使を必要最小限に留めようとする原則が必要となってくる。戦争が正しいとみなされ得る条件（戦争のための法 jus ad bellum）とは今日、次の5つとされている。(4)

1. 正しい理由（攻撃に対する防衛・攻撃者に対する処罰・攻撃者によって不正に奪われた財産の回復）の存在
2. 正当な政治的権威による戦争の発動
3. 正当な意図や目的の存在
4. 最後の手段としての軍事力の行使
5. 達成すべき目的や除去すべき悪との釣り合い

ここに挙げたような、現代にも通じる正戦論の議論の出発点

となっているのは、中世スコラ学の神学者トマス・アクィナス (Thomas Aquinas, 1225-1274)[5]である[6]。彼はアウグスティヌス（4世紀）の正戦論に関する考えを踏まえ、戦争を初めて神学の問題として本格的に論じた。カトリックの正戦論がひとまず完成されたと言えるのはトマス・アクィナスに依るところが大きい。彼が正戦を定式化する条件として挙げたのは次の4点である（上記の諸点と重なる項目が多い点に注目されたい）。

1）権限のある権威の命令
2）正当かつ必然的な理由（justa causa）
3）正しい意図（recta intentio）
4）適切な方法

ここに挙げられた基準の中で、アウグスティヌス以来、正戦論の伝統の中で最も重視されてきたのは正当原因論（justa causa）であると言えよう[7]。

> コラム

正戦論の端緒、アウグスティヌスの見解[8]

まず、アウグスティヌス（Aurelius Augustinus, 354-430）をキリスト教に導き彼に洗礼を授けたアンブロシウス（Ambrosius, 4

世紀のミラノの司教、古代ローマ教会四大教会博士の一人）について、特に戦争に関して引用されることも多い、彼（アンブロシウス）の次のことばを見てみよう。有名なことばは次のものである：「戦争で野蛮人に対して祖国を守る時の勇敢さを称える」"siquidem et fortitude quae vel in bello tuetur a barbaris patriam, vel domi defendit infirmos, vel a latronibus socios, plenasit iustitiae." このことばは『聖職者の務め』（De officiis ministrorum Ⅰ, 27, 129）の中にあり、キリスト者としての倫理的発言として注目される。アンブロシウスは、当時のローマ帝国の現状に鑑み、具体的に野蛮人たちに対し祖国を守る勇敢さについて述べているのである。ゲルマン人に対してローマの国境を防御することは、ある種、平和のための戦争であると言えるわけである。[9]

　さて、354年生まれ（北アフリカ）430年没のアウグスティヌスは、キリスト教教義の確立に貢献したと同時に、キリスト教において戦争を場合によっては是認するという思想すなわち正戦論が一般に彼に始まるとされるという意味で大いに注目に値する。例えば中世の十字軍の戦いを思想的に支え支持していたと考えられるのは、通常、アウグスティヌスであると言われている。ローマ法に由来する必要最小限度の暴力行使という原則をバックボーンとして、正しい戦争の遂行のしかた、すなわち正戦論として体系化した人物とみなされることが多いからである。[10] 古代の西方キリスト教会の教父と言われるこのアウグスティヌスの思想が、600年の時を超えて中世の戦争にどれだけ責任をもち得るのかは議論の残るところであるが、少なくともアウグスティヌスの説が後世に大きな影響力をもったことは確かである。アウグスティヌスが考える正しい戦争とは、開戦の理由が正義に基づいていること・正当な権威（正当な政府など）が開戦の決定を下すこと・正当な目的をもって開戦すること・戦争が最後の手段であること等

であり、ある意味で抑制的で、理不尽で恣意的な戦闘を回避しようとした努力であったことは認められるであろう。(11)アウグスティヌスは軍職をキリスト信者にも許されたものとみなしてはいたが、次の通り、剣で人を殺すよりも言論によって戦争それ自体をなくすことの方が、また戦争によってではなく平和によって平和を獲得し保持することの方が、いっそう称えられるべきことであると考えていたは確かである。

"[…] sed maioris est gloriae, ipsa bella verbo occidere, quam homines ferro: et Acquirere vel obtinere pacem pace, non bello. Nam et hi qui pugnant, si boni sunt, procul dubio pacem, sed tamen per saguinem quaerunt; tu autem ne cuiusquam sanguis quaereretur, es missus: est itaque aliis illa necessitas, tibi ista felicitas."（Epistola 229, 2）

実際、西洋の歴史を繙けば、まずは『旧約聖書』に見られる民族の神に託した戦争があり、悲惨な戦争は跡を絶たなかった。その後、極力、戦いを防止しようとする考えも発展し、「キリスト教と戦争」という矛盾と格闘しながら、(12)アウグスティヌスの正戦論は生まれてくることになった。(13)正しい戦争（正戦）と不正な戦争とを区別するという点でアウグスティヌスが正戦論という議論の出発点となっていることは確かである。(14)ただし、アウグスティヌスの発言は常に特定のコンテクストの中で具体的になされており、戦争に関する彼自身の考えを一般論として論じることはなかった。したがって、彼のことばを理解しようとする時には個別のケースの諸側面を考慮して検討する必要がある。(15)

正当な戦争というものが確かにあることをアウグスティヌスは認めている。具体的には『旧約聖書』の中のいくつかの戦争であ

り、ローマ帝国が行った戦争にも正しい戦争はあったと述べている[16]。注目すべきは、アウグスティヌスもやはり時代の影響を受けているということである。4世紀、キリスト教がローマ帝国公認の宗教になったことで社会システムに大きな変革が起こった。つまり、コンスタンティヌス1世がキリスト教信仰を公認した時点で、ちょうど旧約時代のイスラエルの民がそうであったように、キリスト者という宗教共同体はローマの政治共同体と結ばれることになったわけである。すなわち、政治活動の表舞台にキリスト教徒が立つ時代になったということである。アウグスティヌスが生きたこの時代においては、帝国を守るための戦いを教会を守るための戦いであるという見方がされる。と言うのも、当時ローマ帝国と交戦していた「野蛮人」は異教の者たちであって、カトリック教会の信者はしばしば激しく彼らに迫害されていたからである。ただ、その後の歴史を知っている私たちにとって興味深いのは、武力でもってローマ帝国は滅びたが、教会は滅ぼされることなく、かえって戦いの勝利者であった「野蛮人」たちがやがてカトリック教会に帰依する点である。

さて、ドイツでは人口の3分の1が失われた「三十年戦争」などを経験し、その反省から、ヨーロッパでは主権国家からなる国際政治のルール作りが必須となった[17]。この時代ヨーロッパでは16世紀の宗教改革以降、宗教戦争とも呼ぶべき聖戦が勃発し始めていたのである。まずは、この時代を代表するルター（Martin Luther, 1483-1546）の考え方を概観することから始めよう。

世の中には、体系的に思想を編むタイプの人物がいる。キリ

スト教思想の歴史の中で言えば、例えば、トマス・アクィナス、カルヴァン、カール・バルトなどはこうした体系的思想家であり、彼らの仕事は主にその主著で概要が明らかにされている。一方、時代状況との折衝や自己内での格闘を通して、自らの思想の軌跡を残していく思想家がいる。この代表例がルター（Martin Luther, 1483-1546）と言える[18]。後者の場合、本人がその思想を体系的に著すことは少なく、むしろ彼らの実践、すなわち状況の中で形成され続けていった思想の発展を跡付けなければならない。ルターの思想に触れようとするなら、歴史の脈絡の中でそれぞれの著作に当たらなければならない[19]。

聖書を中心に

彼が宗教改革の認識にいつ到達したのかは、ルターに関する研究の中で未解決の大きな問題である。初期ルターの思想内容を表わす史料の中に[20]、いつの時点でどのように宗教改革の認識が現われてくるのかを探る作業は決して容易ではない。以後の歴史に絶大な影響力を及ぼしたルターではあるが、このような基本的なことですら、実はいまだ探究の最中なのである。いずれにせよ、ルターにおいて宗教改革が、教会慣習や組織への批判を先触れとして起こったのではなく、中世以来の『聖書』講義の伝統に従いながら彼が『聖書』から読み取ったもの[21]、『聖書』との取り組みから得られた福音の理解に基づいて生まれてきたことは確かである[22]。この点は一般的には誤解されている事柄で、ルターの宗教改革は腐敗した教会組織への抗議のために始まったと思われがちだが、それは事実の一端ではあるが全てではない。ルターの改革の一方の源泉には、徹底した『聖書』研究があることを理解しておくべきである。

ルターはしばしば「『聖書』のみ sola scriptura」というスローガンを用いて『聖書』の新しい見方を呈示しようとした（それゆえ自ら『聖書』をドイツ語に翻訳したのであった）。この考え方によれば、良心はあらゆる信仰の問題において、聖なる文書つまり『聖書』における神の啓示とのみ結びつくという。ここで重要な点は、ルターのこの思想は教会の役割を相対的に限定することを可能にする側面を含んでいるという意味で、旧来の教会側の者にとっては一種の危険思想でもあったということである[23]。ただ、宗教改革も、もし活版印刷がなかったとすれば、実際に行なわれたような形ではありえなかったであろう。ドイツ語での印刷物の出版数は「ルターの登場以降、飛躍的に跳ね上がった」（Engelsing 1973:26）と言われているのも大いに頷けることである。宗教改革や農民戦争（農民たちがルターの「神の前では万人が平等」という考えに基づき賦役・税に関し自分たちの要求を行う）といった大事件に伴い、パンフレット類が刷られ始めたわけである：「1517年、13枚のビラが作られたのを始めとして、7年後には299枚が、そして後には2300枚へと増加する」（Schwitalla 1983:6）[24]。

　ルターは当時としてはかなり長生きし、いよいよ天に召されるとき（枕元にいた息子・医師たちにも聞こえたというが）ルターは何度もヨハネ福音書3章16節「神は実にそのひとり子をお与えになったほどに世を愛された。それは御子を信じる者が一人として滅びることなく永遠の生命を持つためである」を唱えていたという。絶筆となった最期の言葉（以下）がメモとして残されている。

第1章　ルター　105

Die Hirtengedichte Vergils kann niemand verstehen, er sei denn fünf Jahre Hirte gewesen. Die Vergilschen Dichtungen über die Landwirtschaft kann niemand verstehen, er sei denn fünf Jahre Ackermann gewesen. Die Briefe Ciceros kann niemand verstehen, er habe denn 25 Jahre in einem großen Gemeinwesen sich bewegt.

Die Heilige Schrift meine niemand genügsam geschmeckt zu haben, er habe denn hundert Jahre lang mit Propheten wie Elias und Elisa, Johannes dem Täufer, Christus und den Aposteln die Gemeinden regiert. Versuche nicht diese göttliche Aeneis, sondern neige dich tief anbetend vor ihren Spuren! Wir sind Bettler, das ist wahr.[25]

er sei (habe) denn ~「もし彼（その人）が～である場合を除いて」, Gemeinwesen「（国家などの）公共団体」, sich bewegen「行動する・振る舞う」, meinen「言う・意図する」（間接説話の接続法Ⅰ式）, versuchen「（不遜にも）～を試す」, göttlich「神の」（ここでは「神のアエネイス」と表現し『聖書』のことを指している）, anbeten「敬慕する」

　5年間、牧夫や農夫であったのでなければ、ヴェルギリウスの牧歌や農耕歌を理解できまい。25年間、支配の重要な地位についていたのでなければ、キケロの書簡は理解できまい。

　100年間、エリヤ・エリシャのような預言者、洗礼者のヨハネ、キリスト、あるいは使徒たちと共に教会を導いたのでなければ、『聖書』を十分に味わったとは言えまい。あなたは『聖書』を試そうとしないで、膝をかがめて彼らの足跡を拝するがよい。私たちは（神の）乞食である。これはまことだ。[26]

ルターにとって最大の関心事は、信仰にとってキリストがすべてであるかどうかであった。『聖書』に立つ、キリストにすべてを委ねて生きる、これがルターのモットーと言える（以下はルター当時のテクストであり今日とは正書法などが異なる）。

Wenn der Christliche glaube solt hangen an den Menschen und auff Menschenwort gegründet sein, was dürfft man denn der Heiligen Schrifft? Oder wozu hat sie Gott gegeben? So last sie uns unter die banck stossen und an jrer stat die Concilia und Veter allein auff den legen. Oder sind die Veter nicht Menschen gewest, wo wollen wir Menschen denn selig werden? Sind sie Menschen gewest, so werden sie zuweilen auch gedacht, gered, gethan haben, wie wir dencken, reden, thun, darauff aber sprechen müssen（wie wir）den lieben segen: Vergib uns unser schuld, wie wir vergeben u. Sonderlich, weil sie nicht solche verheissung des Geists haben, wie die Aposteln, sondern der Apostel Schüler müssen sein.［…］Wir Heiden müssen die schrifften unser Veter der Heiligen Schrifft nicht gleich hoch, sondern ein wenig herunterhalten.(27)

　　was = warum「なぜ」・wozu「なんのために」, dürfen「必要とする（= bedürfen, 2格をとる）」, unter die banck stossen「無視する」, stat = statt, Bult「小高い場所（＞机）」, segen「祝福のことば・祈り」, verheissung「約束」
　　キリスト教信仰が人間に依存し、人間のことばに基礎づけられているのだとすれば、なぜ『聖書』を必要とするのか。なんのために神は『聖書』をお与えになったのか。それならば、『聖書』

を椅子の下に押し込んで、その代わりに公会議（の決定）や教父（の著作）を机の上におくことにしよう。それとも、もし教父たちが人間でなかったのだとすれば、私たち人間はどのようにして救われたいと願うのか。彼らは人間なのだから、彼らとても折にふれて、私たちが考え・語り・行動するように、考え・語り・行動したはずである。さらに、私たち同様、「私たちの罪を赦して下さい」と祈ったはずである。彼らは使徒たちのように、霊の約束をもたず、使徒たちの弟子にすぎなかったのだから、なおさらのことである。［…］私たち異邦人は私たちの教父の著作を『聖書』と同じほどは高く評価しないで、少し低く評価すべきである。「公会議と教会について」[28]

このような生き方に民衆を導くことを、ルターは説教者として牧者（魂への配慮をする者）の理想としていた。20世紀の神学者バルトの場合も同様であるが、ルターも説教を非常に大切にしたことがその特徴として挙げられるであろう。単に教養層（大学人など）を対象とするのではなく、ルターはごく初期から民衆に語ることに努めていた。語られる生のことば（説教）を媒介として、生きた人格的触れ合いを通して、彼の考えが多くの人びとに伝えられ共鳴を呼んだわけである。一般市民が聞き手の立場でルターに触れ、彼の宗教改革的思想を福音として受け入れ、そしてルターの思想が宗教改革運動として展開していったのである。

戦争をめぐって

ルターと交わりのあった人物の一人にクラム将軍という人がいた。彼に乞われルターは1526年に「軍人もまた祝福され得るのか」(ob Kriegsleute in seligem Stande sein können)[29] という論

考を記した。この論文の中で、軍務という任務に就く者の立場についてルターは神学者としての彼の見解を示している。基本的に、この世における秩序はそれなりに必要で大切であり、その意味で戦争はやむを得ずとられる措置であるという見方である。この世の秩序を維持するために神が命じた行動であるとし、その限りでのみ肯定的な立場をとっている。もともとは、軍務にあった1兵士（クラム将軍）がキリスト者としての自分のあり方を次のようにルターに問うところから始まっている。[30]

> Einige sind im Zweifel, andere aber erdreisten sich, überhaupt nicht mehr nach Gott zu fragen, und schlagen sowohl Seele wie Gewissen in den Wind.
> sich erdreisten「大胆にも～する」, in den Wind schlagen「無視する・（他人の意見などを）聞き流す」
> （軍人の階級とその根本性質とについて煩悶する向きが甚だ多く）ある者は疑惑の中に佇み、ある者は反対に不敵至極にも、もはや僅かも神を問題とせず霊魂と良心とを共に無視して憚らない」[31]

この問いかけに対しルターは、軍務は神の制定した国家的主権の重要な一構成要素であるとし、戦争は多くの災禍をもたらすが、それはさらに大きい災禍、すなわち人間の社会生活それ自体を脅かす秩序混乱や外敵の侵害を一般民衆から防ぐ、いわば神の命じた愛のわざなのであると答える。さらに、

> Ich behandele hier, ob der christliche Glaube, durch den wir vor Gott für gerecht erklärt werden, neben sich dulden kann,

dass ich Soldat bin, Krieg führe, töte und verletze, raube und brenne, wie man es den Feinden in den Kriegsereignissen nach Kriegsrecht tut, ob solches Tun Sünde oder Unrecht sei, weswegen man sich ein Gewissen machen müsste vor Gott, oder ob ein Christ nichts dergleichen tun darf, sondern allein wohltun und lieben, keinen töten oder verletzen.

erklären「～と認め（für ～）表明する」, dulden「黙認する・許容する」, weswegen = weshalb「なぜ」, sei：接続法Ⅰ式（間接話法）, sich³ ein Gewissen machen「気に病む」, wohltun「善行を行う」

我々を神の前に義と認めるキリスト教信仰は、私が軍人となって戦争を行い、戦争中に人びとが戦時法に従って敵に行うように、私も殺戮し強奪し放火するのを許し得るかどうか。このような行為もまた神の前に責任をとるべき罪悪ないし不法なのか。あるいは、キリスト者はこのような行為を一切してはならず専ら親切をし愛すべきで、誰も殺戮したり傷つけたりしてはならないのか。

という提示をルターはし、

Wenn ich das Amt ansehe, das Krieg führt, wie es die Bösen bestraft, die, die Unrecht haben, tötet und solchen Jammer ausrichtet, da scheint es ein durchaus unchristliches Werk zu sein und in jeder Hinsicht gegen die christliche Liebe. Sehe ich aber darauf, wie es die Gerechten beschützt, Frau und Kind, Haus und Hof, Gut, Ehre und Frieden damit erhält und bewahrt, so ergibt es sich, wie wichtig und göttlich das Werk ist.

> Amt「職務」、die：続くdie以下を受ける先行詞、Jammer「不幸・悲惨」、bewahren「維持する」
> 軍務について私が、それが悪人を罰し不正な者を殺し災厄を引き起こす点に着目するならば、それは全く非キリスト教的な行為であり、どう見てもキリスト教的な愛に悖るものと思われる。しかしそれが、善人を護り婦女・子ども・屋敷・財産・名誉・平和を保ち守る点を見れば、その行為がいかに貴くかつ神に属するものであるかということがわかる。

という彼の結論にもっていく。戦いの現場で殺戮の残虐さに深く震撼して、戦争の正否をキリスト教的信仰の立場から見れば疑念的になるのは疑いない。実際、日本ではキリスト教を純粋かつ徹底的に信奉すれば絶対的非戦論者になるはずだと考える人が少なくない。ただ、ルターをはじめこれまでのキリスト教神学者で絶対的非戦論を唱えた人はほとんどいないという現実がある。神の御心が何であるかを祈りを通して知り、その上で行動することの大切さが問われる場面である(33)。

この問題と関連して、農民戦争(1524-1525)に対するルターの態度は具体的に次のようなものである。この戦争の推移にしたがってルター自身、戦争に対する立場が変わっていくのである(34)。まずは、「農民の十二箇条に対する平和勧告」で示される農民戦争に対するルターの勧告を見てみよう。

> Es hatt die bawr schafft, so sich itzt ynn Schwaben land zu samen geworffen, zwelff artikel von yhren vntreglichen beschwerungen gegen die oberkeyt gestellet, vnd mit ettlichen spruchen der schrlfft fürgenomen zugrundon, vnd durch

第1章　ルター　111

den druck lassen aüsgehen. Inn wilchen myr das auffs best gefallen hatt, das sie ym zwellften artikel sicerbieten, besser vnterricht, wo es mangelt vnd von notten were, gerne vnd williglich anzünehmen vnd sich wollen weyssen lassen, so ferne dasselbige, durch helle, offentliche, vnleugbare spruce der schrifft geschehe, wie denn billich vnd recht ist, das niemands gewissen weytter odder anders, denn mit gottlicher schrifft, vnterricht vnd geweysset werde.

　es：非人称代名詞（主語は「農民」）, zusammen|werfen「混合する」, etlich「若干の」, Schrift「聖書」, fürgenomen ＜ vor|nehmen「着手する」, gründen「基礎を据える」, myr = mir, zwelfft「12番目の」, sich erbieten「（～しようと）申し出る」, were = wäre, weisen「指示する・導く」, geschehe/werde：接続法Ⅰ式, billig「正当な」, sofern = wenn「～ならば」, weytter = weiter

　今シュヴァーベン地方に結集した農民たちは、彼らの耐え難い不満を連ねた十二箇条を上司に提出し、『聖書』のいくつかの言葉によって根拠づけようと企て、これを印刷して出版した。その中でも最も私の意に適ったのは第十二条で、欠けていたり、必要であれば、よりよい教えを喜んで受け入れ、また、『聖書』の明瞭、明白、否定の余地のない言葉で教えが与えられる指示を受けようと言っていることである。誰の良心にせよ、『聖書』以上に、あるいは『聖書』以外に、教えたり指示したりするものはないことは正当でかつ正しいことだからである。（「農民の十二箇条に対する平和勧告」Ermahnung zum Frieden auf die zwölf Artikel der Bauernschaft in Schwaben）[37]

　そして農民に対して次のように述べ、農民戦争が正当なものであるとの見解を示している。

Ich bekenne, Es sey leider allzu war und gewiss, das die Fuersten und herrn, so das Euangelion zu predigen verbieten, vnd die leute so vntreglich beschweren, werd sind vnd wol verdienet haben, das sie Gott vom Stul stürtze, alls die widder Gott vnd menschen sich hochlich versundigen.

> war = wahr, werd = wert, verdienen「〜に値する」, sie：目的語（「諸侯・領主」を指す, alls = als, widder = wider「〜に逆らった」, sich versündigen「罪を犯す」
> 福音の説教を禁止し、人民を耐え難いほどに圧迫する諸侯と領主は、神と人とに対しひどく罪を犯した者として、神が彼らをその座から引きずり降ろすに値しているし、それが当然の報いであることは残念ながら全く真実であり確かであることを私も認める。(「農民の十二箇条に対する平和勧告」Ermahnung zum Frieden auf die zwölf Artikel der Bauernschaft in Schwaben)⁽³⁸⁾

しかしながら、農民の殺人・破壊活動がひどく過激になった様子を目のあたりにしてルターは態度を変え、今度は農民を激しく非難し、過激化した農民を武力で押さえ込むべきであるという考えに彼は至ることになる。ルター自身のことばで、このときの彼の考え方を記すと以下のようである。農民への実に厳しい批判が示されている。

Dreyerley grewliche sunden widder Gott und menschen laden dise bawrn auff sich, dar an sie den todt verdienet haben an leybe und seele manichfeltiglich: Zum ersten, das sie yhrer oberkeyt trew und hulde geschworen haben, unterthenig und gehorsam zu seyn, wie solchs Gott gebeut, […] Weyl sie aber disen gehorsam brechen mutwilliglich und mit frevel und dazu sich widder yhre herren setzen, haben sie da mit verwirckt leyb und seel, […] Zum andern, das sie auffrur anrichten, rauben und plundern mit frevel kloster und schlosser, die nicht yhr sind, […] Zum dritten, das sie solche schreckliche, grewliche sunde mit dem Euangelio decken, nennen sich Christliche bruder, nemen eyd und hulde und zwingen die leutte, zu solchen greweln mit yhnen zu halten, da mit sie die aller grosten Gottslesterer(40) und schender(41) seynes heyligen namen werden und ehren und dienen also dem teuffel unter dem scheyn des Euangelij.

  grewlich = graulich「恐ろしい」, widder = wider, manichfeltig = mannigfältig「多様な」, hulde = huldreich「敬意をもった」, unterthenig = untertänig「恭順な」, gebeut：gebieten「命じる」の現在3人称単数 gebietet の古形, mutwillig「勝手きままな」, Frevel「違反」, verwirken「喪失する」, anrichten「引き起こす」, plündern「略奪する」, Eid「誓約」, leutte = Leute, Greuel「(身の毛のよだつような) 恐怖」, Schein「見せかけ」

農民は神と人とに対する3つの恐るべき罪をその身に負った。それゆえに彼らは、その体と魂とにおいて幾重にも死に値するのである。第一に、神の命じるように（ローマ書13:1）(42)彼らは臣従し服従することを権威に対し心から誓ったはずである。ところが彼らは勝手気ままにこの服従を破り君侯に反抗したので、その結果、彼らは体と魂を、罰として失ってしまったのである。［…］第二に、彼らは暴動を起こし、自分たちのものでない修道院や城を暴力をもって奪い略奪している。［…］第三に、彼らはこのような恐るべき罪を福音をもって覆い、キリス

ト教的兄弟と称し、忠誠を誓わせ、人びとを強制して、いっしょにこのような蛮行を行わせている。こうして彼らは最大の瀆神者、聖なるみ名を汚す者となっている。福音の見せかけのもとで悪魔を拝し、これに仕えているわけである。(「農民の強盗的・殺人的徒党に対して」Wider die räuberischen und mörderischen Rotten der Bauern)⁽⁴³⁾

　実際、それまでにも農民の反乱は何度もあったが、今回の動き（1524-1525）はルターの意図を越えて広がったと言える⁽⁴⁴⁾。ルターは聖職者として聖書に基づく信仰というキリスト教のあるべき姿を農民たち一般の人々に説いたのであるが、この宗教レベルでの目覚めと連動する形で、当時の教会の権威・秩序（農民からの税の徴収なども含め）に対する憤りが特に農民の間で巻き起こったわけである。ルターは何も社会革命を目論んだのでなく、神の御心に従って行動するという一貫した態度で臨み、最終的には、現世の主権は神の摂理であり、これに刃向かうのは瀆神行為であるとして⁽⁴⁵⁾暴徒化する農民たちをたしなめるようになるのである⁽⁴⁶⁾。

　そもそも宗教家としてのルターが戦争や平和についてどのような考えをもっていたかのを探るのに『卓上語録』(Tischreden)⁽⁴⁷⁾は向いているかもしれない。と言うのは、ルター家では常時、家族はもとより友人や学生など多くの人が食卓を囲んでさまざまな話題に関して活発に論じ合っていたからである。その場では、聖書解釈・神学関係の事柄も当然テーマになったが、日常的で堅苦しくない話題（ある人物の噂、思い出話、冗談など）も取り上げられ、各人の本音の部分が語られている（誰ともなく参加者が書きとめたものが残っている）。ここでは、そうした

マのうち、「戦争について」・「平和のために他人に譲るべきこと」という2節からルターの思いを探ってみよう。

「戦争について」Über den Krieg

Gott wende seinen Zorn von uns ab! Denn Krieg ist die größte aller Strafen, welcher die Religion, weltlich und häuslich Regiment zerstört, Hungersnot und Pestilenz sind mit ihm nicht zu vergleichen, insbesondere die Pestilenz ist die gelindeste Strafe von allen. Darum wählte David (unter den drei Strafen) die Pestilenz und wollte lieber in Gottes als in der Menschen Hände fallen.

 神がどうか怒りを我々からそらして下さるように。なぜなら、戦争は神の最大の刑罰の1つであって、宗教や政治・経済を破壊するからである。飢饉や悪疫もこれに比べれば問題にならず、特に悪疫は一番軽い罰でさえある。だから、この3つのうちでダビデは悪疫を選んだのであって、人の手に陥るよりは、むしろ神の手に陥ろうとしたのである。

「平和のために他人に譲るべきこと」Einer muß dem andern um des Friedens willen weichen

Doktor Martin Luther sagte: Wenn sichs begibt, daß zwei Ziegen einander auf einem schmalen Stege begegnen, der über ein Wasser geht, wie verhalten sie sich? Sie können nicht wieder zurückgehen, ebenso können sie auch nicht nebeneinander vorbeigehen, der Steg ist zu schmal. Sollten sie denn einander stoßen, so möchten sie beide ins Wasser fallen und ertrinken. Wie tun sie denn? Die Natur hat ihnen gegeben, daß sich eine niederlegt und läßt die andere über sich hingehen, so bleiben sie beide unbeschädigt. So sollte ein Mensch gegen den andern auch tun und auf sich mit Füßen gehen lassen, ehe er denn mit einem andern sich zanken, hadern und bekriegen sollte!

　マルティン・ルター博士が言った。「もしも2匹の山羊が小川にかかっている狭い橋の上で出会ったらどうするだろう。彼らは再び引き返すことはできない。といって、並んで通って行くこともできない。橋が狭すぎるからである。そこで互いにぶつかり合ったら2匹とも川にはまって溺れ死んでしまうだろう。いったいどうするだろう。天の配剤はみごとである。すなわち、一方がかがんで、他方に自分の上を通って行かせ、2匹とも傷つかずにすむことになる。人間も他の者にこうすべきであろう。喧嘩し口論し戦う羽目になる前に、自分の上を歩いて行かせたらよいのだ」と。

聖書の翻訳について

　宗教改革、とりわけルターの『聖書』翻訳によって、民衆のことば、ここでいうドイツ語が従来のラテン語に対して優勢となった。このことにより次のような結果が生じるようになった。以前はラテン語に限られていた分野においてまでも、ドイツ語でも何か発言をすることが徐々に可能になってきた。さらには宗教改革の神学の影響も現われ始める：「司祭そして精神の基本的な器としての『ドイツ語』の導入およびその地位向上[48]」、ならびにルターの宗教界と現世に関する教義（lutherische Lehre von den zwei Reichen[49]）には「広い視野で見ると教育と授業に対して次のような影響力があった。[　]教育に関して宗教改革

の結果としてまず、読み書きの知識・習熟および日常生活における計算能力を含んだ意味での宗教の授業を計画するということがある」(50)。このように、宗教改革がドイツ語の歴史に大きな影響を与えたことに議論の余地はない。しかしながら、そもそも言語史的に、おそらく概して精神史的に見ても、宗教改革は基本的に何か全く新しいものというわけではなく、むしろ連綿と続いていた中世後期からの大きな流れがこの時期、一つの頂点を迎えたと言ったほうがいいかもしれない。しかしながら、ドイツ語史にとって宗教改革がもたらした影響はいくら述べても評価しすぎることはない。なぜなら、ルターの『聖書』翻訳によってドイツ語が、『聖書』・典礼・神学論争の言語となったからである。

ローマ教皇レオ10世

　『聖書』翻訳というのは中世においては特別な問題事であった。『聖書』を民衆のことばに訳すことは完全に禁止されているというわけではなかったが、司教たちはそれぞれかなり慎重な態度をとった。『聖書』すべてを初めてドイツ語に訳したのはルターであり(51)、翻訳するに際し、彼は誰にでも読める『聖書』

を作ろうと努めた。具体的な作業としては「『聖書』のことばと説教のテクストを近づけること」である。と言うのは、「言語が人々に影響を及ぼす場合、その出発点となるのは、ルターの考えでは文字・文書を通してではなく、実際に話され耳にされる話による」からである。ルターが繰り返し強調しているのは、自分が読者に受け入れられ、理解されようということである。このことが、著作家であってもよい説教者であることの印である。ルターにとっては、正典化され、これしかないというドイツ語『聖書』のテクスト形態は存在しなかった。

　キリスト教史という流れの中で言えば、民衆の言葉であるドイツ語には（ラテン語と異なり）神学的な伝統から来る重荷はない。中世的な意味合いを帯びたラテン語の抽象的な語彙の意味・概念を、新たにドイツ語を用いることで改めて再構築することができるとルターは考えていたふしがある。もっとも、ルター以前から、教会の信仰内容や教義を説くために必要とされ、多くの宗教的内容を表す抽象語が作られてはいた。例えば、ラテン語のorigoに対しbigin「起源」、ラテン語のincorporatioに対しinfleiscnissa「受肉・人間になること」などである。また、その当時、未知のラテン語の語彙をドイツ語の語彙の助けを借りて逐語訳することがしばしば行われた。例：ラテン語monachus＞古高ドイツ語einsidelo「隠者」、ラテン語communio＞古高ドイツ語gimeinida「共同体」、ラテン語conscientia＞古高ドイツ語gi-wizzeni「良心」（さらにgiwizida「知識・承知・洞察・意識・良心」）、ラテン語miseri-cors＞古高ドイツ語arm-herz（古高ドイツ語のir-barmen「憐れみの情を起こさせる」を手本にしてbarmherzig「慈悲深い」が作られた）、ラテン語con-fessio＞古高ドイツ語bî-giht, bî-jiht「称賛・誓約・告白」、

第1章　ルター　119

新高ドイツ語Beichte「告解」、ラテン語com-pater > 古高ドイツ語gi-vatero「代父（Gevatter）」等であり、こうしてドイツ語の語彙に新たな息吹が加えられることになった。さらに、時代の経過の中で以下に挙げるような非キリスト教的な語から異教的な意味合いが消失することになった。例：wîh「神聖なる場所・神聖な森・神殿」（wîhという語は「聖なる」というキリスト教的な意味に変わった[60]）

　語彙面での変容に触れるとすれば、ルター以前の中世期においてすでにキリスト教が深く理解されることでギリシア・ローマの古典世界の概念体系がドイツに取り入れられ始めていた。こうしてドイツ語の語彙や造語に根本的な変化が生じた。ラテン語などで形成された語の意味内容がドイツ語の語彙の中へ複雑に取り入れられ組み込まれていくプロセスである。ゲルマン語の場合にはとりわけ実生活の多くの領域でローマ文化圏から借用語（Lehnwort）が取り込まれていたのだが、これとは別に、ラテン語からの借用語は、教会や修道院附属学校を通して宗教生活や学校制度の分野で取り入れられた。教会ラテン語（Kirchenlatein）をドイツ語の語彙に加えようと努力した時代に、Messe「ミサ」、Kloster「修道院」、Zelle「独居房」、Mönch「修道士」、Orgel「オルガン」、segnen「祝福する」、opfern「犠牲として捧げる」などの教会特有の語彙が借用された。キリスト教の主要な概念をドイツ語化するには複雑なプロセスを要したし、また、考案されたいくつかの翻案（キリスト教の特有の概念を翻訳）のうちの1つが広く用いられるようになるまでには多くの場合、長い時間がかかった。例えばラテン語のtemptatio「誘惑・試み」には、これに相当するirsuohhunga, ursuochなど新たに作られた10個の語が存在したのだが、これ

らのうちの一語としてドイツ語では普及するに至らなかった。[61]
あるいは、ラテン語のresurrectio「復活」には、古高ドイツ語（8-11世紀のドイツ語）で12個、中高ドイツ語（11-14世紀のドイツ語）で7個の語が発案された。古高ドイツ語（8-11世紀）：urristi, urstand, urstende, urstendi, urstendida, irstantnisse, arstantnessiなど、中高ドイツ語（11-14世紀）：ûferstandenheit, ûferstandunge, ûferstant, ûferstende, ûferstande, ûferstendnisseなど；この例に関しては、ラテン語の手本に直接的に倣い中高ドイツ語のûferstêung「復活（Auferstehung）」が浸透することになった。[62]

ルターが目指したわけでなくとも、彼の功績はこの時期、統一文章語の成立の決定的な要因となった。[63]ルターの『聖書』翻訳によって、広域にわたり、方言によって極めて細分化されるドイツ語圏に最終的に統一文章語の成立がもたらされた。他のどんなテクストでもこのはたらきをすることは無理であったであろう。他のどんなテクストもルターの『聖書』ドイツ語ほどには強く文学に影響を及ぼすことはなかった。[64]

☞ コラム

メランヒトン
(Philipp Melanchthon, 1497-1560)

　1497年生まれで、1509〜1511年ハイデルベルクで勉学し学位を得た。1514年テュービンゲン大学で修士を修め、1518年若くしてヴィッテンベルク大学に教授（ギリシア語講座）として招聘されている。(65) ルターがその異端性を問われることになったライプツィヒ討論（1519年）において、メランヒトンは助手としてルターを助ける立場にあった。(66) ルターは古今の書籍を積み上げ、自分の発言に即して必要な箇所を引用としてすぐに取り出せるようにメランヒトンを自らの傍においていた。(67)

　メランヒトンによって刊行された文書には、政治学・倫理学のみならず、歴史学・修辞学のものもある。さらに彼は『聖書』注解書も出版し、『聖書』の原典も刊行した。メランヒトンは1520年にヴィッテンベルク大学神学部で「ローマ書」の講読を行ったが、これが彼の主著『神学総覧』の土台になっている（この書は神学の教科書とも言える）。

　さて、メランヒトンは宗教改革に関して、他者による評価が大きく分かれる人物である。そもそも、宗教改革者なのか人文主義者なのか、ルターの忠実な弟子なのか否か、(68) あるいは宗教改革に対して実際どのような思想をもっていたのか等、これらの諸点は、彼の人物像がさまざまな側面をもっていることの証左と言える。これはメランヒトンの多面性を示しているとは言え、彼の才能・関心事を捉え難いものとしているのも確かである。(69) いずれにして

も、メランヒトンの著作が人文主義の知識人たちに宗教改革の精神を伝える橋渡しになったのは間違いない。メランヒトンは新しい思想（当時のルター）を体系立ててまとめていく才能に恵まれていて、宗教改革の最初の体系的な神学書『神学総覧』を書き上げたのも彼であった（1521年）。この意味で、宗教改革の推進のためにメランヒトンが果たした役割は極めて大きいと言える。彼は『神学総覧』の中で、人間が自らの力で神の意志を実現することができるのはどの範囲までかを考察することがキリストの善行を認識するためには必要と捉え、この考察を踏まえて、人間はどこまでも不自由であるという結論を導いている。ゆえに、メランヒトンは人文主義者でありながら（エラスムスとは異なり）あくまでルター側の立場をとり続けることになったと言い得るであろう。

　かつて1530年、皇帝カール5世はカトリック側・プロテスタント側、両方の言い分を聞き、両者の妥協点をさぐり神学的な和解へ導こうとした（つまり、双方の対立に終止符を打とうとした）。しかしながら、アウグスブルク帝国議会での信仰告白において教理をめぐる対立が明確になった以上、もはや妥協の余地はなく、抜き差しならない段階に達した。ルターはたとえ戦争になってもカトリック側に一切譲歩するべきではないという強硬な姿勢であり、武力攻撃を受けた場合には同士たちと共に徹底抗戦する意志であった。この「アウグスブルク信仰告白」（Augsburger Konfession）の文書をまとめたのがメランヒトンなのである。信仰告白の文書は非常に注意深く書かれ、必ずしも既存のカトリック教会との対立を意図して記されてはいない。プロテスタントの信仰が『聖書』に忠実にあろうとしていることを率直に告白し、プロテスタント側の立場を最小限の形で明示しているにすぎない。メランヒトンはこの信仰告白の機会を用い、プロテスタン

> ト側の地歩を固めることに主眼を置いていたと考えられる。(74)メランヒトンのこの文書は改革を支持する諸侯によって議会に提出され、皇帝の前でドイツ語によって朗読された。あえてドイツ語で読み上げたところに、プロテスタント側の意志と自負がうかがえる。(75)プロテスタントの信仰告白が公の場で表明されたことは意義があり、このようにしてプロテスタント側は自己のアイデンティティを確立するきっかけをつかんだのである。同時に、メランヒトンの『神学総覧』は最初のプロテスタント神学の教義学となった。

【注】

(1) 神が私たちと出会い私たちが神に応答するという意。
(2) 本来の「聖戦」は、組織化された軍隊をもたない部族社会において人民が、神の霊を受けたカリスマ的指導者に率いられて武装蜂起的に戦を行うことである。このような「聖戦」では、人ではなく、神が闘う。排他的一神教の主張(先住民を追い払えとの神の命令)により、先住民族に対する著しい非寛容となって表われる。図式的に言えば、敵は基本的に自国民の外側にいることになる。
(3) 現代の政治哲学者マイケル・ウォルツァー(プリンストン高等研究所)が「どこまでが許される戦争なのか」を問い続ける姿勢には学ぶべき点が多い。
(4) 正戦論は戦争の害悪を少なくするため戦争をできるだけ制限しようとする考えであるのに対し、聖戦には次の4つの特徴があるとされる。①神による直接的(あるいは特別な人間や制度を通した間接的な)命令により行われる、②宗教の防衛・拡大・社会秩序の確立を目的とする、③ある宗教共同体とそれに属さない人々の間で行われる、④戦うことが義務である。
(5) トマス・アクィナスは、一貫してアリストテレスの哲学を応用してキリスト教の教義を体系化するという姿勢をとった。そして、彼の代表的な著作『神学大全』(1265-1273)で神の存在と教会の正当性を論証し、後世のキリスト教に大きな影響を与えた。「哲学は神学の婢(はしため)(ancilla

theologiae)」というのは神学をすべての学問の上位におくという彼の思想を典型的に表現している。
(6) 正戦論とは、戦争それ自体は悪であるとみなしながらも、より大きな善のためにぎりぎり許されるとする考え方であり、決して戦争肯定論ではない。
(7) 例えば正当防衛などに戦争の原因が限定されることになる。
(8) キリスト教史において、キリスト教徒が軍務など兵役に就くことの是非をぐってさまざまな議論が行われてきた。オリゲネス（ギリシア教父）など、アウグスティヌスに先だって、戦争に対する自らの見解を表明していた人物ももちろん少なくない。オリゲネスは、殺人や流血を肯定せず、また軍隊における偶像崇拝を問題視していた（石川2016:132）。彼が生まれた紀元185年、生地アレクサンドリアは知的刺激に満ちた土地であった。同時代（紀元後2世紀後半）のラテン教父テルトゥリアヌスは、洗礼を受けて信仰生活に入った者は軍隊を去るか殉教の死を受け入れるしかないと述べている（石川2016:124-125）。
(9) ゲルマン人の侵略から国と教会を守るための戦いを正当なものとみなすのはアウグスティヌスにとってもごく自然なことであった。
(10) 厳密に言えば、アウグスティヌスに洗礼を授けた先のミラノ司教アンブロシウスがキリスト教的な正戦論の元祖である（石川2016:138）。
(11) 『自由意志について』の中でアウグスティヌスは、国民のために法律の命令に従って力を使う兵士は自分の任務を果たして他人を殺しても殺人者ではないと述べている。
(12) アウグスティヌスは、洗礼者ヨハネが「兵士であることを止めなさい」とは発言していないことを基準に、軍職自体が必ずしも悪いものではないと考えていた。それで、キリスト者にも兵士になることが許されており、愛の掟に従って自分の務めを果たすのであれば軍人もまた神に喜ばれる生活をおくることができると述べている。なお、石川(2016:137):「信仰における戦争と平和の矛盾は［…］キリスト教がその初期から抱え続けている悲哀なのである。これまで二千年間もキリスト教はその矛盾について考えてきた」をも参照のこと。
(13) 中世の騎士道精神（非戦闘員を攻撃してはならない）へと展開していくことになる。
(14) 戦争には大義名分（正当化）が必要である（例：アメリカのベトナム戦争）。こうした際、宗教の相違自体が戦争の直接的な原因になることは実際には少ない。むしろ、宗教が戦争の正当化（権威づけ）のための理由付けとして使われることが多い。かつてイギリス国教会（チェスター）のジョージ・ベル主教が提案したように、少なくとも、

正しい戦争か否かという（戦争を正当化する）議論に宗教（教会）が加担しないことの重要性がますます問われる時代であると言えるのではないか。

(15) アウグスティヌスによる平和の定義として次のものが知られている：「すべてのものの平和は秩序の静けさである」"Pax omnium rerum, tranquillitas ordinis" (De civ. Dei XIX, 13, 1)。pax「平和」, omnis「すべての」, rēs「もの」, tranquillitās「平静」, ordō「秩序」

(16) その定義として挙げているのが「不正を罰する戦争」という用語である。

(17) もっとも、非暴力的平和主義からは、正戦論は正義を平和よりも優先させることがあり得る（目的のために手段を正当化）と批判的に見られている。

(18) 徳善（2004:31）：「ルターは神学者であった。それは、哲学の援用によって思弁の神学を構成していく神学者でなく、人間の生全体の中で、聖書の使信を生で、ダイナミックに聞きとり、受け取っていく神学者である。彼の神学的営為は体系的著作としてはないが、それぞれの機会、それぞれの問題に対して明らかにされる彼の見解は、神学的営為として決して断片的でなく、聖書の中心から目を離さないという点で、首尾一貫している」。

(19) 徳善（2004:2-3）

(20) ルターの史料の中に、「詩篇」をどう読んだらよいのかについて自分の見解を述べた文書がある。その主旨は、「詩篇」150編すべてをイエス・キリストの祈りとして理解するというものである。すなわち、ここには『旧約聖書』も『新約聖書』もキリストを中軸に据えて読むというルターの姿勢が示されている。

(21) ローマ教皇やその周辺は事態を「ドイツの田舎修道士たちの喧嘩」と見ていた。

(22)「95ヶ条の論題（独：95 Thesen）Disputatio pro declaratione virtutis indulgentiarum」は平易なドイツ語版も刊行された。
以下に抜粋（ラテン語）を示す。

序 Amore et studio elucidande veritatis hec subscripta disputabuntur Wittenberge, Presidente R. P. Martino Lutther, Artium et S. Theologie Magistro eiusdemque ibidem lectore Ordinario. Quare petit, ut qui non possunt verbis presentes nobiscum disceptare agant id literis absentes. In nomine domini nostri Hiesu Christi. Amen.
真理に対する愛と、これを明らかにしようとする願望とが、つぎに記す論題についてヴィッテンベルクで論争を予定する理由である。その

座長は神父なるアウグスティン派隠修士、教養科目と神学の修士にして、なおその正教授たるマルチン・ルターである。ゆえに彼は、自ら出席しえず、口頭をもっては論争しえぬ人びとに対し、欠席しても書面をもって論じられんことを乞う。

第36条 Quilibet christianus vere compunctus habet remissionem plenariam a pena et culpa etiam sine literis veniarum sibi debitam. 真に悔い改めているならば、キリスト信者は、完全に罪と罰から救われており、それは贖宥状なしに彼に与えられる。

第37条 Quilibet versus christianus, sive vivus sive mortuus, habet participationem omnium bonorum Christi et Ecclesie etiam sine literis veniarum a deo sibi datam. 真のキリスト信者は、生けるにせよ死せるにせよ、キリストと教会とに属する一切の善きことを分け与えられるのであって、神はこれをも贖宥状なしに彼に与えている。

第86条 Item. Cur Papa, cuius opes hodie sunt opulentissimis Crassis crassiores, non de suis pecuniis magis quam pauperum fidelium struit unam tantummodo Basilicam sancti Petri? ローマ教皇は莫大な財産を有している。聖ペテロ教会を建てるのに貧しい信者の金銭を使うよりも、なぜ自身の財産をつかわないのか。

(23) 一方でルターの思想は別の課題を呼び起こした。神のことばと向き合うためには、信者にとって一般的に理解できる聖書が不可欠である。すなわち一般大衆にもわかる聖書が必要ということになってくるのである。ルターが聖書をドイツ語に翻訳したことは、その意味でも改革の本質を成す事業であったのだ。v. Loewenich（1982:198）:「ルターが彼の同胞に対して行った最大の貢献が聖書翻訳である、彼自身すべてを聖書に負っている」。

(24) 多くの文書がラテン語だけでなくドイツ語でも書かれているという事実は、ルターが宗教改革の思想を民衆に説くことにいかに熱心だったかを示していると言えよう。印刷術による文書流布という形態を彼は実に有効に活用した。信仰による生き方の基本を教え（民衆のことば＝ドイツ語）教会の改善を訴える意味で印刷を利用した方法は、人びとに極めて大きな影響を与えた。

(25)『ルター著作全集』（ワイマール版）第48巻, S. 421.
(26) 徳善（2007:300）
(27)『ルター著作全集』（ワイマール版）第50巻, S. 544-545.
(28) 徳善（2004:35-37）
(29)「軍人もまた祝福された階級に属し得るか」吉村義夫訳（岩波文庫）
(30) 宗教改革の流れを過激な社会改革と結び付けて暴動化したケースとし

て「農民戦争」がある。一揆に立ち上がった農民たちは当然のこととしてルターの支持を期待したのであるが。ルターは彼らの窮状には同情してはいたものの、この運動に対し、体制側の武力の発動を勧告した。

(31) 後者の立場の者は「戦争は極めて例外的な事柄であって戦争を前にしては神や霊魂のことを考えることはできない」(gerade als wäre das Kriegführen eine so besondere Sache, dass man im Krieg weder an Gott noch an die Seele zu denken braucht.) というような主張をするが、ルターの考えでは「死の危険に瀕した時こそかえって最も多く神のことを考え最も多く霊魂のために慮らなければならない」(wo doch in Todesnöten und Gefahr am meisten an Gott zu denken und für die Seele zu sorgen ist.) のである。

(32)「剣が防御して平和を維持しなければ、およそ世界のすべてのものが争乱のために滅び去るであろう。それゆえ戦争は計り知れないほど広範な永久的争乱を防止する小さな短い争乱、大きな不幸を防止する小さな不幸にほかならない」(Deshalb ist ein solcher Krieg nichts anderes als ein kleiner, kurzer Unfriede, der einem ewigen, unermesslichen Unfriede wehrt, ein kleines Unglück, das einem großen wehrt.) ともルターは述べている。

(33) 職務として人が兵役に就くことが否定されているわけではない。石川 (2016:56-57)：
「ルターによれば、軍人は神から戦う技量を受けている。[…] 時には＜大きな不幸を防ぐための小さな不幸＞として（ルターは戦争を）人間社会の秩序を維持するために神の命じたもうわざであると考えられるかぎりでは肯定していたのである」。

(34)「農民戦争」の経緯に関し、日本を代表するルター研究者の徳善義和（『マルチン・ルター－生涯と信仰』教文館）も「農民戦争の経過の中でマルチン・ルターの取ったあり方を、ルターの汚点というように呼ぶことをしないまでも、人間マルチン・ルターの限界だというように思えてなりません」と述べている。

(35) 今日のドイツ語のBauerに相当する。
(36) 今日のドイツ語のzasammenに相当する。
(37) Luther (1908:291)
(38) Luther (1908:299-300)
(39) 今日のドイツ語のAufruhr「暴動」に相当する。
(40) 今日のドイツ語のGottesläster「神の瀆神者(とくしん)」に相当する。
(41) 今日のドイツ語のSchänder「名誉を汚す人」に相当する。

(42) ローマ書（13:1）:「人はみな、上に立つ権威に従うべきです。神によらない権威はなく、存在している権威はすべて、神によって立てられたものです」（新改訳）。
(43) Luther（1908:357-358）
(44) 農民の側についた聖職者トーマス・ミュンツァーの思想はかなり急進的で過激なものであった。
(45) ローマ書（13:4）:「悪を行う人には怒りをもって報います」（新改訳）。
(46)「ルターの裏切り」と呼ばれることもあるが、一種の政治的妥協策とも言える。
(47) ワイマール版『ルター全集』別巻（第1〜6巻）所収。
(48) Leser（1925:127）
(49) 霊的なレベルとこの世的なレベルに二分している。
(50) Reich（1972:111）
(51) 彼はドイツ語を3つの伝統的な聖なる言語（ヘブライ語・ギリシア語・ラテン語）と同等とみなした。
(52) 彼は聖書の神学からいわば言語に関する神学を導き、「ドイツの全市の市参事会員宛：キリスト教精神の学校の設立・運営 An die Radherren aller stedte deutschen lands: das sie Christliche schulen auffrichten vnd hallten sollen」（1524）という書状の中で次のように詳しく論じている（この中に、ルターの言葉に対する情熱が溢れ出ている）: Vnd last vns das gesagt seyn / Das wyr das Euangelion nicht wol werden erhallten / on die sprachen. Die sprachen sind die scheyden / darynn dis messer des geysts stickt. Sie sind der schreyn / darynnen man dis kleinod tregt. ... Ja wo wyrs versehen / das wyr（da Gott fur sey）die sprachen faren lassen / so werden wir nicht alleyn das Euangelion verlieren / sondern wird auch endlich dahyn geratten / das wir wider lateinisch noch deutsch recht reden odder schreyben kunden. Des last vns das elend grewlich exempel zur beweysung vnd warnung nemen / ynn den hohen schulen vnd klostern / darynnen man nicht alleyn das Euangelion verlernt / sondern auch lateinische vnd deutsche sprache verderbet hat /das die elenden leut schier zu lautter bestien worden sind / wider deutsch noch lateinisch recht reden oder schreyben konnen. Vnd bey nahend auch die naturliche vernunfft verloren haben.「次のように言われている。私たちは言語なくしては福音を聞くことはできない。言語は精神が宿る場所である。言語という器によって精神が運ばれる。［…］もし私たちがことばにかかわらないようにするとすると、ただ福音を失うばかりか、最後にはラテン

語もドイツ語も正しく読み書きができなくなる。警鐘として、福音を忘れ去ったばかりかラテン語やドイツ語をだめにした学校・修道院の惨めで陰鬱な例を挙げることができる。そこの可哀相な人々は皆、言ってみれば動物のようになり、ドイツ語もラテン語も読んだり書いたりできなっている。こうして天性の理性も失われている」。言語に関する神学とは言ってみればルターの信念である。実際、彼はドイツ語に高い威厳を付与することができた。

(53) Erben（1985:36）
(54) 礼拝の説教で用いられる言語を、ルターは徐々にドイツ語に切り替えていった。基本的に彼は中世以来の伝統として厳守されてきたラテン語による礼拝には反対であった。同時に、ドイツ語でわかりやすく「礼拝とは何か」を考える著作を書き、その基本を啓蒙していくことを始めた。
(55) Arndt（1983:257）
(56) ルターが造語法・統語法におけるドイツ語特有の規則を完訳聖書に適用しているということである。ルターの言語が歴史的に見て影響力をもつに至ったのには、とりわけ、例えば「彼の新語形成法が彼の支持者や友人（ハンス ザックス Hans Sachs［ニュルンベルクの靴屋の親方・詩人、1494-1576］ら職匠歌人 Meistersinger）によってだけでなく、エムザー Hieronymus Emser やミュンツァー Thomas Müntzer のようないろいろな敵対者によっても広められた」（Bentzinger/Ketmann 1983, 266）という経緯がある。文法学者がルターを援用したり、ルターの語彙が16世紀の辞書に取り入れられたりすることで、ルターのドイツ語の規範的な影響力は強くなった。
(57) 徳善（2012:135-136）
(58) 哲学用語ではラテン語の infinitus に対し unentlîch「無限の」などである。
(59) ドイツ語の古い語彙の意味がラテン語の影響を受けて変容していったケースとして、古高ドイツ語の hella は「秘密にすること」・「秘密にされたこと」を言い表わしていたが、ラテン語の infernum「地下世界・地獄」という語の影響を受けて「永劫の罰を受けるところ・死後永劫の罰を受けた魂が宿る場所」という意味に変化した。また、古高ドイツ語の(h)riuwa という語はまず「苦悩・悲嘆・苦痛・不幸・不平」を意味していたが、ラテン語の contritio「罪の悔恨・後悔」という語の影響を受けて新しい意味を得た。
(60) Weihnachten「聖夜」に残っている。
(61) その後、中世高地ドイツ語の時代になってようやく versuochunge「試

すこと (Versuchung)」という語が一般に用いられる語となったのである。
(62) こうしたプロセスを最初に促したのは、主に宣教師たちの力であった。彼らは南東からはドナウ河Donau流域において、西部からはモーゼル川Moselとライン河Rheinの隣接地域で、またイギリスから渡来して、東フランク王国のあらゆる地域でキリスト教の布教に努めた。アリウス派ゴート人の布教によって、古高ドイツ語のpfaffo「教皇」(< ギリシア語の教会用語papa、アリウス派ゴート語papa) という職種名がもたらされた。またガリアGallien出身の宣教師たちは、古高ドイツ語priest/priester「司祭」(< 古代フランス語afr. prestre < ギリシア語presbyter) という語をもたらした。南部はアルプス地方まで浸透したアイルランド・アングロサクソン人による布教はヴュルツブルク (W?rzburg) 司教座の保護聖人となるアイルランドの修道士キリアン (Kilian) のエピソードも参照のこと。7世紀にはすでにGlocke「鐘」(アイルランド・中世ラテン語でclocca) という語が現れるのに力を貸した。しかし全体としては，布教活動によって増加したドイツ語の語彙は、ほんのわずかにすぎない。さらに国家・行政機構の分野でも、新しい語はわずかにしかみられない。例えば、後にPfalz「宮殿・家・中庭・神殿」となる古高ドイツ語のphalinzaが挙げられる。この語は、もともとローマのmons Palatinusという主要な丘を指す名称であったラテン語のpalatium，そしてpalatinus「宮殿」に由来する語である。
(63) Grosse (1983:50)
(64) Besch (1999:35)
(65) 旧約聖書の翻訳で (新約聖書の場合と違って) ルターはメランヒトンや同僚のヘブライ語学者の協力も仰いだ (徳善2012:164)。
(66) メランヒトンをはじめとする同僚たちは、ルターがヴィッテンベルクにいない間も、改革の努力を続けた。しかしながら、ルターという求心力を欠く改革はなかなかうまく進まなかった。1522年ヴィッテンベルクに戻ったルターがまず行ったことは民衆への説教 (8日間にわたる連続説教) であった (徳善2012:104-105)。
(67) 徳善 (2012:79)
(68) ルターが神学的に正しいことの基準とみなされるなら、メランヒトンは特に忠実な弟子としての役割において肯定的に評価される (クライン他2013:176)。
(69) クライン他 (2013:159-160)
(70) 徳善 (2012:79)

(71) クライン他（2013:168）
(72) 徳善（2012:176）。1546年に武力衝突にまで発展した。
(73) ルターは補佐的な指示を行った（徳善2012:175）。
(74) ルターによって起草されたシュマルカルデン条項（Schmalkaldische Artikel）は、メランヒトンのアウグスブルグ信仰告白によく似ているが、より反ローマ的である。その序文だけ挙げれば次の通りである：「もし、公会議が開かれれば、これをわれわれの信仰告白として提出する。しかし、自由な公会議が開かれないことが判明した。よって、これを公刊する。われわれは、悪意ある人々を相手側にだけでなく、われわれの側の中にも見出す。彼らは、自分の悪意を、わたしの名で発表する。曲解し、傷つけることに全力を傾けている者に、われわれは何が出来るだろうか。公刊すれば、悪意に満ちた敵意ある言葉が待っている。公刊しなければ、多くの魂が見捨てられる。中傷し、偽りをもって、人々を自分たちのもとに留めようとする者たちは、日毎に小さくされ、われわれの仲間は日々増えている。われわれは、公会議の開催を望む。それは、われわれのためではない。教会が荒れ果てている。この世も荒れ果てている。改革を必要とする多くの事柄がある。10の公会議、20の国会では間に合わない。公会議が、基本的なことに傾いても、この世の事柄を取り扱うことに傾いても、改革することに傾いても、それで十分ではない。神によって命じられたことが守れないのなら、何も変わらない。神の戒めを足蹴にしながら、自分たちの虚礼は大切にする。それが、何の役に立つだろうか。罪は深く、神は隠されて行く。われわれは悔い改めず、自分の悪事を正義と言う。主よ、あなたご自身で公会議を開催して下さい」。
(75) ルターの言語の使い分け（著作）は明確である。ドイツ語で書かれた著作は民衆に向け穏やかに語りかける調子である（建設的・信仰的）。片や、ラテン語の著作は学問的かつ批判・攻撃的である（徳善2012:129）。

第2章
ニーメラー
——権力に対峙する牧師——

> Darf man überhaupt Soldat sein? Darf man, wenn man sich zu den Christen rechnet, einen anderen Menschen, einen anderen Christen töten - und sei es im Auftrage angeblich idealer Größen wie Volk, Vaterland und Heimat?
>
> キリスト者は兵隊になりうるのだろうか、自分はキリスト者として、ほかの人間、特にほかのキリスト者を殺すことが許されるのだろうか—たとえそれが民族とか国家のためであっても。

マルティン・ニーメラー
(https://www.pinterest.jp/pin/256212666273667539/?lp=true)

『聖書』や信仰をめぐる倫理的葛藤は、決して過去のものではない。近代的政治システムや法概念、もしくは自然科学が発展した現代においても、宗教は人間の最も本質的な苦悩に呼応しようとしている。その普遍的とも言える傾向を実感すべく、本書ではここで20世紀のドイツについての考察を行う。現代

第2章　ニーメラー　133

人の知性と心性もまた、現実と信仰の間で激しく自問し、必死の選択を続けている実装を目撃してみたいと思う。20世紀、ヨーロッパは「ナチス」という巨大な権力の暴走に揺さぶられていたが、まさにその時代のドイツに一人の知識人がいた。マルティン・ニーメラー（Martin Niemöller, 1892-1984）である。

　この章では、まず「闘う牧師」と言われたニーメラーを扱うことにしたい。ただ、その生き方は、ボンヘッファー（第3章）とは、ある意味、対照的である（次章では、ニーメラーの対比事例として、ボンヘッファーを対象とし、ニーメラーと同じくナチスへの抵抗者とされたこの二人を比較・検討し、その共通項と相違点浮かび上がらせることにする）。そもそも宗教家たちは、なぜ自国の戦争を支持することになり得たのだろうか？　第二次世界大戦中に戦争に具体的に反対し抵抗したボンヘッファーなどの神学者に目が向きがちであるが、実は抵抗したキリスト者は少数派であった。多くの著名なキリスト教の指導者たちはむしろ直接的であれ間接的であれ戦争の擁護者となっていた。この事実についてはもっと研究されねばならないのではないだろうか。具体的には、ヒトラーを支持した学者として、ゲルハルト・キッテルやパウル・アルトハウスら聖書学者、キルケゴール研究者のエマヌエル・ヒルシュなどが挙げられよう（結果的にナチスを支持したという意味で）。日本で言えば（アメリカに留学し親米派の）少なからぬキリスト者たち（賀川豊彦・河井道子・小崎道雄など）が当初は戦争回避のために尽力したのに、なぜ開戦後は戦争協力者となったのかはもっと問われなければならない。このような思いを胸に、世界大戦という舞台に登場したニーメラーという人物に焦点を当ててみたい。彼の生き方を振り返り、現代の日本人もまた生きる上での大切な指針を得ることが

可能ではないだろうか。

　キリスト教史の中でも、戦士（第一次世界大戦のさなか）として、また闘士（戦後のあり方をめぐって）として戦い続けた稀有なキリスト者、20世紀の彼の存在について述べることから始めたい。その名は、マルティン・ニーメラーである。このドイツの牧師に関し、多くの日本人が抱いているイメージは、教会闘争の闘士、珠玉のダッハウ説教集を残した人物、戦後のドイツ平和運動の指導者といったものであろう。そこでここではまず、ニーメラーのことばを引用することから始めたい。第一次大戦時にドイツ海軍軍人としてUボート艦長を務めた後に牧師になったニーメラーは、戦後、全き平和主義者になった。彼はこの点について次のように述懐している。

　私は平和主義者になった。なぜなら、私はイエス・キリストが私に人を殺す手段を与えられるとは、どうしても考えることができないからである。⁽⁸⁾
　Ich bin Pazifist geworden, weil ich mir keine Situation vorstellen kann, in der Jesus Christus mir den Rat zum Töten geben würde.

　ニーメラーは、あたかも自分自身の言葉に従うように、第一次大戦後に軍籍を離れ、聖職者の道を歩み出した⁽⁹⁾という異色の履歴をもつ人物である。1919年9月17日⁽¹⁰⁾の彼の日記に「私は牧師になろうか „Werde ich Theologe?" 」という記述が見られ⁽¹¹⁾る⁽¹²⁾。彼の内部で、牧師にならなければならないという確信が芽生えた瞬間である。

　確かに、ニーメラーという人物の生涯は、外面的には実に多

第2章　ニーメラー　　135

彩であり、小説の筋のように劇的で、また激動的でさえある。⁽¹³⁾
同時に彼は、人々から無節操だと批判されるくらい、その生涯において大きな内的な動揺を経験している。⁽¹⁴⁾ しばしば衝撃的に意思を表示するため、彼の意図が読めず、人々は彼の考えていることを異なったふうに理解してしまうこともあったようである。⁽¹⁵⁾
⁽¹⁶⁾

さて、このニーメラーには「なぜナチスを阻止できなかったのか」を歌った次のような詩がある。

Als die Nazis die Kommunisten holten, habe ich geschwiegen,⁽¹⁷⁾
ich war ja kein Kommunist.
　ナチスが最初、共産主義者を攻撃したとき、私は声をあげなかった私は共産主義者ではなかったから。
Als sie die Sozialdemokraten einsperrten, habe ich geschwiegen,⁽¹⁸⁾
ich war ja kein Sozialdemokrat.
　社会民主主義者が牢獄に入れられたとき、私は声をあげなかった私は社会民主主義ではなかったから。
Als sie die Gewerkschafter holten, habe ich geschwiegen, ich war ja kein Gewerkschafter.
　彼らが労働組合員たちを攻撃したとき、私は声をあげなかった私は労働組合員ではなかったから。
Als sie mich holten, gab es keinen mehr, der protestieren konnte.
　彼らが私を攻撃したとき、私のために声をあげる者は誰一人残っていなかった。

ニーメラーは、1933年、ナチスに抗する「牧師緊急同盟

Notbund」の設立を呼びかけ、この同盟から告白教会（教会をナチズムのプロパガンダの手段としようとしたヒトラーに対抗してドイツのプロテスタント諸教会内に生れた抵抗運動）が生まれることになった。ニーメラーは、教会からのユダヤ人追放政策に反対し反ナチ行動に出た。彼は教会を国会の管理下において帝国教会（Reichskirche）とするナチスの姿勢に反対した。ナチスによる牧師の大量逮捕の中で、少数派の「告白教会」へも厳しい監視の目が及び、ニーメラーもまた捕えられた（1937年7月1日）。このときの様子が次のように伝えられている（偏った新聞報道ではあるが）。

　　「彼は長い間ミサや講演でアジ演説をおこない、国家とナチ党の指導的人物をを侮辱し、国家の諸措置について虚偽の主張をあちこちでなして、国民を不安に陥らせてきた。同様にまた、国家の法や命令に対して反抗するよう煽動してきたのである」

ニーメラーは1938年に刑務所から釈放されると同時に、ザクセンハウゼンの強制収容所に送られた。そしてそこから抜け出すための方便として、なんと開戦を機に軍務に就くと自主的に申し出たのであった。ニーメラーのこの自主申告は、当時これを耳にした告白教会を支持してきた「世界教会」（世界的な超教派の組織。教派・教会を超えた、諸教会間の交わり・友好活動を通して、一つの教会を求める運動）の要人にさえ、不信の念を呼び起こした。国内の告白教会の「兄弟」たちにとっても、まさに猜疑心を巻き起こすような事件であった。これは「ニーメラー申告」と呼ばれる一人スキャンダルとして抵抗者たちの間

第2章　ニーメラー　　137

で知られるようになった⁽²⁸⁾。

　実はこの「ニーメラー申告⁽²⁹⁾」から遡ること6年前、ナチスが政権を獲得した年である1933年（8月2日）、ニーメラーは早くも危機を察知し、ベルリンにおいて同志数名と小さな集会を開いた。彼が強力な政治的指導性と果敢な実行力とをもってドイツの教会闘争のシンボルとなるのは⁽³⁰⁾、この時に始まったと言える⁽³¹⁾。ニーメラーの呼びかけに応じ、その後の約2週間を費やし、ベテルにおいて起草されたのが、いわゆる「ベテル信仰告白⁽³²⁾」（プロテスタントの「信仰告白」は、1523年にツヴィングリが起草した「六十七箇条」以来の歴史がある。この「ベテル信仰告白」は今日までの信仰告白が本来的に意味するところのものは何なのかを語った文書）である。この文書は「バルメンBarmen宣言（1934年5月。この会議で「告白教会⁽³⁴⁾」が誕生）⁽³³⁾」において最高潮に達する信仰告白宣言への胎動とも言える重要なものとみなされている⁽³⁵⁾。「バルメン宣言」は次のように主張する⁽³⁶⁾。

Jesus Christus, wie er uns in der Heiligen Schrift bezeugt wird, ist das eine Wort Gottes, das wir zu hören, dem wir im Leben und im Sterben zu vertrauen und zu gehorchen haben. Wir verwerfen die falsche Lehre, als könne und müsse die Kirche als Quelle ihrer Verkündigung außer und neben⁽³⁷⁾ diesem einen Worte Gottes auch noch andere Ereignisse und Mächte, Gestalten und Wahrheiten als Gottes Offenbarung anerkennen.

　　Heilige Schrift「聖書」, haben：並列的に3つのzu不定詞をとっている, verwerfen「（受け入れがたいもの・不適当なものとして）退ける」, als：als ob「あたかも～のように」という構文であるが,（助）動詞（= könne, müsse）がalsの後に前置されobが省

略されている, Verkündigung「宣教（＝福音を伝えること）」,
イエス・キリストは、われわれに対して、聖書に証言されているように、われわれが聞き、生と死とにおいて信頼し、従わねばならない唯一の神の言葉である。教会は、この唯一の神の言葉以外に、またそれと並んで、宣教の源として、なお他のできごとや権力、現象や真理を、あたかも神の啓示として認めることができる、あるいは、承認しなければならないというような誤った教えをわれわれは拒否する。

この文書が、特にディートリヒ・ボンヘッファーやヘルマン・ザッセ（エアランゲン大学教授）を中心としてドイツ福音主義教会を包括する多彩な神学者の全国的な共同作業の結果、生まれた信仰告白であったという点に歴史的な価値がある。

ここで、ニーメラーのことば（1933年9月12日）を引用しよう。

み言葉に仕える者としての務めを、『聖書』に対する固着と、『聖書』の正しい解釈としての宗教改革の諸信仰告白に対する固着においてのみ果たすこと。信仰告白をナチスが侵害することに対して、全力を傾注して抗議すること。そのような信仰告白に立とうとして迫害を受けている人びとに対して、能う限り責任を負うこと。この信仰告白の状態の侵害は、教会の領域に「アーリア条項」（ユダヤ人がさまざまな職業・地位から排除される規定）を適用したことによって起こったものであるということを確信すること。

このことばをもって、ニーメラーは牧師たちを「牧師緊急同盟」に加わるように促した。また参加に際しては、全員にこの

第2章　ニーメラー　139

条件を共同の義務とすることを前提としたのである(45)。

このようにニーメラーらによって、ナチズムによるユダヤ人迫害等への反対が表明されたわけである。一方、1935年以降、バーセルから教会闘争を支援したバルトのはたらきも重要なものであった(46)。バルトの神学的立場としては、信仰を中心に神学(47)を構築しようとした近代主義神学を批判し、むしろその信仰を自明なものとせず人間においてそれを可能ならしめる神の啓示を中心に神学を構築することへと思考の転換をはかったことが挙げられる。バルトとニーメラーは告白教会の正当性を主張する立場では完全に一致していたが、人となりは根本的に全く異なっていた。ニーメラーはむしろ実践を重んじる行動の人である。彼にとっては、書物よりも生きた人間の方がはるかに大切な問題であったと思われる。ニーメラーに、偉大な理論家であるとか、アカデミックな神学者であることを求めるのは筋違いであろう(48)。

さて、こうした二人（ニーメラーとバルト）の始めての出会いは、1925年ミュンスターにおいてであった。このときのニーメラーへの印象をバルトはこう語っている：「Wie preußisch! なんとプロイセン的な人間だろう！」(49)。さらにこう続けている：「Er hat mich mißtrauisch betrachtet. Ich hab' ihm nicht gefallen. 彼は私を不審そうに眺めた。最初、私は彼が好きになれなかった」(50)。しかし、ナチスへの闘いがやがて二人の相互理解を促し、二人は互いを高く評価し合うようになる。後に1952年、ニーメラーの60歳誕生記念のときに、バルトはニーメラーの神学的側面について次のようにコメントし、ニーメラーもこれに応じている(51)。

カール・バルト：Martin, ich wundere mich, daß du trotz der wenigen systematischen Theologie, die du getrieben hast, doch fast immer das Richtige triffst!⁽⁵²⁾
マルティン、私は不思議で仕方がないのだが、君はごく僅かしか組織神学を勉強していないのに、君のすることはいつでも的をはずしていない。⁽⁵³⁾

ニーメラー：Karl, ich wundere mich, daß du trotz der vielen systematischen Theologie, die du getrieben hast, doch fast immer das Richtige triffst!
カール、私は不思議で仕方がないのだが、君はあまりにも多くの組織神学を勉強しているが、君のすることはいつでも的をはずしていない。

　二人とも広い意味で社会的貢献の大きな人物であるが、共に行動的な二人がお互いを認め合っていることを示す対話と言えよう。
　さて、1945年バルトは次のように語ったことがある。

Ist es nicht, als ob alle Engel des Himmels den Atem anhielten in Erwartung dessen, was jetzt - jetzt, wo es mit allem deutschen Reichtum, Ruhm und Stolz zu Ende ist - unter den Deutschen geschehen könnte, geschehen müßte […] Man könnte die Deutschen beneiden, um das Angebot, das jetzt gerade ihnen gemacht ist. Wo sollte Gott näher, gegenwärtiger, in aller Verborgenheit herrlicher, wo sollte er zum Helfen,

Erretten, Befreien, Segnen bereiter sein als da, wo er so gewaltig gerichtet und erniedrigt hat?

　den Atem anhalten「息をこらす」, in Erwartung ＋ 2格：「〜を期待して、見込んで」。ここでは、was 〜 müßte の関係文の内容を指示代名詞（中性単数2格）が受けている, gegenwärtig：Gegenwart は「場に居合わせること」を意味する, bereiter：後続する als と共に比較級を示している。

　ドイツの豊かさ・誇り・名声のすべてが破局に達した今こそ、すべての天使がこのドイツに何か起こるかを、息をひそめて期待している。人々は、このような大きな機会がドイツに与えられたことを喜ぶべきである。神がこれほど近くにいまし給い、隠された姿ではあるが、これほど栄光に輝き給うたことがあっただろうか、また神は、これほど人々を救い、自由にし、祝福を与え給うたということがあっただろうか。そしてまた、神がこれほど強く裁き、また自らを卑(ひく)くし給うたことがあるだろうか。

　そしてこの1945年の10月「シュトゥットガルト罪責宣言」が公表された。ニーメラーもこの成立に関わったことは言うまでもない。ナチスが政権を握っていた12年間の歴史に対するドイツの責任がいかに大きいものであるかを痛感しているという内容である。[54]

Durch uns ist unendliches Leid über viele Völker und Länder gebracht worden. Was wir unseren Gemeinden oft bezeugt haben, das sprechen wir jetzt im Namen der ganzen Kirche aus: Wohl haben wir lange Jahre hindurch im Namen Jesu Christi gegen den Geist gekämpft, der im nationalsozialistischen Gewaltregiment seinen furchtbaren Ausdruck gefunden hat; aber wir klagen uns an, daß wir nicht mutiger bekannt, nicht treuer gebetet, nicht fröhlicher geglaubt und nicht brennender geliebt haben. Nun soll in unseren Kirchen ein neuer Anfang gemacht werden.

 wohl 〜 aber ---「確かに〜（ではあるが）しかし…」, hindurch「〜を（lange Jahre 4格）通して」, im Namen von「〜の名で（〜の委託を受けて）」, Jesu Christi < Jesus Christus「イエス・キリスト」（ラテン語式変化）, Regiment「統治」, an|klagen「とがめる」, bekennen「告白する」（上記の「告白教会 die Bekennende Kirche」の名称に用いられている）

われわれによって多くの民族や国家は限りない苦悩を味わってきた。［…］なるほどわれわれは長い間ナチスの暴力支配に示されてきた悪しき霊に対して、イエス・キリストの名によって戦ってきた。けれどもわれわれは、もっと大胆に告白しなかったこと、もっと真実に祈らなかったこと、もっと喜びをもって信じなかったこと、もっと燃えるような愛をもって行動しなかったことを恥じるものである。ただわれわれの教会に、新しい出発が始められなければならない。

また、端的に教会の責任を問うたニーメラーのことばもある。

Es handelt sich darum, daß wir grundsätzlich das uns aufgetragene Amt in Ungehorsam versäumt haben und damit schuldig geworden sind.

 es handelt sich um 〜「〜が問題になっている（daß文以下の内容をda-が受けている）」, auftragen「委託する」, versäumen「しそこなう」

根本的に重要なことは、われわれがわれわれに与えられた任務を、不従順にも果たすことをしなかったということである。

　戦後、ニーメラーは、原理的ではなく、現実の状況に応じる形で平和主義者になった⁽⁵⁵⁾。すなわち具体的には、核戦争の脅威⁽⁵⁶⁾と比べてみると、非戦主義（原理的には問題があるとしても）は現実的には間違っていないというのが彼の考えであった。つまり、核武装の準備に加わるよりも、主イエスの求めている愛の戒めに非戦主義ははるかに近いという主張なのである。彼はキリスト者として、結果はどうであれ教会は全力を尽くして戦争を防止するために努めるべきであるという確信に至った。

In den ersten Weltkrieg bin ich als reiner Tor hineingegangen. Ich habe brav jeden Tag meine Bibel gelesen, morgens und abends gebetet und geglaubt, daß dieser Krieg von Gott erlaubt sei. Das ist endg?ltig vorbei. Ich habe es nicht besser gewußt. Ich kann dafür nur um Vergebung bitten!
　hineingehen「（〜の中へ）」入って行く」, brav「実直誠実な」, sei < sein「〜である（接続法Ⅰ式、間接話法）
　第一次大戦の時、私はまったくの愚者であった。当時、私は毎日、『聖書』を読み、朝と夕には祈り、この戦争は神によって認められていると信じ続けてきた。しかし、それは過去のことである。当時、私はよく理解できなかった。私はあの頃の自分を考えると、神に赦しを乞うのみである。

　1959年、ニーメラーはカッセルでの講演でこう語っている。

Mütter und Väter sollen wissen, was sie tun, wenn sie ihren Sohn Soldat werden lassen. Sie lassen ihn zum Verbrecher ausbilden.

> lassen「〜させる（息子Sohn が兵士Soldat になるように）」（使役の助動詞）, aus|bilden「（兵士として）養成・教練する」
> 母や父は、もしも子供たちを兵士にするなら、自分たちの行為が何を意味するかを知るべきである。あなたがたは自分の子供を犯罪人にすることになるのだ。

ニーメラーは、今日、もはや正しい戦争とか戦争手段というものはあり得ないことを聴衆に語りたかったはずだ。二度の世界大戦を経験してニーメラーは次のことを悟ったのである。[57]

Um selbst einen Theologen […] endlich auf die Fährte zu setzen, daß er sich fragen muß, nicht: Was sagt der heilige Augustin?, und auch nicht: Was sagt der gute Vater Martin Luther? - denn der ist auch nicht unfehlbar -, sondern daß wir fragen: Was sagt denn eigentlich Gott?

> Fährte「足跡」, sich fragen「自問する・熟考する」, unfehlbar「過失がない」
> 神学をする者にとって決定的な問いは、聖アウグスティヌスが何を語ったかということではない。またルターが何を語ったかということでもない。なぜなら彼らも過ちを犯すのである。われわれにとって最後の問いは、神が何を語り給うたかということである。[58]

ニーメラーは、埋念的な平和主義者になったわけではなく、

現実の状況の中で実践的とも言える平和主義者になったのである（1950年の朝鮮戦争の際に、アメリカ空軍が朝鮮の都市に爆撃を加えたことに彼は衝撃を受けた[59]）。ニーメラーは、核武装を批判的に捉え、次の戦争は今まで理解してきたものとは大きく異なると主張し「核武装は殺人であり、殺人の手助けであり、殺人の準備である。原子力時代の暴力は、人間生活の秩序の維持のために必要であると正当化することはできない」と述べている[60]。ニーメラーの立場は次のようなものである。

Der Krieg von morgen hat nichts mehr mit dem zu tun, was man einst unter Krieg verstand - so begründet er seine Wandlung vom begeisterten Soldaten zum radikalen Pazifisten. Jeder, auch der einstmals von der Kirche gebilligte <gerechte> Krieg ist ein Verbrechen. Mag, vom Christenglauben her gesehen, der Pazifismus als Prinzip eine zweifelhafte Sache sein, für Niemöller steht von nun an fest, daß er - verglichen mit der Drohung des Atomkriegs - auf alle Fälle das kleinere Übel ist. Wer sich für ihn entscheidet, kommt der von Christus geforderten Liebe zum Mitmenschen näher als der Befürworter von Atomrüstung und Atomkrieg.

nichts mit 〜 zu tun haben「〜と関係がない」, dem「それ（指示代名詞）」（次に続くwas文を受けている[61]）, billigen「是認する」, mag「〜かもしれない」（動詞を文頭におく文体で「〜であろうが」）feststehen「確実である（daß以下の文の内容が）」, er あるいはihn「非戦主義」（Pazifismusを指す）, Mitmensch「隣人」, Befürworter「弁護者」

明日の戦争は、今までの戦争によって理解してきたことと全く

異なるのである。彼は、かつての熱烈な軍人から極端な非戦論者への転向の理由をこのように説明した。かつて教会によって正しいと認められた戦争も、今ではすべて犯罪と同様であると言う。キリスト教信仰から見ると、非戦主義というのは原理的には問題があるかもしれないが、核戦争の脅威と比較してみると、現実的には決して悪ではないというのが彼（ニーメラー）の考えであった。平和主義者であることは、核武装や核戦争の準備に加わることよりも、主イエスの求めておられる愛の思想に近いと彼（ニーメラー）は主張するのである。[62]

人は人が作ったルールを墨守しているだけでは何かを見落としてしまうこともあり得るということをわきまえ、人間社会の矛盾に素朴に疑義を呈する勇気が必要とされる場合もある。想像力を柔軟にはたらかせ世界を敢えてナイーヴに見つめ直す思考である。先のニーメラーのことば（本章の出だし。再掲）はこの意味で重く響く。

Ich bin Pazifist geworden, weil ich mir keine Situation vorstellen kann, in der Jesus Christus mir den Rat zum Töten geben würde.
　私は平和主義者になった、なぜなら、私はイエス・キリストが私に人を殺す手段を与えられるとは、どうしても考えることができないからである。

ニーメラーはもはや平和主義者と呼ばれることを否定しなかった。[63] さらに輪を広げて、彼はキリスト教以外の平和主義者の陣営にも積極的に関わるようになったほどである。[64]

昔から多くの神学者によって議論されてきた、神のみこころによる永遠の平和が人間の間にあり得るかどうかという問題に対して、ニーメラー自身が決定的な解答を見出しているわけではない。けれども、彼はキリスト者として、教会は結果がどのようになろうとも、全力を尽くして戦争を防止する努力をすべきであるということを確信していたのである。

したがって、ニーメラーにとって次のような神学はとても相容れない性質のものであったはずである。

Gottes Wort und die Bibel können zur Lösung politischer Tagesfragen nicht beitragen.
神のことばと聖書は政治問題の解決に何の役にも立たない。

たとえ、ルター派の権威で、以前「告白教会」に参加してニーメラーと行動を共にした人のことばであってもである。この上の一節は、バイエルンのルター派教会の牧師、後にベルリンの神学研究所長となったキュンネート（Walter Künneth）が語った一節である。

ニーメラーはいずれにしても戦後の西ドイツ政府にとっても言わば危険な人物であった。例えばニーメラーは、「アデナウアー政府はローマとワシントンで生まれた」（Die Bundesrepublik des Dr. Adenauer ist in Rom gezeugt und in Washington geboren.）と発言したり、「＜（東ドイツの）1700万の人々は＞もしわれわれ西ドイツの人間が隣人になるのでなければ（世界中どこにも隣人を持たない）」（Die siebzehn Millionen Deutschen hätten keinen Nächsten in der Welt,） wenn wir im Westen Deutschlands es nicht sind. と語ったり、当局にとって

は好ましくない言説を繰り返した。

　ある平和運動の集会で述べた（とされた）「兵士や士官の養成機関は職業犯罪人の大学（Hohe Schule für Berufsverbrecher）である」という発言はとりわけセンセーショナルであった。自身、第一次大戦で士官として、またUボートの艦長として戦争に関わったニーメラーが立ち位置を変え、軍人のことを「職業犯罪人」呼ばわりしているのである。もっとも、こうした誤解を招きやすいニーメラーの言明を好意的に理解しようとする試みがなかったわけではない。

「ニーメラーの与えた躓きを当時の時代的風潮にとっては有益であるとみなす」（in dem Ärgernis um Niemöller eine heilsame Herausforderung an den Zeitgeist erblicken）ベルリンのTageszeitung紙
「一体われわれにとって今日キリスト教信仰の自由がどれだけ残されているであろうか」（Wie groß ist eigentlich die Freiheit für den christlichen Glauben bei uns?）Hamburger Abendblatt紙

など、いくらかニーメラー寄りの意見・見解もあった。

　最終的には、ドイツ福音合同教会のシャルフ議長がまとめたニーメラーの言動に関する総括が最も的を得ているように思われる。

Bei allem Ärger über seine（vielleicht oft ungesicherten, unabgewogenen und - sei es - auch）ungerechten Äußerungen muß man doch in ihm stets den brennenden Zeugen seines Herrn sehen, einen Zeugen, der nicht immer besonnen, aber von tiefster Sorge erfüllt, warnen will vor der unmenschlichen Katastrophe, die geschehen könnte, und der es nicht ertragen kann, daß sein Volk [⋯] daran Mitschuld tragen oder auch nur dafür Anlaß werden könnte.

　sei es 〜「〜であろうが」, Herr「神・キリスト」, einen Zeugen 先の den brennenden Zeugen と同格（以下の der に導かれる 2 つの関係文の先行詞となっている）, besonnen「思慮深い」（本来は besinnen「思案する」の過去分詞）, vor 〜 warnen「警告する」, es 続く daß 文を受ける

　ニーメラーの発言の内に──その表現にはしばしば不適切なものがあるかもしれないが──彼の魂の燃えるような証言を見るべきである。彼の証言は必ずしも熟慮されたものとは言えないが、深い憂えに満ち、起こり得る非人間的な破局の前にあって、わが民族が再び罪を犯すことのないように警告を発しているのである。

☞コラム

ウィクリフ（John Wyclif, 1320-1384）

　中世期、カトリック教会の組織力の強さはそのピラミッド階層によるものであった。ただ、組織としての安定性は教会の世俗権力への介入を容易にし、その中で次第に聖職者自身の世俗化が始まり教会の腐敗が広がっていった。この状況を改革する必要から

宗教改革が起こったのである。確かに、宗教改革の前段階でもウィクリフ(オックスフォード)・プラハのフス(Jan Hus, 1369-1415年、ボヘミア出身の宗教家で、ジョン・ウィクリフの考えをもとに宗教運動に着手。ボヘミア王の支持を受け、贖宥状の批判など反教権的な言説を説き、プロテスタント運動の先駆者となった)など教会改革者はいたが、カトリック教会の強大な権力の前に、異端の烙印を押されるに留まった。

法廷で裁きを受けるウィクリフ

　オックスフォード大学教授・聖職者であったウィクリフは、ローマ・カトリックの教義は『聖書』から離れていると主張した。例えばミサのパンとワインがキリストの本物の肉と血に変じるという教え(化体説)は誤りである等、当時イングランドで絶対的であったカトリックを真っ向から批判したのであった。晩年、彼は『聖書』を英語に翻訳し、信徒の霊的な糧である『聖書』の英訳を携えた牧会者を地方に派遣したりした。

　イングランドのウィクリフやボヘミアのフスなど宗教改革の先駆者がまず現われて教会の改革を訴えたのは、ルターに先立つこと100年以上前のことである。ウィクリフやフスの改革の精神があたかも地下水のように歴史の奥底を脈々と流れ続け、こうした大きな改革の伝統の中にルターの宗教改革は位置づけられるのである。

【注】

(1) ここでは man は「キリスト教徒が」という文脈である。
(2) zu ~ rechnen「~の一つ（一人）に数えられる、~に属する」。
(3) im Auftrag「委託を受けて」。
(4) angeblich「名目上の、表向きの」。
(5) シュミット（1959:45）。シュミットは、1911年生まれのジャーナリスト。牧師の子として生まれ、フランクフルト大学・ハイデルベルク大学・ロストック大学で文学・宗教学を修める。ラジオ・テレビの教会問題解説者として主にフランクフルトで活躍した。
(6) ヤーコプ・グリム（Grimm 21879:261）：自然科学の研究者について次のように述べている „Jene forscher streben in die geheimnisse des naturlebens zu dringen, d.h. die gesetze der zeugung und fortdauer der thiere, des keims und wachsthums der pflanzen zu ergründen."（streben「努める」, dringen「（突き）進む」, zeugung「生殖」, fortdauer「持続」, their = tier, keim「胚・芽」, wachsthum = wachstum, ergründen「究明する」）「自然科学の研究者たちは、自然の生命の秘密に分け入ろうと努力している。つまり、動物の生殖と存続の法則、植物の胚と生長の法則を突き止めようとしている」。グリムは、比較言語学が展開していく最中の時代にあって、言語学と自然科学の関連性を強く意識していたように思われる。
(7) 次の第3章で、対比例として、カール・バルト（プロテスタント）とガレン神父（カトリック）を対象としたい。第2・3章だけで抵抗運動リストとして一貫性をもったものにはなりがたいが、私たち現代人にも役に立つ、いわば判断の指針となればと願う次第である。
(8) シュミット（1959:264）
(9) シュタインバッハ（1998:95）：「神学者にならなければならないという確信が彼の内部で強まった」。この点を解く鍵としては、シュミット（1959:45）：「＜キリスト者は兵隊になりうるのだろうか＞、＜自分はキリスト者として、ほかの人間、特にほかのキリスト者を殺すことが許されるのだろうか――たとえそれが民族とか国家のためであっても＞ニーメラーが1916年の春、海上封鎖されていたドイツを救うためにその任にあたっていた頃、次第にこういう問題が彼をとらえ始めていたのではないか」という指摘が示唆に富むように思われる。
(10) 時期としては、第一次世界大戦後ドイツが荒廃を極め、ワイマール共和国成立に伴いドイツがさらに混迷を深めた頃である。
(11) このコンテクストでいうと Theologe といっても（神学者というより

は)むしろ牧会をする牧師を指していると思われる。
(12)「Uボートから講壇へ」(ニーメラーが出版した本のタイトル)の彼の心中における内的必然性は必ずしも明らかにされていない。シュミット (1959:58-59):「ニーメラーに何が起こったのであろうか。帝国海軍の青い制服と、プロテスタント教職の黒い牧師服とを取りかえたのには、何があったのだろうか。ほとんど十年近く、彼は熱心な海軍軍人であり、世の人の言う＜戦争屋＞と批判されるあの職務に、ただひたすらに没頭していたのである。このニーメラーが、これだけの方向転換をするには、決定的にはどんなことが起こったのであろうか。あるいは、Uボートから講壇への道というものは、ヴェストファーレンの牧師の子供にはそんなに困難なことではなかったのだろうか」。Was ist in Niemöller vorgegangen? Was konnte ihn dazu bewegen, die Uniform mit dem Talar zu vertauschen, das Blau des kaiserlichen Marineoffiziers mit dem Schwarz des evangelischen Pfarrers? Fast ein Jahrzehnt hindurch war er ein begeisterter Soldat, bedingungslos dem Metier hingegeben, das die Sprache der Vorfahren als <Kriegshandwerk> verharmloste. Welche inneren Wandlungen sind dem Entschluß vorausgegangen? Oder war am Ende der Weg vom U-Boot zur Kanzel gar nicht so schwierig für den Sohn des westfälischen Pfarrherrn? (vorgehen「起こる」, dazu：次に来るzu不定詞を受ける, vertauschent「取り替える (mit ~：〜と)」, hindurch「通して」, begeistern「熱中させる」, Metier「本職」, hingeben「捧げる」, Vorfahr「先祖 (代々の人びと) ＞周りの人たち」, verharmlosen「些末視する」, Entschluß「決断」＜ entschließen「決心する」, vorausgehen「先行する」, am Ende「ひょっとすると」, Kanzel「(教会の) 説教壇」, Pfarrherr = Pfarrer「牧師」)
(13)ニーメラーは1924年ナチ党に一票を投じた(シュタインバッハ1998:97)。新生ドイツへの態度表明であったとされる。
(14)シュミット (1959:2):「われわれにとって不思議でならないことは、ニーメラーは絶えず自分自身の名声を傷つけていることである」。Was wir an ihm bewundern, ist, daß er unablässig seinen eigenen Ruhm zerstört.（unablässig「絶え間のない」)
(15)シュミット (1959:282):「彼の周囲に蓄積された誤解は少なくない。むしろ大きな、すばらしい誤解でさえあった」。
(16)「ヒトラーに対する抵抗は宗教的なものであって決して政治的なものではない」(Mein Widerstand gegen Hitler ist mehr religiöser als politischer Art gewesen. シュミット1959:121) 等のニーメラーの発言

である。この言葉は、教会闘争を純粋に政治的なものと捉えていた多くの仲間を戸惑わせる結果になった。実際、彼は1924年以来、選挙の際にはいつでもヒトラーに投票していたと裁判で証言したことが戦後、明るみに出た。このニーメラーの言動は教会闘争の闘士として、あるいは、強制収容所の堪え抜いた人の言葉として全くふさわしくないものと世間に受け止められ、また、教会闘争以来の多くの友人を失った。

(17) holen「(急いで) 呼び寄せる」。

(18) einsperren「(ナチスが) ～を監禁する」。

(19) ヒトラーは、従来の諸教会を一元化して帝国教会を作り、帝国監督をその上に据えることを企て、さらにユダヤ人排除政策を教会関係立法に導入しようとした。こうした動きに対し、ニーメラーらは、教会秩序の破壊であると抗議し、多くの参加者を得て組織を作り反対運動を開始した。

(20)「信仰告白」に基づく姿勢を貫き教会闘争の中で妥協を許さない抵抗を示す（ボンヘッファーが代表格）。

(21) シュタインバッハ (1998:95)

(22) 最終的には、命からがらホロコーストをまぬがれ収容所から生還。第二次世界大戦後、平和主義者・反戦運動家として声をあげ、ドイツ統一運動にも尽力した。ベトナム戦争中もホー・チ・ミンと面談し、反核運動でも活動した。

(23) シュタインバッハ (1998:97)

(24) 山﨑 (2003:22):「ナチ側はその申告を真に受けず、ニーメラーは出所することができませんでした」。

(25) (アングロ・サクソン流のエキュメニズム＜超教派＞にありがちな)単なる大同団結主義に対してボンヘッファーは時に鋭い問いかけを発している。

(26) ゆるやかな連合体として始められたので、組織体としてはその基礎が不明確であった。アングロ・サクソン神学が主導し、その教会性は特につきつめて問われなかった。世界教会運動のこの性格は今日まで継続し、世界運動教会を担うWCC（世界教会協議会）のアイデンティティが今も問われている（具体的には、世界教会は、教会なのか、それとも社会的友好団体なのか、という問いかけ）。

(27) これに対し、ボンヘッファーは一人、何ら躊躇することなく「ニーメラー申告」を然るべき行為として是認した。ボンヘッファーは、ニーメラーのような要人は、嘘をついてでも強制収容所から外に出て、自らの使命を全うすべきであると考えた。と言うのも、1938年9月バル

トはナチスに対する軍事的抵抗を呼びかける書簡を執筆したかどで非難攻撃を受けていたが、彼を擁護しようとする者は告白教会の中にほとんどいなくなってしまったいたからである。

(28) 山崎（2003:22）：「ナチ側はその申告を真に受けず、ニーメラーは出所することができませんでした」。
(29) これはナチスに対する面従腹背（めんじゅうふくはい）の意図を内包した申告で、ニーメラーの本心は、収容所を出たら再び反ナチ活動を密かに再開しようと思ってした。しかし、それは後になってようやく理解されたことで、当時はニーメラーは本心からナチスに同調したと思う人も少なくなかった。ニーメラーのこの申告は、当時これを耳にした告白教会を支持してきた「世界教会」（世界的な超教派の組織。エキュメニカル。教派・教会を超えた、諸教会間の交わり・友好活動を通して、1つの教会を求める運動）の要人にさえ、不信の念を呼び起こしたのみならず、国内の告白教会の兄弟たち（同志たち）にも猜疑心を巻き起こす事件であった。
(30) 彼が育った家庭環境は次のようなものである。お父さんは牧師で、書物を愛する学者タイプではなく、生きた人間の方をはるかに大切に考える人であった。基本的に保守的で、また愛国的であり、牧師は説教・牧会の仕事に専心すべきという考えで、一つの政治的な立場になるということは思いも付かなかった。一方、お母さんの方は、力強い精神力、正確な判断力の持ち主と言われている。感情を表に出さず抑え込むタイプだったようである。ニーメラー自身のことばで語れば「私が教会闘争を遂行できたのには父よりも母により多く負っている」(Daß ich den Kirchenkampf führen konnte, verdanke ich noch mehr Mutter als Vater.) ということになる。
(31) 森（2004:72）
(32) すでに1933年1月に少壮神学者・牧師によって発表された「アルトナ宣言」に端を発している。まさにこの時（1933年1月）ナチスが政権を取っている。
(33) これは、すでに1933年1月に少壮神学者・牧師によって発表された「アルトナ宣言」に端を発している。
(34) ナチスに反対するドイツの福音主義教会に属する牧師・信徒たちが結成した組織。
(35) アルトナ宣言（1933年1月）・ベテル信仰告白（1933年8月）から続く一連の「信仰告白」宣言の中に位置付けられる。
(36) ナチスなどのような人為的な世俗権力を第一義的に考えてはならないという見方である。
(37) 前置詞が並置されている。

(38) 1996年になってからのことであるが、ベルリン州裁判所は、このドイツ福音教会派のプロテスタント神学者の名誉（レジスタンス活動に関する）を回復した（シュタインバッハ1998:5）。
(39) 宗教改革から生まれた等しい権利をもって並存している諸告白教会の同盟のこと。告白教会一つ一つは、ルター派教会・改革派教会・合同教会・その他の自由な教会会議・教会信徒会議・教会地区のそれぞれの有志団体であり、これら個々の告白教会が同盟した組織が「ドイツ福音主義教会」である。
(40) この「ベテル信仰告白」成立に当たってボンヘッファーの果たした役割は大きなものであった（森2004:74）。
(41) 1933年7月に、ユダヤ人の公職からの追放を目的とした「職業官吏再建法」（Gesetz zur Wiederherstellung des Berufsbeamtentums）が制定され、教会にもいわゆる「アーリア条項」（さまざまな地位からユダヤ人が排除される法令）が適用されるようになった。
(42) アーリア条項（Arierparagraph）とは具体的には次のようなものである：「今やユダヤ人は［…］各種の個別命令によって一歩一歩と、あらゆる職業および地位から排除されるにいたった。「血統証明」が次第に一般に及ぼされ、ありとあらゆる規則・規約の中にまで、薬剤師の免許から家畜取引の果てまで、「アーリア人種条項」が取り入れられた。特別のユダヤ人学校を設けねばならぬことになったし、ユダヤ人は国防軍勤務から締め出された。一つの分野から他の分野へと、虐待されたユダヤ人住民は、残されていた権利保護までも法令や裁判の判決によって奪われ、ついには、戦時中、最後の段階としてユダヤ人は警察権のもとにおかれるにいたった」（ホーファー 1982:366&390-393）。
(43) 「ユダヤ人」の定義は難しい。ユダヤ人は伝統的に古代の民族のあり方を守っているので基本的にユダヤ教徒である。イエスも使徒たちももともとユダヤ教の伝統・慣習を忠実に守るユダヤ人であった。今日的な意味でユダヤ人と認められる条件は、母親がユダヤ人であることである。正統派・改革派などさまざまな種類の派があるが、主に母親がれっきとしたユダヤ人であるという場合が該当する。ヨーロッパの文脈で、ユダヤ人であることとキリスト教徒であることは矛盾する。この場合、キリスト教徒であるとはヨーロッパの伝統・文化に従って生きるということを意味するからである。
(44) ヒトラーは、従来の諸教会を一元化して帝国教会を作り、帝国監督をその上に据えることを企て、さらにユダヤ人排除政策を教会関係立法に導入しようとした。こうした動きに対し、ニーメラーは、教会秩序

の破壊であると抗議し、多くの参加者を得てナチスに対抗する組織を作り反対運動を開始したのであった。
(45) 森(2004:83):「これが『牧師緊急同盟』の発端となりました。ニーメラーは、同年9月27日ヴィッテンベルクで開かれたドイツ福音主義教会(プロテスタント諸教会の連合組織)の総会に、二千名の署名者を背景に臨むことができたのでした」。
(46) ヒトラーに対する職務宣誓を拒否したため、ボン大学の教授(神学)のポストを追われ故郷のバーゼルに帰っていた。
(47) この点、ニーメラーも十分、認めている。
(48) シュミット(1959:23):„Es ist bezeichnend, daß er es zeitlebens lieber mit lebendigen Menschen als mit Büchern zu tun hatte. […] Von einem Mann dieser Struktur zu erwarten, daß er sich als großer Theoretiker und wissenschaftlicher Theologe produziere, hieße ihn überfordern."
(49) プロイセン軍の規律に見受けられるような、秩序の遵守、自己鍛錬、職務への自覚といった価値観から想起されるイメージのこと。
(50) プロイセン人ニーメラーの司令官のような人柄にバルトは空しい気分になったようである(シュミット1959:141-142)。
(51) シュミット(1959:84-85)
(52) treffen「命中する」。
(53) 歴史神学(教会の歴史を扱う)・実践神学(教会の実践に関わる)等と並んで、キリスト教神学の一領域を成す。組織神学(Systematic Theology)とは、過去から受け継がれてきたキリスト教の信仰内容を今日の思想の状況を踏まえながら体系的に考察する神学のことで、自分の信仰と日常生活のさまざまな場面との関わりを扱う。
(54) Mit großem Schmerz sagen wir「大きな痛みをもって次のことを語る」と始まっている。
(55) シュミット(1959:262-265):「私は平和主義者になった、なぜなら、私はイエス・キリストが私に人を殺す手段を与えられるとは、どうしても考えることができないからである」。
(56) ニーメラーは、次の戦争は今まで理解してきたものとは大きく異なると主張し「核武装は殺人であり、殺人の手助けであり、殺人の準備である。原子力時代の暴力は、人間生活の秩序の維持のために必要であると正当化することはできない。なぜなら、それは人々の生命を滅ぼすだけだからである」と述べている(シュミット1959:262)。
(57) 引用の都合で文構造は成り立っていないが、要は「考えてみるべきは〜」という趣旨である。
(58) 4世紀北アフリカの神学者のアウグスティヌスのこと。正戦論を初め

て体系化した人物とされる。
(59) 自らが、朝鮮における国連軍の軍事行動を支持する署名をしていたからでもある。
(60) シュミット（1959:262）
(61) ここでは原子爆弾のような新兵器のことを指している。
(62) シュミット（1959:264）
(63) シュミット（1959:263）：「われわれはいついかなる時でも、これは行動しなければならないことだと明らかに言うことのできる、神の戒命なるものを挙げることはできるものではない」(weil es keine Aufzählung göttlicher Gebote gibt, die uns deutlich sagen, was wir jeweils zu tun haben,) という理由で、以前は型通りの平和主義者には懐疑的であった。一般に、自らの従来の主義主張を変更することは本来、難しいことである。このあたりのことをベルリンの「ターゲス・シュピーゲル紙」が次のように報じている：Ärgernisse müssen sein, echte Ärgernisse. Das echte Ärgernis [...] stellt unsere Selbstgerechtigkeit in Frage und fordert die Überprüfung des Standpunktes, den wir mit einiger Sicherheit besetzt zu haben glaubten. Das Ärgernis um Niemöller ist eine solche Herausforderung, an der wir nicht vorbeigehen sollten, weil sie uns not tut.（シュミット 1959:259）「真実な躓きは存在しなければならない。本当の躓きは [...] われわれの自己主張に問いを投げかけ、われわればこれこそ正しいものだと思い込んでいる立場に再検討を求める。ニーメラーの躓きは、まさしくそのような要求をもち、われわれはこれを回避することはできない。なぜなら、われわれはこのような要求を受け入れる必要があるからだ」(Ärgernis「憤激・立腹＞躓き」、〜in Frage stellen「〜に疑問を挟む・〜を問題にする」、besetzen「置く・備える」（完了形で「〜し終えたと信じている」、この関係文が先行詞の Standpunkt「立場」にかかる）、jm. not tun「〜にとって必要である」」)
(64) ニーメラーはドイツ平和協議会の議長にも就任した。
(65) 後に誤った噂であることがわかった。ニーメラーにとっては不利なものであった。
(66) シュミット（1959:272）
(67) Ärgernis:「憤激・立腹」が原義であるが、ここでは「躓き」の意である（参照：イザヤ 8:14 ein Fels des Ärgernisses「躓きの岩」）。時代状況（例：核武装）に応じて、ニーメラーは戦争に関する自らの見方を変えている。
(68) heilsam「（道徳的に）有益な」

(69) in ～ etw. erblicken「～を―とみなす」
(70) 異端の嫌疑がかけられたまま彼は亡くなった。
(71) 異端者として火刑台に消える運命にあった。
(72) ルター派が活躍したドイツの宗教改革に対して、スイスでツヴィングリ（Zwingli）という改革者がチューリッヒを中心に活動していた。彼はルターと共に改革を行おうとしたが、教義の違いから（エラスムスの影響を受け合理的に考える傾向）ルターの協力を得られず、旧教派（カトリック）と戦って戦死する。ツヴィングリのあと、フランソワ1世の弾圧から逃れるためにスイスにやってきたのが、フランス人宗教家のカルヴァン（Calvin）である。後世、ドイツの思想家マックス・ウェーバー（Max Weber）は、『プロテスタンティズムの倫理と資本主義の精神』を著し、カルヴァン派と資本主義成立の関連性を説いている。
(73) 石川（2016:49）:「ウィクリフは、キリスト者は軍務にたずさわらないでいることが理想だとしながらも、戦争は神の愛のため、何らかの非を正すために行われることがあるという考え方を認めていた」。
(74) 徳善（2012:108）

第3章
ボンヘッファー
―― ナチスに立ち向かう ――

> Nicht der Gedanke, sondern die Bereitschaft zur Verantwortung ist der Ursprung der Tat.
> あれこれ思案するより責任感をもって行動することだ。

ディートリッヒ・ボンヘッファー

ニーメラーと同様「闘う牧師」と形容されることが少なくないボンヘッファーへと話を移そう。日本でのボンヘッファーの理解としてはまず一般的に「牧師・キリスト者でありながら、当時のドイツの教会の多くがナチスに協力したのに対して、ヒトラーへの激しい抵抗運動を展開した反ナチスの闘士」という捉えられ方であろう。神学者・牧師という立場から、ヒトラーの危険性を当初から見抜き、そのユダヤ人政策を批判し最後には文字通り命を賭してナチスの暴走を止めようとした彼であ

る。戦争に反対し抵抗した神学者ボンヘッファーにしても、当時の時代状況にあって、あれだけの勇気を持ち得たのはやはり奇跡的だとも言えるであろう。彼はナチ政権に無批判な圧倒的多数のドイツ人の中で、怒りや孤独感に苦しむことはなかったのだろうか。私たちも自分自身がその立場にあったらどうしていただろうか。あの時代のドイツにいたら沈黙に逃げ込んでしまうことはなかったであろうか。こう考えると、ボンヘッファーや彼の仲間たちの存在・活動が今日の私たちにとっていかに示唆的なものかがわかる。彼の「主のよき力に守られて」というテクストの中に彼の決意が込められている。

Von guten Mächten

Von guten Mächten treu und still umgeben
behütet und getröstet wunderbar, -
so will ich diese Tage mit euch leben
und mit euch gehen in ein neues Jahr;
Noch will das alte unsre Herzen quälen
noch drückt uns böser Tage schwere Last,
Ach Herr, gib unsren aufgeschreckten Seelen
das Heil, für das Du uns geschaffen hast.
Und reichst Du uns den schweren Kelch, den bittern,
des Leids, gefüllt bis an den höchsten Rand,
so nehmen wir ihn dankbar ohne Zittern
aus Deiner guten und geliebten Hand.
Doch willst Du uns noch einmal Freude schenken
an dieser Welt und ihrer Sonne Glanz,
dann woll'n wir des Vergangenen gedenken,

und dann gehört Dir unser Leben ganz.

良き力に⁽⁶⁾

良き力に、真実に、静かに囲まれ
すばらしく守られ、慰められて、
私は現在の日々をあなた方と共に生きようと思う。
そして、あなた方と共に新しい年へと歩んで行こう。
古い年はなおも我々の心を苦しめようとしており、
悪しき日々の重荷は、なおも我々を圧迫する。
ああ主よ、我々の飛び上がるほどの驚いた魂に
救いをお与え下さい。あなたはそのために我々を
創り給うたのですから。
そしてあなたが重い杯を、
苦い苦しみで今にも溢れんばかりに満たされた杯を、
我々に渡されるなら、
我々はそれを震えもせず、
あなたの良い、愛に満ちた手から受けよう。
だが、あなたがもう一度、我々に喜びを、
この世界について、その太陽の輝きについての
喜びをくださるおつもりなら、
我々は過去のことを覚えよう。
そしてその時、我々の生はすべてあなたのものだ。

　ここで、改めてボンヘッファーの生涯について簡単に触れておこう。1906年生まれで牧師・キリスト者ボンヘッファーは、ドイツの多くの教会のがナチスに協力したのに対して、ヒトラーへの激しい抵抗運動を展開した。ボンヘッファーはヒトラーの危険性を当初から見抜き、そのユダヤ人政策を批判し、

最後には文字通り命を賭してナチスの暴走を止めようとした。最終的に彼は、1945年4月9日独裁者ヒトラーの暗殺計画に加担した容疑でナチスにより強制収容所で処刑されることになる[7]。

　ナチスが台頭し始めた1933年、その秋にボンヘッファーはドイツを離れロンドンにあるドイツ語教会の牧師職に就くのだが[8]、この決断の背景にある彼の思いはどんなものだっただろうか。この時代にあって自らが同時代の人の中で急進的すぎる立場にあるのではないかという自覚があったことは確かであろう。同世代の中では特に目立った存在だったかもしれない。次第に自分が孤立していくような思いにとらわれていたであろう。正義感が強いがために自らが暴走してしまうのではないかという不安な気持ちであったではないかと思われる。ヒトラーが政権をとった1933年、ボンヘッファーはユダヤ人問題に関する講演の中で国家に対する教会の義務について次のように語っている。

den Staat immer wieder danach zu fragen, ob sein Handeln verantwortet werden könne, d.h. als Handeln, in dem Recht und Ordnung, nicht Rechtlosigkeit und Unordnung geschaffen werden.
　nach 〜 fragen「〜のことを尋ねる」（ここでob以下の文をdaが受けている）, könne：接続法Ⅰ式（間接話法）
　教会はいつも常に国家が責任をもって行動しているかどうか、つまり、法と秩序の中で行動し、不法と無秩序を退けているかどうか問わねばならない。

この時点ではまだ教会的な抵抗であるが[9]、時が来て政治的な

第3章　ボンヘッファー　163

抵抗となっていくのである。

　ボンヘッファーは、著書『服従』(1937年) の中で、当時のナチの世に対して「否」を表明している。ネガティヴな「この世」理解は、ボンヘッファーのこの時期の特徴とも言える。当時の現実の世への応答として、彼が『服従』の中で示している態度は、世は神と相反するもの、言い換えれば、この世と教会の間は分離されているというものである。ボンヘッファーのこの心情は次のような文章にはっきり現われている。

Liebst du die Welt, so haßt du Gott, liebst du Gott, so haßt du die Welt.
「世を愛するならば、あなたは神を憎み、神を愛するならば、あなたは世を憎む」(『服従』S.189)

Wer getauft ist, gehört nicht mehr der Welt, dient ihr nicht mehr, ist ihr nicht mehr unterworfen. Er gehört Christus allein an und verhält sich zur Welt nur durch Christus. Der Bruch mit der Welt ist ein vollkommener.
「洗礼を受けた者は、もはや世に属さず、世に仕えず、世に屈従することはない。彼はただキリストに属し、ただキリストを通して世と関わるのである。世との断絶は完全なものである」(『服従』S.254)

　このように、この世とは神の世界と対立的・分離的なものと理解されている。ボンヘッファーの神学を今日的に跡付けるカトリックの神学者ファイル (2001) もまた、「『服従』における＜この世＞理解 (Weltverständnis) の全体の論調は […] 一面的

で否定的(negativ)である」(S. 248)と述べている。この世との対立・断絶を強調するボンヘッファーの態度は、1930年代半ばにおける歴史的状況(教会に対するナチの挑戦)から見て正当であると言えよう。ただし、悪しき世に呑み込まれんばかりの時代状況の中で、このような現世への距離と対立の姿勢を保ちつつ、しかし決して世を捨象することも、絶望に落ちることもせず、深まる参与へと歩みゆくボンヘッファーの姿勢が注目に値する。では、なぜ『服従』においてボンヘッファーは、分離し対立すべき悪しき死の世に多くの叙述を割くのか。ボンヘッファーは、キリストによって決定的に克服されつつも、教会が担うよう遣わされたこの世にいよいよ眼を傾けようとしているからであろう。ボンヘッファーはこの世をなお教会が担うべきものとして見出しているのである。

　時代が下って1940年に執筆した『倫理』では、ボンヘッファーはこの世に対して積極的な関わりを示している(この著作の中では「＜この世＞に対する責任」とまで言っている)。ボンヘッファーは1940年、ナチスの組織の中に位置する諜報勤務員として雇用されることになる(武器を手にすることになる兵役を拒否したいという信念も彼にはあったが、この職務に就くことにより彼は兵役に服する義務から逃れることができた)。ボンヘッファーの2歳年上の姉クリスティーネの夫ハンス・ドナーニーが防諜活動局に勤務しており、ドナーニーはナチに対抗するグループの指導的な立場で、抑圧されていたユダヤ人への援助や、国家社会主義の犯罪行為の記録の作成、さらに後には、ヒトラー殺害のために積極的に動いていた。公的にはボンヘッファーの職務は、外国との関係を防諜活動のために用立てることであったが、実際には彼は外国との関係を抵抗運動のために役立てよ

うとした。ボンヘッファーは諜報活動のためにスイス・ノルウェー・スウェーデン・イタリアへ旅した。彼はまたイギリスの知人ベル主教をストックホルムに訪ねた。ベル主教はこれに応えて、ロンドンでドイツの抵抗運動を支援するため、あらゆる方策を試みてくれた。スイスへの旅行の際には、ボンヘッファーはカール・バルトを訪ねたいと思っていた。かつてバルトの書物によって神学的覚醒を覚え、バルトと共に教会闘争を闘っていたボンヘッファーだけに、ナチスの暴政を前にして激しい焦燥感と危機感に駆られていたこの折、闘争のあり方についてバルトに尋ねたいことがたくさんあったと思われる。

バルトにとっては、当時ボンヘッファーがパスポートを持っていたこと、あるいは外国に旅することができることは少し不気味にさえ思えた。と言うのは、当時、こうした外国への旅行ができたのは、ナチ関係の者か、政府の委託を受けた者だけだったからである。この件をボンヘッファーはまたしばしば耳にしてもいた。ボンヘッファーは1942年5月17日、バルトに宛ててこう書き送っている。

Lieber Herr Professor!
Verzeihen Sie bitte, wenn das, was ich nun schreibe, Unsinn und nicht der Rede wert ist. Aber fragen muß ich nun doch, weil mir die Sache zu sehr nachgeht: Als ich in der vorigen Woche in Zürich zum ersten Mal hörte, mein Aufenthalt hier sei Ihnen > wegen der Aufträge unheimlich <, habe ich einfach gelacht. […] Nun höre ich dasselbe bereits zum zweiten Mal hier in Genf, und nachdem ich es mir ein paar Tage lang überlegt habe, möchte ich Ihnen das einfach sagen. […] In

einer Zeit, in der so vieles einfach auf persönlichem Vertrauen stehen muß, ist ja alles vorbei, wenn Mißtrauen aufkommt.

et.² wertjm. nachgehen「〜の価値がある」, jm. nachgehen「（〜が）心にこびりついて離れない」, sei：接続法Ⅰ式（間接話法，<sein）

敬愛なる教授へ

私が今、書こうとしていることが無意味で話に値しないとすれば、どうぞお許し下さい。しかし、事態が私の念頭から離れず、どうしても先生にお聞きしたいのです。先週、私はチューリヒで始めて耳にしたのですが、私がスイスに滞在していることが先生にとって「そんな勤めは不気味だ」とのことなんですね。それを聞いた時、私はただ笑ってしまいました。しかし同じことをここジュネーヴでまた聞きました。私はこのことについて数日、考えてみました。その結果、申し上げたいことはただ次のことです。それは、多くの事柄が、人と人の信頼の上に成り立っている時、もしそこに不信が入り込んで来たとすれば、すべてが終わってしまうということです。

ボンヘッファーの手紙：
ボンヘッファーがカール・バルトに送った手紙（1942年5月17日）[23]

第3章　ボンヘッファー　167

この手紙に対する返答は非常に積極的なもので、ボンヘッファーは実際バルトを再び訪ねることができたのである。

　ボンヘッファーは常々、自分が逮捕されることを予期はしていた。いよいよスパイ行為が発覚した1943年4月5日、ゲシュタポは彼を逮捕した⁽²⁴⁾。同時に、ゲシュタポはハンス・ドナーニーと彼の妻（ボンヘッファーの姉クリスティーネ）も逮捕した。ボンヘッファーにとって刑務所での最初の時期は大変厳しいものであった。彼は汚れた独房に隔離され、誰一人、彼とことばを交わす者はいなかった。両親から彼に10日おきに手紙が届き、その返事を書くことはボンヘッファーに許されていた。週に一度、下着が送られ、その小包の中には食料品・書籍が入っていた（両親と婚約者マリア以外には、誰にも手紙を書くことがボンヘッファーには許されていなかった）。

　ボンヘッファーが晩年を過ごした獄中で⁽²⁵⁾、彼が非常に悩んでいたのは仲間のことであった。獄にいる仲間のこともあるが、例えば具体的には、彼の弟子であり最大の理解者ベートゲ（Eberhard Bethge）⁽²⁶⁾についてである⁽²⁷⁾。ベートゲは家族と離れて兵士としてイタリアにいた⁽²⁸⁾。ボンヘッファーはベートゲに次のような想いを書き送っている：「この危機に満ちた日々、君の家族への気持ちは特に強いだろう。（…）私たちの心から何時も離れない私たちの願いは、私たちがすべきこと、またできることから簡単に私たちの目をそらせてしまう。今ある課題をなし遂げるために心を集中するとき、私たちは自分の願いことを一時、忘れている。このことは、むしろ私たちをより豊かにする。多くの叶えられない願いがあるとしても、私たちの人生は充実したものとなる」。ボンヘッファーが自らの立ち位置を省

みた折の心情を語った次のような一節がある。

Sind wir noch brauchbar?
Wir sind stumme Zeugen böser Taten gewesen, wir sind mit vielen Wassern gewaschen, wir haben die Künste der Verstellung und der mehrdeutigen Rede gelernt, wir sind durch Erfahrung mißtrauisch gegen die Menschen geworden und mußten ihnen die Wahrheit und das freie Wort oft schuldig bleiben, wir sind durch unerträgliche Konflikte mürbe oder vielleicht sogar zynisch geworden - sind wir noch brauchbar?

mürbe「くたくたになった・戦意を失った」, zynisch「ひねくれた・皮肉な見方をする」
私たちはこれでもまだ必要とされている存在なのだろうか？
私たちは蛮行の無言の証人であった。私たちは老獪な人間になってしまった。私たちは自分を偽る術と、いかようにも解釈できる言葉を身につけてしまった。私たちは経験を積むことにより人間不信に陥ってしまった。そして何度も真実と本心を語る責任を負っていた。私たちは対立をじっと抑えておくことができず、身をすり減らし、いや、ひょっとするとシニカルにすらなってしまった。私たちは、これでもまだ必要とされている存在なのだろうか。

　こうした状況にありながらも、ボンヘッファーは獄中で看守らと友人になり、そのためいくらか便宜をはかってもらうことがあった。まだ一般に知られていない情報を彼は知っていた。とりわけ、イギリスの放送を聞くことができたことは大きかっ

た。1944年初夏、彼はとても希望に満ちていた。と言うのも、ヒトラー暗殺計画がまもなく実行されることを彼は知ったからである。例えば兄のクラウス（以前から抵抗運動に従事）のことをこう記している（1944年7月16日）：「私は彼（クラウス）が希望をもっていることを知ってとても嬉しい。クラウスは長い間、非常に落ち込んでいた。私は今、クラウスの心をあんなにも重くしていたすべてのことが再び正常になると思っている。私はこのことを彼と家族みなのために心から望んでいる」。また、その1週間前にはベートゲに以下のように書き記している：「おそらく実際は誰も知らないことだけど、これまでのようにしばしば手紙を書く必要はなくなるかもしれないし、また私たちは想像していたよりも早く再会できるかもしれない」。それだけに、1944年7月20日、暗殺計画が失敗に終わったという知らせを受けたときのボンヘッファーのショックは大きかった。彼は、自らが生き延びるチャンスは少なくなったことを悟ったのである。(32)不幸なことが始まった。クラウスと義兄リュディガー・シュライヒャー(33)が逮捕され、その直後にボンヘッファーはゲシュタポの悪名高い刑務所（プリンツ・アルブレヒト通り）に移された。抵抗運動の同士ハンス・ドナーニーもしばらくの間いた場所である。またベートゲも敗戦の6カ月前イタリアで逮捕され、クラウスやシュライヒャーが服役していたレールター通りの刑務所に入れられた。1945年2月2日、クラウス・ボンヘッファーとリュディガー・シュライヒャーはついに死刑の判決を受けた。この日のことをベートゲが次のように記している：「リュディガー・シュライヒャーが私に気付いたとき、私はことの大きさに圧倒され、どうしてよいかわからなかった。しかし彼は私の方に親しく目を配り、温かく笑っていた。私はすっ

かり心が乱れてしまった。一方、クラウスは私の方を向いて挨拶をし、急に直立の姿勢をとった。きっと、こういう事態のときに人はどう行動すべきか私に示すためだったのだ」。同年4月23日、クラウス・ボンヘッファーとリュディガー・シュライヒャーはゲシュタポによって銃殺された。片や、ドナーニーは、ナチスの尋問に応じる力を無くすために、彼の妻に赤痢菌を送るように頼んでいた。尋問で苦しむより、病気が進行することによって、場合によっては死に至る道を彼は選んだのである⁽³⁴⁾。結局、彼は4月9日、ザクセンハウゼン強制収容所で処刑された。

プリンツ・アルブレヒト通りの刑務所に移されてからは、ボンヘッファーから家族への知らせはほとんどなくなった。3通の手紙のやりとりだけがこの時期、認められる。最後のは1945年1月17日の日付のものであった。ボンヘッファーは、家族の非常に困難な状況に鑑み、家族に、彼が何ら絶望していないこと、むしろ心に備えがあり、信仰を通して、自分にどんなことが起こっても耐えられるだけの力があることを示そうとした。彼の心境と綴る詩が次のものである。

Wer bin ich?

Wer bin ich? Sie sagen mir oft,
　ich träte aus meiner Zelle
　gelassen und heiter und fest
　wie ein Gutsherr aus seinem Schloß.

Wer bin ich? Sie sagen mir oft,
　ich spräche mit meinen Bewachern

frei und freundlich und klar,
als hätte ich zu gebieten.

Wer bin ich? Sie sagen mir auch,
ich trüge die Tage des Unglücks
gleichmütig lächelnd und stolz,
wie einer, der Siegen gewohnt ist.

Bin ich das wirklich,
was andere von mir sagen?
Oder bin ich nur das,
was ich selbst von mir weiß?
Unruhig, sehnsüchtig, krank,
wie ein Vogel im Käfig,
ringend nach Lebensatem,
als würgte mir einer die Kehle,
hungernd nach Farben,
nach Blumen, nach Vogelstimmen,
dürstend nach Worten,
nach menschlicher Nähe,
zitternd vor Zorn über Willkür
und kleinlichste Kränkung,
umgetrieben vom Warten
auf große Dinge,
ohnmächtig bangend um Freunde
in endloser Ferne,
müde und leer zum Beten, zum Denken,

zum Schaffen,
matt und breit, von allem Abschied
zu nehmen?

Wer bin ich? Der oder jener?
Bin ich heute dieser und morgen
ein andrer?
Bin ich beides zugleich?
Vor Menschen ein Heuchler
und vor mir selbst ein verächtlich
wehleidiger Schwächling?
Oder gleicht, was in mir noch ist,
dem geschlagenen Heer,
das in Unordnung weicht
vor schon gewonnenem Sieg?

Wer bin ich?
Einsames Fragen treibt mit mir Spott,
Wer ich auch bin, Du kennst mich,
Dein bin ich, o Gott!

> träte < treten (「歩む」の接続法Ⅱ式。Ⅰ式だと直説法と同形のためⅡ式が用いられている。間接話法の用法。以下 spräche < sprechen, trüge < tragen も同様), Zelle「(囚人の) 独居房」, gelassen「沈着冷静な」, Gutsherr「地主・農場主」, als hätte (< haben, 接続法Ⅱ式)：als ob 〜 接続法Ⅱ式の動詞 (文末) で「あたかも〜のように」の意であるが、ここではobが省略され動

詞がalsの直後に置かれたケース, gebieten「命じる（雅語）」, gewohnt「～に慣れている」(et.⁴ gewohnt sein), das：関係文（was以下）を受けている, ringen「奮闘する」, würgen「締める」（上のals hätteと同様「あたかも～のように」の意）mir：所有の3格（Kehle「喉」のかかる）, einer「誰かが（1格）」, hungern, dürsten「飢える・喉の渇きを覚える」, kleinlichste：最上級（絶対的な用法「極めて～」）, umgetrieben < umtreiben「駆り立てる」, auf ～ warten：「～を待つ」, um jn.（et.⁴）bangen「（～のことを）心配する」, von jm, Abschied nehmen「～に別れを告げる」, Heuchler「偽善者」, wehleidig「哀れっぽい」, gleichen「～と同様である」, weichen「退く」, geschlagen「打ち負かされた、< schlagen」, mit jm. Spott treiben「～をあざける」, wer auch「誰であろうと」

私はいったい何者なのか。
落ち着いて朗らかに、
しっかりした足どりで、
領主が自分の城から出てくるように、
私が独房から出てくる、と人は言うだろうが。

私はいったい何者なのか。
自由に、親しげに、はっきりと
命令しているのが、私の方であるかのように、
私が看守たちと話している、と人は言うのだが。

私はいったい何者なのか。
平然と微笑み、そして誇らしげに、
あたかも勝利に慣れた者のように、

不幸の日々に耐えている、と人は言うのだが。

私は本当に他の人々が
言っているような者なのだろうか。
それとも、私は、自身がよく知っている
だけの者にすぎないのだろうか。
かごの中の鳥のように、
落ち着きをなくし、あこがれて、病み、
喉を絞められたかのように、
生命の息吹を手に入れようと苦しみ、
色彩や花や鳥のさえずりに飢え、
やさしい言葉、人間的な温かさを渇望し、
恣意や些細な侮辱にも怒りのために体を震わせ、
大事件の到来を待ちわび、
はるか彼方の友のことを憂えるあまり力尽き、
祈りにも思索にも働きにも疲れ果てて空しく、
気弱に、あらゆるものに別れを告げることを願う。

私はいったい何者なのか、あれか、これか。
今日はこの人間で、明日は別の人間なのか。
私は同時に両方なのか、人々の前では偽善者で。
自分自身の前では、軽蔑すべき哀れな弱虫なのか。
それとも、私の中にあるには、
すでに勝敗を決した戦いから、
算を乱して敗走する軍隊に比べられるものだろうか。

私はいったい何者なのか。
この孤独な問いに、私はもてあそばれる。

私が何者であるにせよ、あなたが私を知っていたもう。
　　おお神よ、私はあなたのものである。

　ボンヘッファーは、信仰によって、自らにどんなことが起こっても耐えられるという心情にあったことは確かである。上に挙げたドナーニーの赤痢菌の一件にしても、意識的であれ無意識的であれ、殉教の精神に似た心境であったのではなかろうか。実際こうした次元は、人間の自然な感情を超えたもので、十字架の罪の赦しを知らなければ、自分を迫害する者のために罪の赦しを祈ることはできない。すなわち、赦しの恩寵・恵みは、人間からではなく、神がイエスを通して与える聖霊の働きによる以外にはない。これは祈りなくしては生まれない。
　愛敵（敵を愛すること）は聖霊から来るものである。ボンヘッファーも祈りを通して、深い煩悩と検討の果てに苦渋の決断をしたのである。決して彼は拙速にヒトラーの暗殺を支持したわけではない。ボンヘッファーの文脈には愛敵の思想が関わっていたことは間違いない。さて、敵を愛するためには、まずその敵を赦すことから始めなければならない。愛に先だって赦しが来るのである。相手の罪を赦すわけである。ここからしか敵への愛は生まれない。これは、イエスの十字架の罪の赦しによるほかはない。ゆえに、このような愛敵の思想は、神からの罪の赦しの恩寵・恵みに由来するものである。イエスのいう愛敵は「私たちが他者の罪を赦したように私たちの罪をもお赦し下さい」という「主の祈り」へとつながる。「マタイ」の「山上の垂訓」の教えは「主の祈り」が中心である。
　ヒトラー暗殺のためらいを見せなかったと伝えられる彼の思想を理解するためには、彼が敵を憎むことを重視したのではな

く、敵を愛することを真剣に考え抜いた人物であることが大切である。この苦悩と煩悩こそが、ボンヘッファーを独自の思想家・キリスト者にしていったと言ってもいいであろう。この愛敵の思想は、キリスト教の宗教的特徴の一つでもある。キリスト教の前史を担うユダヤ教はもとより、同時代の他の宗教にもこれだけ徹底した博愛主義的な教えは見られないほどである。そして、この教えはもちろんボンヘッファーにも強い影響を及ぼしている。ボンヘッファーは、イエスの愛敵の戒めが「政治上の敵であれ、宗教上の敵であれ」及ぶものであることを示唆し、また「異なる種類の敵の間に何らの相違も認めるものではない」ことを指摘している。

イエスは、自分自身のように隣人を愛せよという戒めを、心を尽くし力を尽くして主なる神を愛することと一体の戒めとしている。悪に対抗して相手に悪を行うのではなく、忍耐して付き合い、真理をもって説きなさい、すなわち、愛に暴力はないので、相手に合わせ、過ちから出て来るようにしてあげなさい、という教えである。「左の頬をも向けよ」という一見消極的な無抵抗の姿勢の背後に、誰に対しても溢れるように与えてやまない積極的な恩恵の世界の生き方があることが示されている。

繰り返しになるが、キリスト教のこの「愛敵」の教えをボンヘッファーはとても重視したのである。今日、ボンヘッファーはナチスへの抵抗者として記憶されているが、彼のその行動を支えたのは敵への憎しみではなく「愛」であったのである。当時、罪もない人びとが日々、大量に殺害されるときに、彼はキリスト者としての実践を決断している。つまり、状況に応じて（例えば、ユダヤ人問題を目の当たりにして）、危機に曝されている者や抑圧されている者を救い出すことこそが愛の行為である

という考え方である⁽³⁷⁾。ボンヘッファーの生きた時代は人類史上でも稀に見るほどの大殺戮が展開する時代であった。その中で迎合も沈黙も拒否し、キリスト者として生きることを選んだボンヘッファーの思想は私たちにとって永遠の倫理的課題であると言っても過言ではない⁽³⁸⁾。

☞ コラム

＜アメリカを代表する神学者＞

ニーバー, R.
(Reinhold Niebuhr, 1892-1971)

R. ニーバー Reinhold Niebuhr（1892-1971）が弟の Helmut Richard Niebuhr（1894-1962）と共に、アメリカのキリスト教学に及ぼしてきた影響は大きい。時代は、20世紀初めの経済危機、ファシズムとの戦い、ソ連との冷戦といった激動期であった。彼らはそれぞれユニオン神学校（ニューヨーク）・イェール大学神学部で精力的に仕事を行った。二人は、ドイツから移住した牧師のグスタフ・ニーバーと妻リディア・ホスコ・ニーバーの息子としてミズーリ州ライトシティで生まれた⁽³⁹⁾。

【注】

(1) ボンヘッファーの場合、どうして牧師が暗殺をという問いに対し、場合によっては、贖罪をアブラハムとイサクの構図に持ち込み、つまり、

神はイエスを殺すほどの残虐性・陰惨性を持ち合わせているので、よっ
　　て状況に応じて人が他者を殺害する可能性も否定しきれないという議
　　論も一つの可能性として提案されることがある。
(2) ボンヘッファーは、インドに出かけ非暴力抵抗運動について学びたい
　　という強い願いがあった（実際、マハトマ・ガンジーと会う約束を取
　　り付けてもいた）。ドイツの状況をよく理解するためにいいと祖母に
　　薦められてさえいた。
(3) 複数2格でLastにかかる。
(4) bis an den höchsten Rand：類例として bis zum Rand gefüllt sein「（グ
　　ラスなど）縁ぎりぎりまで一杯である」
(5) et.^{2} gedenken「～を想起する」
(6) 「讃美歌21」の469番に収められている。
(7) ボンヘッファーの家族（医者の父、法律家の兄弟たち）は総じて宗教
　　批判的・無宗教的だったと言われることがある。ボンヘッファー自身、
　　宗教は衰退（死滅とまでは言わないまでも）の渦中にあると確信して
　　いたという。
(8) バルトは手紙で、ドイツに留まるようしきりに説得している。
(9) キリスト教精神に則り政治の動向を注視している姿勢であるが、後に
　　ナチスが教会の問題にまで口を出すようになってくる。
(10) 橋本（2008:162）：「当時のナチズムに代表される世に対する神学的な
　　いし政治的『否』」。
(11) 橋本（2008:157-158）
(12) ihr：「この世 die Welt」の3格。4語あとのihrも同じ。
(13) 山﨑（2003:110, 111-115, 120-121, 125-129）
(14) 山﨑（2003:116）：「ボンヘッファーが用いたこの世概念の内包が、そ
　　れぞれの時期によって異なっている」。後の時期にはボンヘッファー
　　の姿勢が変わることが示唆されている。
(15) 橋本（2008:168）
(16) 橋本（2008:163-164）：「キリストの教会は今なお悪しき世からの苦し
　　みを受けること必至の道を歩んでいる。そのような悪しき世の力の前
　　に打たれる教会の状況に、ボンヘッファーは、なおキリストの現実
　　性にこそ信頼性を見出し、悪しき世が既に克服されているというこ
　　と、そして未だ残る世の力は影でしかなく、現今、世から受ける教
　　会の苦難はキリストから教会に託された苦難の残りであるというこ
　　とを語る」。あるいは、Es ist die Gestalt Christi selbst, der in die Welt
　　kam und die Menschen in unendlicher Barmherzigkeit trug und annahm
　　und sich doch der Welt nicht gleichstellte, sondern von ihr verworfen

und ausgestoßen wurde. Er war nicht von dieser Welt. In der rechten Begegnung mit der Welt wird die sichtbare Gemeinde der Gestalt des leidenden Herrn immer ähnlicher werden.「キリストは、世に来たり給うて、限りない憐れみにおいて人間を担い、受け入れ、しかも世に同調しないで、世から捨てられ、追放され給うたキリストご自身のかたちなのである。キリストは、世からのものではあり給わなかった。世との正しい出会いにおいてこそ教会は苦難の主のかたちに絶えず似るようになるであろう」。『服従』(S.263)

(17) Die Welt und das Fleisch sind tot, [...] sie sind mit Christus am Kreuz gekreuzigt und gestorben. [...] die Sünde kann nicht mehr herrschen, weil ihre Königsgewalt schon gebrochen ist.「世と罪は [...] 十字架につけられて死に渡され、罪の王としての力は既に破壊されている」『服従』(S.279)。あるいは、Wiewohl Jesus Christus alles versöhnende, stellvertretende Leiden erfüllt hat, sind doch seineLeiden auf dieser Erde noch nicht zu Ende. Er hat in seiner Gnadefür diese letzte Zeit bis zur Wiederkunft seiner Gemeinde einen Rest von Leiden zurückgelassen, die noch erfüllt sein wollen.「イエス・キリストが贖罪と代理の苦難をすべて成就し給うたにもかかわらず、この地上におけるキリストの苦難はまだ終わっていない。キリストはその恵みのうちに、再臨に至るこの最後の時のために、さらに成就せられるべき苦難の残りを教会に遣わし給うたのである」『服従』(S.236)

(18) 橋本（2008:163）

(19) 橋本（2008:163-164）

(20) ナチ政権に対抗する、政治的・教会的課題と並んで、ボンヘッファーにとって神学的な作業が重要であった。彼は『倫理』の著作活動に取り組み始めた。彼はこの書を通して、政治的・教会的領域における責任の問題と向き合ったのである。ボンヘッファーは1938年、ベルリン滞在禁止令を受けてはいたが、ベルリンの家で『倫理』の執筆に当たっていた（両親の家には、兄弟で唯一結婚していないボンヘッファーのために部屋が確保されていたのである）。『倫理』を書くためにボンヘッファーはまた比較的長い期間バイエルン州のエッタール修道院で過ごし、さらに再三、短い静かな時間をポンメルン（知人ルツ・フォン・クライストーレッオーの家）で過ごした。

(21) Ethik『倫理』(S.343)

(22) 宮田（1995:77-113）

(23) Quelle: Bildbiografie Dietrich Bonhoeffer. Bilder aus seinem Leben, herausgegeben von Eberhard Bethge, Renate Bethge und Christian

Gremmels, © Gütersloher Verlagshaus GmbH, Gütersloh 2005

(24) ボンヘッファーがナチスにより絞首刑にされるのは、2年間にわたる逮捕のあと、1945年の戦争終結の数週間前のこと（フロッセンビュルクの強制収容所において）であった。

(25) 『獄中書簡集』を通して、ボンヘッファーの名前はドイツの神学者・教会に既に知られていたが、さらに世界中（ヨーロッパ・南北アメリカ・アジア等）に広まって行った。『獄中書簡集』の読者は、自らの確信に迷うことなく立ち、知っていながら、命の危険を冒した一人の人間に出会うのである。ボンヘッファーは確信をもって脅威に向かって行った。彼は不義を見たとき、献身的にそれに関わるのである。ボンヘッファーの信仰は自らに、試練と重荷を担っていく力と冷静さを与えたのである。

(26) 1934年4月ボンヘッファーはロンドンのドイツ人教会から戻り、告白教会による非合法の牧師養成所（後にフィンケンヴァルデに移る）の所長となった（この牧師養成所は1937年9月ゲシュタポにより閉鎖されることになる）。ボンヘッファーはフィンケンヴァルデ牧師研修所での研修セミナーで若い神学生（ベートゲ等）に実に大きな影響を与えた。共同の生活についてボンヘッファーが考えていたこと（自明で単純ながら忘れられやすい共同生活の規則）が『共に生きる生活』（gemeinsames Leben）の中にまとめられている。なお、1939年〜1945年の間に、兵役に服していた多くの牧師補（若い神学者）たちが命を落としていった。

(27) ベートゲはフィンケンヴァルデ牧師研修所の第一期研修生であった。師弟の関係を超えるような特別な友情がボンヘッファーとベートゲの間にはあった。ベートゲ以外の親しい友人としてはフランツ・ヒルデブラントがいる。彼はユダヤ人のお母さんと、ボンヘッファーの家族の援助を得てイギリスに亡命した。

(28) ボンヘッファーにとって、かつて訪れたローマはカトリック教会との出会いという意味でとても重要であった。当時のベルリンにおいてカトリック教会の果たす役割は大きくなかったと述懐している。

(29) mit allen Wassern gewaschen sein「すれっからしである・海千山千である」

(30) et.[4] schuldig「（〜を果たす）義務がある」

(31) 暗号を通じて家族と理解し合うことがあったともされている。

(32) それでも彼は翌日（7月21日）の手紙でベートゲに、感謝と平安のうちに過去と現在のことを考えていると書いている。

(33) ボンヘッファーは、バルセロナ（スペイン）で牧師補としての勤めを

していた時、義兄リュディガー・シュライヒャーに、牛にとどめを刺す主役の闘牛士（マタドール）の絵葉書を送ったことがある。この図柄は、後にヒトラー暗殺を企てる彼らの計画を象徴しているように思われてならない。
(34) 彼の妻は彼を救うことができなかった。
(35) ナチスの時代に愛敵の思想は成り立ち得るのか、あるいは妥当なのか、妥当だとしても、ボンヘッファーの行動原理に合致するのかという疑問が生じる。根本的に、そもそも戦争は人間のしわざであり、神の御心であるはずがなく、生命を破壊する戦争を人間が止めなければならないという発想のもと、緊急の事態に立ち向かおうとしたのだと考えられる。
(36) 山﨑（2003:20）：「敵を愛せというのです。ボンヘッファーの行動倫理は、例外を許さない徹底した絶対的・究極的な倫理と言えます。非暴力的であり平和主義的である『愛敵の思想』に則った行動倫理です」。
(37) Bonhoeffer（1998a:253）：„die durch kein Gesetz mehr zu regelnde, außerordentliche Situation letzter Notwendigkeiten."
(38) 本章で見てきたボンヘッファーのことばは、シンプルなものではあるが、このような過酷な時代の中で発せられた、命懸けの思索の証なのである。
(39) グラーフ（2014:320-324）

第4章
ガレン神父
―― カトリックの立場から ――

　カトリックのクレメンス・アウグスト・フォン・ガレン神父（1878-1946）は、国家社会主義（ナチス）のイデオロギーと体制に対する不屈の戦いをしたことで知られている。もっとも、その他の少なからぬ司教たちもさまざまな機会に個人としてナチスの考えとカトリックの信仰が両立しないことを表明してはいた。しかし何よりガレン神父はあらゆる命は生きるに値するものと深く確信していたのである。ヒトラー自身、カトリック信者で、生涯、教会税を払い続けていたと言われている。キリスト教にかなり批判的な側面も見せるが、それでも例えば演説などでも「神」を多用している。また、ユダヤ人を宗教的に嫌っていたのではなく、人種として嫌悪しており、宗教としてのユダヤ教に特別な感情は抱いていなかったという。ドイツでは、カトリック教会が政治的な活動（カトリック政党の「ドイツ中央党」など）を控える代わりに、宗教的な活動において政府の保護を受けることとなった。(1)ただし、ナチスの勢力が増すとカトリック側の宗教的な活動が迫害されるようになったのは事実である。(2)

　いずれにせよ、ヒトラーは政権を握ると、カトリック・プロテスタントを問わず、主流派教会組織はナチスと妥協することでその存在を保持しようとしていたと言える。特にプロテスタ

ント側は元来プロイセン支持の保守派が多く、大部分がナチスに忠誠を誓った。基本的に教会は、ワイマール政権への反感などから当初ヒトラーに好意的ですらあった。

クレメンス・アウグスト・フォン・ガレン神父 (Galen, Clemens August Graf von, 1878-1946)

　ガレン神父は、1878年3月16日にミュンスター近郊で生まれた。父は第二帝国時代、中央党の議員、フェルディナンド・ヘルベルト・フォン・ガレンで、母はシュペー伯爵エリザベトである（13人兄弟の下から2番目）。スイスのフライブルグ、オーストリアのインスブルック、ドイツのミュンスター（ヴェストファーレン州）で勉強し、1904年3月28日、26歳で司祭に叙階される。司祭としての最初の2年間は、ミュンスターの補佐司教であった叔父のマクシミリアン・ゲレオン・フォン・ガレン伯の秘書司祭として働いた。そこからベルリン（シューンベルク）に移り、ここで1906年から1929年まで聖マティア教会の主任司祭を勤める（1911年から1919年の間は、聖クレメンス・マリア・ホフバウアー教会の主任司祭）。この間、ガレン神父の司牧活動の重要な部分が社会問題に向けられたのであった。第一次世界大戦の結果、貧困に苦しむ人々への食料配布、貧者のための募

金、老人ホームの建設、破壊された教会の修築のための基金の設立などである。1929年に聖ランベルティ教会の主任司祭としてミュンスターに戻った。

1933年9月5日、ミュンスター司教に任命される。2003年、バチカン公文書館に所蔵されている1939年までの資料からすると、ガレン神父は満場一致で司教に選出されたことがわかる。司教の銘として「賞賛も気にせず非難も恐れずnec laudibus nec timore」を選んだ。後にこう説明している：「世間の賞賛や非難を気にかけて行動するべきではない。そうではなくて、神への賛美が我々の栄光であり、神への聖なる畏れに生きることが我々の常の望みになるべきである」。

ガレン神父は、ドイツだけでなく世界中で、ナチの体制に真っ向から反対してことでよく知られている。神父は、ナチズムのイデオロギーがいかに危険かを最も鮮明に暴き、その暴力的手段を毅然として非難した人の一人である：「自由な人間の心の最も深いところにある神殿、すなわち良心にまで入り込み、人を無理やり従わせようとすることは、人間を奴隷に貶め、最もひどい奴隷状態を作り上げる」。司教として最初に出した司牧書簡においてすでにナチのイデオロギーを非難し、このナチのイデオロギーが一種の宗教であることを暴いている：「（ナチズムは）忌まわしい全体主義の新しい思想である。それは道徳よりも人種を、法よりも血を重要視し、[…] キリスト教の土台を破壊しようとする。[…] それは仮面を被った宗教である。我々が今、対面しているこのキリスト教に対する攻撃は、その破壊的な暴力において、教会の歴史の中で我々が遭遇したすべての他の攻撃よりもひどいものである」。

ガレン神父はミサの1説教で次のように語ったことがある。

Andächtige Christen!
In dem am 6. 7. in allen Kirchen Deutschlands verlesenen Hirtenbrief der deutschen Bischöfe heißt es u.a.: <Gewiß gibt es nach der katholischen Sittenlehre positive Gebote, die nicht mehr verpflichten, wenn ihre Erfüllung mit allzu großen Schwierigkeiten verbunden ist. Es gibt aber auch heilige Gewissensverpflichtungen, von denen uns niemand befreien kann, und die wir erfüllen müssen, koste es uns selbst das Leben: Nie, unter keinen Umständen darf der Mensch außerhalb des Krieges und der gerechten Notwehr einen Unschuldigen töten!>

Hirtenbrief「司教教書（司教の牧書）」, u.a. = unter anderem「とりわけ」, Gebot「（宗教的な）戒律・律法（例：隣人愛など）」, uns niemand「uns（我々を、4格), niemand（誰も〜ない、1格）」, unter keinen Umständen「決して〜ない」, Notwehr「正当防衛」。

敬虔なキリスト者の皆さん！
7月6日にドイツの全教会で読み上げられたドイツ司教団教書には、とりわけこう書かれています。
「カトリックの倫理学によれば、戒律を守ることがあまりにも大きな困難を伴う場合には、もはや守ることを義務づけない実際的な戒律が存在する。確かにそうではあるが、何人もわれわれに免れさせることができず、また、われわれ自身の命にかけても守らなければならない、神聖な良心の義務も存在する。決して、いかなる場合にも、人は戦争と正当防衛以外では、罪なき者を殺してはならない！[3]」

「殺してはならない」、この神の戒めは、私たちにも「モーセの十戒」の一つとしてよく知られ、神によって示された信仰の具体的な実践例である。ガレン神父のことばに次のようなものがある。

<Du sollst nicht töten!> Gott hat dieses Gebot in das Gewissen der Menschen eingeschrieben, längst ehe ein Strafgesetzbuch den Mord mit Strafe bedrohte, längst ehe ein Staatsanwalt und Gericht den Mord verfolgte und ahndete. Kain, der seinen Bruder Abel erschlug, war ein Mörder, lange bevor es Staaten und Gerichte gab. Und er bekannte gedrängt von der Anklage seines Gewissens: <Größer ist meine Missetat, als daß ich Verzeihung finden könnte. Jeder, der mich findet, wird mich, den Mörder, töten!>

<Du sollst nicht töten!> Dieses Gebot Gottes, des einzigen Herrn, der das Recht hat, über Leben und Tod zu befinden, war von Anfang an in die Herzen der Menschen geschrieben, längst bevor Gott den Kindern Israels am Berge Sinai sein Sittengesetz mit jenen lapidaren, in Stein gehauenen kurzen Sätzen verkündet hat, die uns in der Hl. Schrift aufgezeichnet sind.

> längst ehe「～するずっと前に」, ahnden「罰する」, erschlug < erschlagen「撃ち殺す」, bekannte < bekennen「認める・告白する」, gedrängt < drängen「駆り立てる・苦しめる」, befinden「認める」, von Anfang an「最初から」, Sittengesetz「道徳法（律）」, lapidar「簡潔な・力強い」, gehauen < hauen「彫刻する」, uns「私たちに（3格）」, Hl. Schrift = Heiligen Schrift「聖書」

神は「殺してはならない」という戒めを、刑法が殺人に処罰で
掣肘(せいちゅう)を加えるずっと以前に、検察官と裁判官が殺人を追及し
て罰するずっと以前に、人間の良心に書き込んだのです。弟の
アベルを打ち殺したカインは、国家や裁判所が存在するはるか
以前に殺人者になりました。そして彼は良心の訴えに強いられ
て、こう告白したのです：「私の罪は重すぎて負いきれません。
私に出会う者は誰であれ、殺人者である私を殺すでしょう！」。
「殺してはならない！」生と死について決定権をお持ちの唯一
の主である神のこの戒めは、神がイスラエルの子らにシナイ山
で、その道徳律を石に刻まれたあの力強く短い文で告げられる
ずっと以前に、人間の心の中に初めから書き込まれていたので
す（その文はわれわれのために聖書に書き留められています[(5)]）。

キリスト教に限らず、人が一般的にもっている道徳律にした
がって、誰もが殺人は悪であるということを直感するものだと
概して考えられるが、しかしながらただ、いつの時代にも、ど
の文化圏においても、次の引用の中に見られるような優生思想
は現われ得るということを心に留めておかなければならない。

Hast Du, habe ich nur solange ein Recht zu leben, solange wir
produzieren, solange wir von andern als produktiv anerkannt
werden?
Wenn man den Grundsatz aufstellt und anwendet, daß man
den unproduktiven Menschen töten darf, dann wehe uns allen,
wenn wir altersschwach werden! Wenn man die unproduktiven
Mitmenschen töten darf, dann wehe den Invaliden, die
im Produktionsprozeß ihre Kraft, ihre gesunden Knochen

eingesetzt, geopfert und eingebüßt haben! Wenn man die unproduktiven Menschen gewaltsam beseitigen darf, dann wehe unseren braven Soldaten, die als Schwerkriegsverletzte, als Krüppel, als Invaliden in die Heimat zurückkehren! Wenn einmal zugegeben wird, daß Menschen das Recht haben, unproduktive Mitmenschen zu töten, und es jetzt zunächst arme und wehrlose Geisteskranke trifft, dann ist grundsätzlich der Mord an allen unproduktiven Menschen, also an unheilbar Kranken, den arbeitsunfähigen Krüppeln, den Invaliden der Arbeit und des Krieges, dann ist der Mord an uns allen, wenn man alt und altersschwach und damit unproduktiv werden, freigegeben.

　hast du：habe ichと同格, Grundsatz「原則・主義」, wehen「大きな問題を引き起こす」（接続法Ⅰ式、間接話法）, altersschwach「老衰した（年齢により弱った）」, Mitmensch「仲間・隣人」, Invalide(r)「身体障害者」（形容詞的変化）, Knochen「骨・身体」, einbüßen「失う」, Krüppel「不具者」, zugeben「認める」（daß文の内容が）, wehrlos「無防備の・抵抗力のない」, Geisteskrank(r)「精神病患者」（形容詞的変化）, freigeben「統制を解く」

あなたは、私は、生産する間しか、他人に生産的であると認められる間しか、生きる権利がないのでしょうか。

もし非生産的な人を殺してもよいという原則を立ててその原則を行使すれば、われわれは皆、老いさらばえた時、悲惨です。非生産的な同胞を殺してよいのなら、生産過程で活力を、健康な手足を、使い、犠牲にし、失った廃疾者は悲惨です。もし非生産的な人を暴力的に片づけてよいのなら、重度の戦傷者、身体障害者、傷病者になって故郷に帰るわれわれの勇敢な兵士たちは悲惨です。

非生産的な同胞を殺す権利を人間がもち、それを今まず最初に哀れな抵抗できない精神病患者に適用することが一旦、認められれば、原則的に、あらゆる非生産的な人、それゆえ不治の病人、働けない身体障害者、労働や戦争による廃疾者に対する殺害は、われわれが老いさらばえて非生産的になった日のわれわれすべてに対する殺害は野放しになります。⁽⁶⁾

ガレン神父は事実関係を整理し確信をもって訴える（以下の引用を参照）。カトリックの立場から、命の尊さをないがしろにするナチスの態度に耐えられないのである。

Seit einigen Monaten hören wir Berichte, daß aus Heil- und Pflegeanstalten für Geisteskranke auf Anordnung von Berlin Pfleglinge, die schon länger krank sind und vielleicht unheilbar erscheinen, zwangsweise abgeführt werden. Regelmäßig erhalten dann die Angehörigen nach kurzer Zeit die Mitteilung, der Kranke sei verstorben, die Leiche sei verbrannt, die Asche könne abgeliefert werden, - Allgemein herrscht der an Sicherheit grenzende Verdacht, daß diese zahlreichen unerwarteten Todesfälle von Geistenkranken nicht von selbst eintreten, sondern absichtlich herbeigeführt werden, und daß man dabei jener Lehre folgt, die behauptet, man dürfe sogenanntes lebensunwertes Leben vernichten, also unschuldige Menschen töten, wenn man meint, ihr Leben sei für Volk und Staat nichts mehr wert. Eine Lehre, die furchtbar ist, die die Ermordung Unschuldiger rechtfertigen will, die die gewaltsame Tötung der nicht mehr arbeitsfähigen Invaliden,

Krüppel, unheilbar Kranken, Altersschwachen grundsätzlich freigibt.

heil-：< heilen「直す」, Anstalt「（公共の）施設」, Anordnung「命令・指図」, Pflegling「被保護者」, zwangsweise「無理やりに」, abführen「連れ去る」, angehörige(r)「親族・身内」（形容詞的変化）, sei, könne, dürfe：接続法Ⅰ式（間接話法）, an et.[4] grenzen「近い・似ている」, Verdacht「疑惑」（次に続く2つのdaß文を受ける）, nicht 〜 sondern -「〜ではなく―」, von selbst「自然に・ひとりでに」, herbeiführen「引き起こす・招く」, vernichten「なくす・殲滅する」, Lehre「教え」（次に続く3つのdie関係文の先行詞）, rechtfertigen「正当化する」, freigeben「自由にする・許す」

われわれは、2・3カ月来、精神病患者の病院兼養護施設から、すでに比較的長く患っていて治る見込みのなさそうな患者が、ベルリンからの指令により、強制的に連れ去られているという報告を聞いています。その後しばらくして家族は決まって、患者が死亡し遺体は焼却された、遺骨の引き渡しは可能という通知を受け取ります。―― 確信に近い疑惑が一般に流布しています。すなわち、精神病患者のこの予期せぬ多数の死亡例は自然に生じるのではなく、意図的に招来されるのではないかという疑念であり、しかもその背後には例の教説があるのではないかという疑念です。その教説は、いわゆる生きるに値しない生命は根絶してよい、したがって、その生命が民族と国家にとってもはや何の価値もないと思われる場合には罪のない人を殺しても構わない、と主張しています。この教説は恐ろしいもので、罪なき者の殺害を正当化しようとし、もはや働けない廃疾者、身体障害者、不治の病人、老衰者の暴力的な殺害を原則的に許すのであります。[7]

このように、ガレン神父は精神障害者たちを計画的に抹殺しようというナチスの政策に対し毅然と立ち向かい断固たる抗議を行なった。彼はまた説教を通じていわゆる「Aktion T7」(高齢者・精神薄弱者たちの抹殺を計画した政策)を強く批判した。ナチスが企てたこの政策に対して、ガレン神父はこれを殺人罪として刑事訴訟することさえ始めた。彼は正義を尊重することを要求し、人種や宗教の区別なしに、迫害を受けているすべての人々を擁護しようとした。ドイツ司教団の司牧書簡(1943年9月)も以下のように謳っている：「殺人はそれ自体、悪である。たとえそれが表面的には全体の善のために行なわれているように見えても、自分を守ることのできない無実の精神薄弱者、不治の病に冒されている病人、長くは生きられないと思える赤ん坊、無実の人質、戦争捕虜、囚人、人種の違い等いかなる理由であっても、殺人は罪である」。

　1941年7月初め、ミュンスターに連合軍による夜間空襲があった頃から、不穏な動きが起こり始めた。何の罪もない人たちが司法裁判や自己弁護の機会もなく重い刑に処せられたり、カトリックの関係者が国外追放の目に遭ったりした。ヒトラーたちは、法による治安を破壊し、法意識を失墜させ、国家の指揮に対する人々の信頼を失わせた。1941年7月12日、ナチ政権はついにカトリックの教会や関係団体の財産を差し押さえ、また修道士たちの逮捕に踏み切った。この知らせを受けたガレン神父は直ちにゲシュタポと対峙した。直後の説教(聖Lamberti教会)で、彼はナチスの無法な行動を弾劾し次のように訴えた。

Keiner von uns ist sicher, und mag er sich bewußt sein, der treueste, gewissenhafteste Staatsbürger zu sein, mag er sich völliger Schuldlosigkeit bewußt sein, daß er nicht eines Tages aus seiner Wohnung geholt, seiner Freiheit beraubt, in den […] Konzentrationslagern der GSTP[(11)] eingesperrt wird. […] Darum rufe ich laut, als deutscher Mann, als ehrenhafter Staatsbürger, als Vertreter der christlichen Religion, als katholischer Bischof: „Wir fordern Gerechtigkeit!"

　sich[3] et.[2] bewußt sein「意識している」, gewissenhaft「良心的な」（最上級）, jn. et.[2] berauben「〜の―を奪う」, Konzentrationslager「（特にナチの）強制収容所」, ein|sperren「投獄する・監禁する」, fordern「要求する」
　我々は誰であっても、いつ何時、国家の秘密警察によって、自宅で逮捕され自由を奪われ強制収容所に送られるかもわからない。自分が忠実で良心的な国民であると信じている者でさえ例外ではない。［…］私はドイツ人として、誇り高い国民として、キリスト教の代表として、カトリック司教として、声を大にして叫ぶ：「正義を踏みにじることは許されない」と。

　さらに別の説教ではガレン神父は「我々は他に並ぶもののない位ひどい、気が狂った殺戮を目にしている。［…］我々の生命を傲慢にも踏みつけて恥じない殺人鬼と、私は同じ国民であるとは思いたくない」とまで言い切っている[(12)]。
　これまでガレン神父について語られる時、彼はどうしてユダヤ問題に関しては直接の発言をしなかったのかという、やや批判的な声を聞くことがある[(13)]。蓋し、彼にとっては、ホロコースト（ユダヤ人の大量虐殺）へと至る序曲として障害者の強制的

第4章　ガレン神父　193

な安楽死があったのではないか。ガレン神父は他の宗教関係者に先んじてナチスの危険を察知し警鐘を鳴らし始めたとも言える。ナチス時代のドイツにおいて、ホロコーストの前に、20万人を超える障害者が殺されていたという歴史的事実があるわけである。

　そもそも、ナチスによるホロコーストについてはよく知られているのに、障害者の大量虐殺についてはあまり知られていない。障害者の安楽死計画は、本部が置かれていた住所(Tiergarten 4番地)に因んで「T4計画」と呼ばれていた。T4計画の内実とは、ドイツ各地の病院で生きるに値しないとされた精神障害者・知的障害者が殺人バスと呼ばれる灰色のバスで、ドイツ全土に6カ所あったとされる殺戮施設に運ばれ一酸化炭素ガスによって殺害されたというものである。当時のナチス政権を恐れ行動を起こせないでいた多くの国民とは別に、ガレン神父は他の教会関係者の誰よりも早く公の説教の場で反対の声を上げ始めた、「安楽死は殺戮である」と。一種の人種主義的政策でもあるこの考え方は、先述の通り、収容所でのユダヤ人殺害に受け継がれていくのである。

　ガレン神父の勇気ある行動によって（ユダヤ人の大量殺戮とは別の）歴史の闇に光が当てられることになったのである。すなわち、安楽死計画が単にヒトラー個人の意思だけで行われたものではないことは明らかであり、多くの医療関係者が実はこの計画に関与していたという事実を私たちは弥が上にも知らされる。最終的に1945年までの間に20万人を超える障害者が殺されることになった。T4計画（成人を対象）と並行して、先天性の障害のある子どもたちも5000人近く殺されていて、これには小児科医も関わっていたとされる。このようにヒトラーの

194　第Ⅱ部　現代の神学

意向だとは言え、現場で殺害を遂行したのは医師・看護師だったという事実が浮かび上がるわけである[20]。

　こうした時代に生きたガレン神父の言動は、自らのキリスト教的な信条と、人権を擁護したいという思いから発したものであった。カトリック界の日和見的態度の中で、自らの信念を貫いた抵抗運動家であった。一貫して、ナチスのイデオロギーが正当でないことを明確に表明し意義を唱え続けた人物である[21]。なお、本書の第2章で扱ったニーメラーについて、ガレン神父は深い敬意を示す次のような言葉を語っている。

Der Name eines evangelischen Mannes, der im Weltkrieg als deutscher Offizier und Unterseebootskommandant sein Leben für Deutschland eingesetzt hat und nachher als evangelischer Pfarrer auch in Münster gewirkt hat und der jetzt schon seit Jahren seiner Freiheit beraubt ist, ist euch allen bekannt, und wir haben alle die größte Hochachtung vor der Tapferkeit und dem Bekennermut dieses edlen Mannes.

　　für et.⁴ sein Leben einsetzen「〜のために命を賭ける」, jd. et.² berauben「〜の—を奪う」（状態受動で）, Bekenner < bekennen「告白する」（「告白教会 die Bekennende Kirche」の名称に用いられている）

　　第一次大戦ではドイツ士官として、またUボートの艦長としてドイツのために尽くし、それからは福音主義の牧師としてミュンスターで働き、数年前から自由を奪われている一人の牧師の名を皆は知っているだろう。われわれはこの高貴な人物の勇気と信仰の力を深く尊敬するものである。

☞ コラム

カルヴァン (Jean Calvin, 1509-1564)[22]

　カルヴァンは1509年、フランスのピカルディー州ノワイオンに生まれ、パリ大学で神学を、オルレアン大学で法学を学んだ。1533年頃に「突然の回心」によって改革派となっていたカルヴァンは、弾圧から逃れるためスイスのバーゼル（改革派）への亡命を余儀なくされた。彼はバーゼルで主著『キリスト教綱要』を執筆して改革派神学者としての名声を確立し、フランスへの帰国が認められた。フランスに残していた弟妹を呼びに戻る途中ジュネーヴに立ち寄った。

　ただ、カルヴァンの改革（ジュネーヴ）はあまりにも性急すぎたため、後にシュトラースブルク（ドイツの改革派帝国都市）に亡命し、その地でカルヴァンは自分の思いを果たした。[23]

　カルヴァンは、聖書に基づき神を絶対視し、すべては神の栄光のためにあると考えた。人間が救われるか滅びるかは人間の側の条件に一切、関係なく生前から決められているという彼の「予定説」はよく知られている。この考え方は、絶対的な神の主権の前で、自らがなぜ今ここに存在しているか説明できない人間の無力さを認めるところから始まっている。

　カルヴァンは勤労を奨励し物質的な幸福は神の恵みであると説いた。こうしたカルヴァンの思想は近代資本主義の発展を促し商工業の振興に努め、また彼は科学研究と芸術の重要性を説いたの

であった。(24)当時、フランス・イタリア・オランダ・スコットランドから宗教迫害を逃れるため多くの亡命者たちがスイスにやって来ており、これらの亡命者はカルヴァンを強く支持し、亡命者の中にはカルヴァンの教義を学んだ神学者や印刷工・物書きが多く、(25)宗教改革の思想の普及に大きく貢献した。

ユグノーと言われたフランスのカルヴァン派は旧教徒と対立して1562年から1598年までユグノー戦争を起こした。また、オランダ（ネーデルラント）のフランドル地方で毛織物工業が大いに発達したのもカルヴァン派の教えが商工業に真摯に取り組むことを高く評価したからに他ならない。

【注】

(1) カトリック教会は、確かに平和な世界を望み戦争を悪として非難してはいるものの、いかなる武力行使も認めないというわけではなく、正当防衛など条件付きの軍事行動は容認する立場である。
(2) 当初、多くのカトリック信者はヒトラーたちから距離をとり、彼らの全体主義的な要求に屈しようとしなかった。ヒトラーは霊的・宗教的存在に対しても自らの支配を要求した（シュタインバッハ1998:88）。
(3) シュタインバッハ（1998:131）
(4) 古代イスラエル民族をカナンの地を目指して救い出した「出エジプト」の指導者。
(5) シュタインバッハ（1998:135-136）
(6) シュタインバッハ（1998:134）
(7) シュタインバッハ（1998:131-132）
(8) 一時的ではあるが安楽死のプログラムが中止されることになった。
(9) Jetzt hier in Münster zum Abschluß einer Schreckenswoche schauriger Feindesangriffe, schuldlose Volksgenossen ohne Gerichtsurteil und Verteidigungsmöglichkeit in harte Strafe nehmen, unsere Ordensleute, unsere Brüder und Schwestern, […] aus dem Lande jagen! Sie zerstören die Rechtssicherheit, sie untergraben das Rechtsbewußtsein,

sie vernichten das Vertrauen auf unsere Staatsführung.（1941年7月13日の説教）

(10) 下の引用に続く個所は以下の通りである。「次のことは私にははっきりわかっている。同じことが私に今日なりいつの日にか起こるであろうことを。公の場で私はもはや発言することはできないであろうから今日、語ることにしたい。公然と警告したいのは、私の確固たる確信によるが、今のまま進めば、神のみ裁きを呼び起こし、我らの民族や祖国が災厄・破滅につながる事態に至るであろうことである」(Ich bin mir darüber klar: das kann auch heute, das kann auch eines Tages mir geschehen. Weil ich dann nicht mehr öffentlich sprechen kann, darum will ich heute öffentlich sprechen, will ich öffentlich warnen vor dem Weiterschreiten auf einem Wege, der nach meiner festen Überzeugung Gottes Strafgericht auf die Menschen herabruft und zu Unglück und Verderben für unser Volk und Vaterland führen muß.)

(11) 国家の秘密警察（Geheime Staatspolizei）のこと。

(12) 1946年2月18日、教皇ピウス12世はガレン神父を枢機卿の位に上げた。

(13) バチカンは（反共という立場から最初はナチスを支持していたが）ホロコーストに対しては、カトリックの聖職者のうち相当な数の人々がユダヤ人を救助するのに尽くした。

(14) NHK『ハートネットTV』(2015年)に、「それはホロコーストのリハーサルだった：T4作戦　障害者虐殺70年目の真実」という番組が放映された。つまり、大量殺戮のモデルとして機能したということである。

(15) 大里（1998:23-27）

(16) やがて中止命令が出たが、1年半という短い期間に約7万人の障害者が殺戮されることになった。

(17) ナチスが開設したガス室付きの収容所では、ユダヤ人だけでなくロマ族（ジプシー）も殺戮されたという。

(18) 当初、病院の医師や職員は患者を放置するよう促されていたという。

(19) https://www.ushmm.org/outreach/ja/article.php?ModuleId=10007683（2018年10月アクセス）

(20) 実際に安楽死計画を実行するには多くのドイツ人医師の協力が必要だった。どの患者を殺害するかを決めるのは医者の決定に基づいている。

(21) 『白バラ』のショル兄弟や彼の仲間たちがビラ配布活動など抵抗運動に乗り出すきっかけとなったのはガレン神父であった。

(22) 石川（2016:59）：『キリスト教綱要』第4篇第20章で、カルヴァンは

明確に「正当な戦争」があることを認めている。
(23) フランソワ1世の弾圧を避けてドイツに亡命していた改革派フランス人の教会を組織した（http://www.kaho.biz/swiss/h.html, 2018年10月アクセス）。
(24) http://www.myswitzerland.com/ja/two-reformers-zwingli-and-calvin.html（2018年10月アクセス）
(25) 長老派教会の創設者ジョン・ノックスなど。

第5章
カール・バルト
――「告白教会」の支柱――

　カール・バルト(1)（Karl Barth, 1886-1968(2)）はプロテスタントを代表する神学者であり、ボン大学教授〔スイス人〕である。彼は、ナチスの政策に従う諸教会に対して結成された「告白教会 bekennende Kirche」の理論的指導者であった。1934年はじめて、改革派・ルター派・合同教会派を併せた、聖書と信仰告白のみを基盤とする「ドイツ福音主義教会の告白教会」（die Bekennende Kirche der DEK）が成立し、ドイツ福音主義教会内にあってヒトラーの宗教政策に抵抗し「バルメン宣言」を発表したのであった。この宣言(3)（正式名：「ドイツ福音主義教会の現状に関する神学的宣言」(4)）は、20世紀ドイツ教会の指針となる教説であると同時に信仰証言とみなされている。信仰と教会の独立を守る闘争を続け、キリスト教界において、この告白教会が、ナチスに呼応した「ドイツ・キリスト者」を代表とするナチス追随者に激しく抵抗したわけである。確かに、牧師や信徒に多くの犠牲者を出しはしたが、それでもその精神は戦後のドイツ福音主義教会（1948年結成。Evangelische Kirche in Deutschland、略称EKD）に受け継がれていっている。1938年9月バルトはナチスに対する軍事的抵抗を呼びかける書簡を執筆したかどで非難を受けていたが、ただバルトを擁護しようとする者はこの時期、告白教会の中にほとんどいなくなってしまったい。ニー

メラー（第2章）も1937年7月以降、強制収容所に囚われの身になっていた。
(5)

　1909年、バルトは大学での勉強（ベルン・ベルリン・テュービンゲン・マールブルク）を終え、改革派教会（ジュネーブ）の副牧師に着任した。この2年後、ザーフェンヴィル Safenwil（アールガウ州、スイス北部）という街の牧師として毎日曜日の礼拝説教に取り組んだ。言わばバルトの神学的立場の形成期である（12年間）。この時期の思いを彼は次のように述べ語っている。
(6) (7) (8)

Ich bin […] immer stärker auf das spezifische Pfarrerproblem der Predigt gestoßen worden, suchte mich zurecht zu finden zwischen der Problematik des Menschenlebens auf der einen und dem Inhalt der Bibel auf der andern Seite.

　immer + 比較級:「だんだん〜」, sich⁴ zurecht|finden「行くべき道がわかる」, auf der einen：この後に Seite が省略されている。
　私は［…］ますます強く説教という牧師特有の問題に突き当たることになり、［…］一方では人間の生の問題、他方では『聖書』の内容というこの二つのものの間にあって、正しい道を見出そうと努めたのであった。
(9)

バルトはこうした『聖書』研究の原点から彼の神学を発展させ、歴史的な大著『ローマ書』でその成果を結実させる。ただ、彼自らが述べているように、説教という課題がバルトの根本にあった。
(10)
(11)

Ich habe mich an die Arbeit am Römerbrief gemacht, die anfänglich nur ein Versuch sein sollte, mich mit mir selbst zu

第5章　カール・バルト　201

verständigen.［…］Am besten verstehen Sie es dann, wenn Sie aus allem immer wieder den Pfarrer heraushören, mit seiner Frage : was heißt predigen? und wie kann man das?

　sich⁴ an et⁴ machen「〜に取りかかる」, sich⁴ mit jm. verständigen「意志を疎通させる・了解し合う」
　私は『ローマ書』の研究に従事した。それは、初めはただ私自身をよく理解しようという試みのつもりであった。［…］あなた方はこの書物のすべての頁から『説教するとはどういうことか』という牧師の問いを、また［…］『いかにして説教をすることができるか』という牧師の問いを聞き出す時に、最もよくこの書物を理解しているのである。

　説教に関し「いったい誰が牧師となり説教をするべきなのでしょうか。また誰が牧師となり説教をなしうるというのでしょうか」と述べてもおり[12]、また有名なエピソードとして、バルトは「人びとを満足させる牧師」というタイトルで説教をしている（1916年2月6日）。その中で彼は次のように語っている。

Ein Pfarrer kann es überhaupt *niemand* recht machen. Er kann und darf es nicht: ein Pfarrer, der es irgend jemandem recht machen würde, ein Pfarrer, der irgend jemand beruhigen und zufrieden stellen würde, ein solcher Pfarrer wäre ein falscher Prophet.

　es jm. recht machen「〜の気に入るようにする」, zufrieden|stellen「〜の意を満たす」
　牧師というものは、一般に、誰をも満足させることはできないのである。牧師には、そういうことはできもしないし、許され

202　第Ⅱ部　現代の神学

てもいない。人を満足させるような牧師、人に安心を与え、人に満ち足りた気持ちを与える牧師－そのような牧師は偽りの預言者であろう。[13]

同じ説教の中で以下のようにも述べている。

Ich muß euch die Antwort geben, die ich euch schuldig bin. Die Antwort lautet: ich kann kein falscher Prophet sein. Ich möchte es manchmal wohl. Aber Gott stellt sich mir in den Weg, und es geht nicht. Ich kann euren Wunsch nicht erfüllen. Ihr müßt etwas Anderes von mir wünschen und erwarten.
　schuldig「負い目がある＞返す・与えるべきである」, lauten「～という内容になっている」, wohl「確かに」, sich4 jm. in den Weg stellen「～の邪魔をする」,
　あなた方に語るべき答えを語らなければならない。その答えというのは『私は偽りの預言者であることはできない』という答えである。もちろん、私にも、そのような預言者でありたいと思うことが時にはある。しかし、神が私の邪魔をされて、うまくいかないのだ。私は、あなた方の願いをかなえることはできない。あなた方は、私から何か別のことを願い、また期待しなければならない」[14]

　この説教がしばしば取り上げられるのは、バルトがこの説教を行った後、自身で説教テクストを印刷して村の全家庭に配ったのだが、後になって彼が語ったところによれば、この説教は「牧師という人間として高飛車な発言」であったと回顧しているからである。その理由は、説教内容が『聖書』に基づくもの

でなく律法的であり、しかも（神でなく）人間を土台にしているということである。つまり、バルトがこの説教でもって避けようと意図し実際に彼自身がそれを行ってしまっているというわけである。言い換えれば、牧師と教会員の間の人間的状況を、神のみ言葉のもとに置かずに、むしろそのような人間的状況を動かすために神のみ言葉を用いていることが問題点なのだという指摘である。

さて、バルトはもともと政治意識あるいは社会意識の強いタイプであったことは確かで、彼の政治的意見や行動がその神学的立場との密接な連関で生み出され、これと同時に神学的思惟が政治的情勢（例：ドイツ教会闘争：1933年から45年までプロテスタント教会がヒトラー政権による教会の組織・教義への干渉に対抗して行った闘争）との緊張の中で揺り動かされながら深められていった。ナチスの台頭もしくは冷戦（アメリカ・ソ連を両陣営とする対立）という政治的激動においてバルトが取った立場は彼の神学的姿勢と無関係ではない。[15]

ヒトラーが政権をとった1933年頃、ナチズムが台頭してくることに対し、バルトは政治的運動に身を投ぜずにはいられなくなる。[16]ナチスは教会を画一的に支配しようとし強引な教会政策を推進した。具体的には、教会と民族の結合を緊密化し、反ユダヤ主義という歪められた神学を導入したり（キリスト教からユダヤ的要素を排除する）、教会の説教・典礼（例：新約聖書の本文）からあらゆるユダヤ的要素を削除したりしようとした。もちろん教会側から種々の反対の声が起こった（例えば、ニーメラー（Niemöller）を中心とする「牧師緊急同盟Notbund」（告白教会の前身）など）。[17]1934年5月にはドイツ・ヴッパータール（Wuppertal）のバルメン（Barmen）で信仰告白教会会議が開か

れ「告白教会」が誕生する[18]。バルト自らが筆をとった『今日の神学的実存』は当時のドイツのキリスト者に対する激烈な攻撃の書であった[20]。

　当時、キリスト者たちは、ユダヤ人を通常、別の宗教、あるいは別の人種、あるいは神によって捨てられた民族に属する人たちと見ていた。これに対して、キリストを神の唯一のみ言葉とするバルメン宣言の文言は新しい方向性を示している。それはすなわち『旧約聖書』の第一戒「私は主、あなたの神、［…］あなたには、私をおいて他に神があってはならない（Ich bin der Herr, dein Gott, […]. Du sollst nicht andere Götter haben neben und außer mir.）」を新約的に解釈することである[21]。実際、ヒトラーの政権奪取後のバルトの最初の神学的な立場表明は待降節説教（1933年）において次のようになされた：「神の子はユダヤ民族の性質と血とを受け継いだ（Der Sohn Gottes hat Art und Blut des jüdischen Volkes angenommen.）」[22]。このように、キリスト者とユダヤ人との結びつきは解消されるようなものではないとバルトは考えていたのである。

　さて、ドイツの教会闘争に積極的に関わっている間に、バルト自身の上にもナチスの弾圧の手は及んで来る[23]。1934年の暮れ、ヒトラーへの忠誠誓約文の中に「私が一人の福音主義キリスト者として責任を負いうる限り」という文言を挿入しヒトラーへの同意に前提条件を付け加えようとして、これが官吏服務令にひっかかり、翌年春にボン大学を去るよう命令が下された。生地バーセルに帰ったバルトはナチスに対する抵抗運動を精力的に行ったが、とりわけヨーロッパ的視野のもとで運動を実行したことに意義が認められる。つまり、単にスイス・ドイツに向けられた運動ではなく、ナチスに脅かされている多くの

国々の人々に対してメッセージを発したのである(24)。例を挙げれ
ば、ミュンヘン協定（チェコスロバキアのズデーテン地方帰属問
題を解決するため1938年ミュンヘンで開催された国際会議）によ
りチェコの一部がドイツに編入される直前に(25)、バルトはチェコ
のロマドカ（フロマートカ＜チェコ語: Hromßdka＞）教授（プラ
ハ大学）に手紙を送っている。

> Jeder tschechische Soldat, der [...] streitet und leidet, wird es
> auch für uns - und, ich sage es heute ohne Vorbehalt: er wird
> es auch für die Kirche Jesu Christi tun.(26)
> ohne Vorbehalt「留保なしで」, Jesu Christi < Jesus Christus「イ
> エス・キリスト」（ラテン語式変化），
> 戦い苦しんでいるすべてのチェコの兵隊は、われわれのために
> も——私は今日なんの留保もなしに言うが——キリストの教会
> のために戦い苦しんでいるのだ。

　戦後のバルトの思想はドイツ語圏のキリスト教界のみなら
ず、世界のキリスト教界に広く深く浸透して行った(27)。彼の神学
の影響は世界規模となったわけであるが、この時期のバルトに
ついて語るとすると、『教会教義学』(28)に触れないわけにはいか
ない。端的に言えば、この書物で彼はキリスト論的集中を説い
ているのである。このキリスト論的集中とは、神学を人間本位
の発想から解放し、徹底した形でひたすら神の言葉の上に基礎(29)
付けるという姿勢のことである(30)。

> Eben in Jesus Chirstus, wie er uns in der Heiligen Schrift
> bezeugt ist, haben wir es ja gewiß nicht abstract mit dem

Menschen zu tun: nicht mit dem Menschen, der in seinem bißchen Religion und religiöser Moral ohne Gott sich selber Genüge zu tun und also sich selber Gott zu sein vermöchte - aber nun eben auch *nicht* abstract mit *Gott*: nicht mit einem vom Menschen in seiner Göttlichkeit nur geschiedenen, ihm nur eben fernen und fremden und also nicht-menschlichen, wenn nicht gar un-menschlichen Gott.(31)

> es mit jm. zu tun haben「〜と関わり合う」, et.³ Genüge tun「〜に充足する」, vermögen「〜できる」(zu不定詞と), einem：後のnicht-menschlichenの後に省略されているGott「神」と結び付く, ihm：Mensch「人間」を指す, wenn nicht「〜ではないにせよ」

> 『聖書』に証言されているイエス・キリストにおいてまさに、われわれは確かに抽象的に人間と関わるのではない。すなわち、少しばかりの宗教と宗教的道徳で神なしにも満足でき、それゆえ自身が神であり得ようなる人間と関係するのではない。しかし、またわれわれは抽象的に神と関わるのでもない。すなわち、その神性において人間から区別されているだけであり、人間から遠く距たった無縁な存在であり、それゆえ非人間（un-menschlich）でないにしても人間的ではない（nicht-menschlich）神と関わるのではない。

　バルトの大著『教会教義学』は順調に進行し、完成一歩手前まで到達した。しかもプロテスタント側のみならずカトリック側からも多大の注目を集めている。戦後のバルトは1965年以降、第二バチカン公会議の成果に取り組み、来るべき宗教間対話の進展に関し次のような提示を行った。具体的には、常に中

心であり続けるイエス・キリストから出発して、カトリック教会・福音主義教会・東方正教会との対話へ進み、そこからユダヤ教との対話へ、さらにイスラムとの対話・コーランの学びへ、続いて仏教・ヒンズー教との対話へ、そして最終的には無宗教的無神論との対話へと至る道筋である。

☞ コラム

ブルトマン
(Rudolf Bultmann, 1884-1976)

　カール・バルトの時代に続くのはブルトマン（Bultmann）である。ブルトマン学派の実存論的神学を次に見てみよう。

　マールブルク大学の新約学教授（在任：1921-1961）ブルトマンはまず何より「『新約聖書』と神話論」（講演は1941年6月）で名が知られているが、ボンヘッファーもこの論文を高く評価し「最近出版された神学書の中で最も重要なもの」(das Wichtigste aus der neuesten theologischen Buchproduktion) と述べ彼の周りの人に薦めている[32]。ブルトマンの非神話化（Entmythologisierung, 英：Demythology）という提題が神学者たちを大いに刺激したのであった[33]。非神話化とは、『聖書』から神話的要素を取り除くという解釈法である。

　非神話化の概要は以下のようである。『聖書』に見られる古代の神話的表現（世界は天界・地界・下界の三層に分かれ、天使や悪魔など超越的存在が活動している。神の子が天から地に下って

来て権威を示し、死んで悪の力を征服し、復活して栄光の座に就き、再び地上に裁き主として再臨する）は、『聖書』の精神である福音とは無関係であるから、福音を明らかにするためには神話的要素を全く排除する必要があるという説である。すなわち、「マタイ」・「マルコ」・「ルカ」・「ヨハネ」の共観福音書の著者たちが史料として用いた伝承そのものに、伝承を形成していこうとする目的で伝承者の信仰に基づいたキリストのイメージがすでに内在しているという主張である。そもそも福音記者たちに史的イエス（キリスト教の教義によるイエスではなく、歴史上の人物として十字架刑に至るイエスその人）に関する興味はほとんどなかったのではないかという主張である。要約すれば、現在残されている福音書から史的イエスそのものの実際の姿を再現することは歴史学的には困難であり、『新約聖書』の本来の性格はむしろイエスをキリストとして伝える宣教にこそあるという想定である。つまり、福音書は、史実としてのイエスの客観的な姿（日常的に何をしていたか等）を描く歴史書ではなく、信仰告白（イエスを救い主として信じる）の書であるということである。福音書記者が読者に対して求めているのは、客観的事実としてイエスの生涯を確認することではなく、イエスを救い主として信じる信仰に同意することである(35)。

　正統的な信仰の規準ともなる、イエスの死と復活、再臨、処女懐胎など信仰の中核的な部分をも否定的に神話扱いする破壊的な態度は教義上の大問題であり、日常的な信仰生活にも影響を及びしかねない(36)。ただ逆に言えば、神話の形で語られるものの中に福音の本質が隠されていることを明らかにしようとする立場も十分に考えられる。このようにして福音の本質を捉えようとし、福音を神のことばとして認識する点ではバルトらの神学者と共通していると言える。たとえ描写のしかたは神話的であったとして、な

ぜイエスが処刑されたかと言えばイエスがエルサレムの指導者に敵視されたからである。また、なぜイエスが敵視されたかと言えば彼の教えのゆえである。

ここに弟子たちが福音書を執筆した意義があり、初期キリスト教が地中海世界で社会的に結実した事実を説明する鍵がある。(37) どういう姿勢をとるにしても、非神話化に関する議論はドイツのキリスト教という枠を超えて広がり、哲学や仏教など他の伝統的宗教にまで波及し、今日まで活発な論議が展開されている。

このような多くの論争を呼んだ「非神話化」ゆえに、新約学者ブルトマン（マールブルク大学）を、ヘッセン・ナッサウ州教会の牧師試験委員から除名するようにとの声が上がった時（1953年）、ルター派の牧師ニーメラー（第2章）は、州教会の教会議長としてきっぱり拒否した。革命的な考えをもつ破壊的な自由主義神学者ブルトマンを守ったのである。

Wir haben die maßgebliche Autorität von <Schrift und Bekenntnis> nachdrücklichst festgehalten; aber wir haben versucht, jedes gesetzlich zwangsmäßige Mißverständnis und jeden entsprechenden Mißbrauch auszuschließen, so daß man uns leicht als <liberal> etikettieren könnte; und Sie haben vielleicht im Zusammenhang mit dem Bultmann-Streit solche Vorwürfe gegen unsere Kirche zur Kenntnis bekommen.

われわれは聖書と信条の権威を確立している。しかし、それを単に律法的に、強制力あるものとして誤用することは避けたい。だから、人々はわれわれのことを簡単に自由主義だというレッテルを貼り付けるだろう。あなたがたは、ブルトマン問題について、われわれの教会に加えられた批判をご存じだろう。

☞コラム

エラスムス Desiderius Erasmus⁽³⁸⁾
(1466-1536)

　エラスムスは自由意志の問題について著作『自由意志論』(De lebero Arbitrio, 1524年) を執筆した。この書で彼は、人間にはある程度、自由意志が与えられており、『聖書』の律法に書かれている決まりも、人間は自らの意志でその実現に努力すれば、ある程度までそれを果たすことができると論じている。

　人間の意志の問題は、エラスムスにとっては学者として論じるべき主題であったが、ルターにとってはキリスト者としての信仰に関わる課題であった。すなわちルターは、罪に捕らわれた存在である人間に自由な意志はなく、その意志は神に従うか悪魔に従うか、いずれにしても奴隷的であらざるを得ないという見解であった。[39]

　ルターは『奴隷意志論』(De servo Arbitrio, 1525年) を発表し、これに応える形でエラスムスはさらに『反論』(Hyperaspistes, 1526年) を著した。お互いの主張はほとんどかみあわず、結局すれちがいに終わったと言ってよい。この論争の結果、多くの人文学者は（メランヒトンなどを除き）宗教改革とは距離を置くようになった。

　キリスト者としてエラスムスが平和についてどう考えていたのかを示す一節（「平和の訴え」1517年）が次のものである。[40]

　旧約聖書にせよ新約聖書にせよ、聖典全体が語っていることは、

> ただひとえに平和と一致協力のことだけです。[…] およそいかなる平和も、たとえそれがどんなに正しくないものであろうと、最も正しいとされる戦争よりは良いものなのです。

【注】

(1) 石川（2016:64）:「バルトは純然たる絶対平和主義ではなかった。正当な戦争の容認者であり、集団的自衛を認めるような文章も残している」。
(2) ブッシュ（2009:11）:「彼は抑圧された人間や隠蔽された真理のために戦った」。
(3) 国家社会主義ドイツ労働者党統治時代に存在した告白教会の神学的基盤。
(4) トーマス・ブライトとハンス・アスムッセンとの協働をもとに主としてカール・バルトによって起草された。
(5) ボンヘッファーは平時の倫理観に拘泥している場合ではないことを察知し、反ナチ勢力は一刻も早く実効力ある抵抗運動を展開するべきだという判断を下した。
(6) 当時のザーフェンヴィルでは工業化の影響を受け、社会主義や労働組合運動が盛んであった。
(7) ルターと照応することであるが、バルトも、人として、つまりみじめな罪ある人間として、神について語ることが可能なのであろうかと問いかけていた。
(8) ザーフェンヴィルでのバルトの神学の道程を語るには、さらに彼の宗教的社会主義（キリスト者の社会的責任を強調し、愛と奉仕の精神による活動を通じて労働者の教育と社会環境の向上などに努める立場）について触れなければならない（バルト 1996:11-12）。
(9) Barth（1925:101）
(10) 『ローマ書』はスイスの一隅の牧師館で無名の牧師が毎週繰り返した聖書との真剣な対話から生まれて来た（バルト 1996:15-16）。
(11) Barth（1925:103）
(12) バルト（²1995:131）
(13) Barth（1998:56）
(14) Barth（1998:46）

(15) バルト (1996:12)
(16) バルトの「教会闘争」への実践的関与は彼のボン時代に当たっている。全体主義国家の国粋主義的イデオロギーに反対する立場である（グラーフ／安酸 2014:286）。
(17) この時のバルトの働きかけがどのくらい教会闘争において成果を挙げたかは評価しにくい部分もある。と言うのも、告白教会を中心に集まった人々があまりに多様で、ドイツのキリスト者に対してバルトが投げかけた一筋の声が十分に響き渡ることは難しかったからである。
(18) この会議の「今日のドイツ福音主義教会における宗教改革的諸信仰の正しい理解についての声明」を起草したのがバルトである。
(19)「バルメン宣言」の起草にバルトが参加しているが、その詳細については河崎（2015）の第3講を参照のこと（「宣言」の全文が掲載されている）。
(20) バルト (1996:27-29)。
(21) ブッシュ (^{2}1995:32)
(22) ブッシュ (^{2}1995:33)
(23) バルトの神学は特定の時間・場所という時代状況に関わりつつ常に政治的であると言える。
(24) 東側の体制下にありながら（また原理的に体制を支持しているわけではないけれども）ハンガリー改革派の人々が生き生きとした信仰生活を送っていることに、バルトは感銘を受け、また称賛している。
(25) シュタインバッハ (1998:112):「チェコスロバキアにおけるドイツの領土併合計画を攻撃した」。
(26) Barth (1945:58-59)
(27) 戦後の資本主義体制の中にあって、バルトは反共運動に批判的であり、本来キリスト教とは関係のない資本主義の欺瞞性を見ていた。
(28) 1945年の「創造論」第1巻に続き、1948年に第2巻、1950年に第3巻、1951年に第4巻が出版されている。1953年からは「和解論」に入っていく（1953年に第1巻、1955年に第2巻、1959年に第3巻が出ている）。
(29) 例えば、パウロの回心（ダマスカス途上、復活のキリストを見たという）という奇跡が否定され、実はパウロの主観的な思いが神秘的に対象化されたにすぎないという理性中心的な解釈に異議を唱えたのはバルトである。
(30) バルト (1996:38-40)。聖書のテーマは神の神性である。ただ、神は神であるという主張である。
(31) Barth (1956.10f.)
(32) Bethge (1967:799)

(33) ボンヘッファーはこの書物を歓迎し「知的誠実さを感じる」と述べているくらいである。ブルトマンの言葉を自分自身にとって自由と解放の言葉と感じとっていたものの、ボンヘッファーその内容に全く同意しているわけではないようである (Bethge 1967)。
(34) 前田 (^{13}1975:29-35)
(35) ブルトマン (1963:234-235)
(36) 2世紀の哲学者ケルススは、福音書を神話とし、神の子が人となったというのは魔術的であり、キリスト教徒は狂信の人であると言っている。
(37) 前田 (^{13}1975:34-35)
(38) 人文主義の中心はあくまで人間（あるいは人間の理性）と考える。自由意志の問題をめぐりルターと対立した。
(39) 徳善 (2012:158-159)
(40) 箕輪三郎 訳（1961年）岩波文庫。44＆66頁。

第Ⅲ部

神学と神話
神話の世界
──異教文化圏におけるキリスト教──
（ゲルマン神話・日本神話を例証に比較神話学の視点から）

> キリスト教は伝える：天上から天使が舞い降り、羊飼いたちにキリストの再誕を知らせた時、ギリシア全島に深いうめき声が響きわたった。オリュンポスの神々は、その座より放逐され、神々の一部は深い暗黒の世界へと逃れた。そして全能にして偉大なるパン（半獣神）は死んだと。

第Ⅲ部では、インド・ヨーロッパ語、ゲルマン語の世界および日本を対象に、神話のなりたちをはじめ、その特性について比較対照することを通して、比較神話学という学問方法のあり方について考えてみたい。比較言語学の方法論をモデルにしてさまざまな神話の構造を分析すれば、神話の研究を、実証性を伴った学問レベルにまで引き上げることができるのかという問題提起である。かつて1つの祖語を話していたインド・ヨーロッパ語族が次第に拡散し、東はインドから西はゲルマン語圏・ケルト語圏にまで及ぶ広大な地域に居住することになったが、もともと1つの言語を共有していたのであれば、併せて文化もまた共通のものであったろうと考えるのが自然である。はたして、神話に関しても、言語の比較の場合と同様のアプローチを想定してよいものであろうか。[1]

---

1. ある語族・民族特有の神話の独自性を解明するにはどうしたらよいのか。
2. 世界の神話に共通した筋書きや型（パターン）の類型が存在するのか。
3. 神話はその当時の史実・時代性を反映していると言えるのか。

【注】

(1) 比較神話学の研究成果を活かし、個々別々の文化集団の神話を比較検討することで、当該文化の過去における同系関係や分岐の時期などを

明らかにすることは可能かどうかという点も併せて考察の対象となる。

第1章
ゲルマン神話の本質

　ゲルマン人は移住を繰り返した民族であった。民族大移動を通してゲルマン人はローマに侵攻しその文化（キリスト教）の影響を蒙ることによって自らの神を忘れていったというプロセスがある（断片的にはドイツのワーグナー『ニーベルンゲンの指輪』などに残されている）。ただ、ノルウェーあたりの一部のゲルマン人はキリスト教化されず古いゲルマンの暮らしぶりを続けており、彼らがその後アイスランド（この地において『エッダ』が記される）をはじめ各地にヴァイキングとして遠征することにより、いわゆる北欧の神話が広められていったのである。

　ゲルマン神話の世界を知るということは現在のヨーロッパ人の心性を理解することである。早くからキリスト教化した内陸部のゲルマン人は民族の精神の伝統を伝えることがなかったのに対し(1)、北欧のゲルマン人はキリスト教化するのが9世紀から11世紀と遅く、そのためこの地域にはゲルマン民族に伝統的な神々の神話が保持されることになった。その具体的なものが1200年代にスノリという文学者によって書かれた『スノリのエッダ』（Snorra Edda, 1220年(2)）である。

　この作品によってゲルマン人の神話の大筋が知られ、そのスノリが史料としていた古代神話が1600年代半ばにアイスランドで発見された歌謡群に見出され北欧神話が甦ることになった(3)。この『スノリのエッダ』と並んで、ゲルマン神話の主要な原典とされている重要な史料が『古エッダ』（9-12世紀）である(4)。ノルウェー・アイスランドで集成され、13世紀にアイスランドで書写された歌謡集の写本である(5)。

　このように、ゲルマン神話なるものは北の島アイスランド等に残された『エッダ』をほぼ唯一の史料としており、内陸部のゲルマン人の信仰についてはほとんどわかっていない。端的に言えば、今日に伝わっている史料はスカンディナヴィアからアイスランドにかけてのゲルマン人のものだけなので、むしろ「北欧神話」という呼び名の方がいいかもしれない。つまり、ゲルマン神話の考究とは、キリスト教化が遅れたために史料として残った北欧神話からゲルマン人の民族精神を読み取る作業となる。『エッダ』は、キリスト教化されていく時代の中にあって、ゲルマン土着の信仰に敬意を払い、古い神話をしっかり伝えようとしている。この意味で『エッダ』がゲルマン古代研究にもつ意義は大きい。ただ、『エッダ』を中心に、そのエピソードを補足するという意味で他の諸文献を俯瞰すると、ゲルマン人

の世界では神々が登場する神話よりも英雄たちが活躍する英雄叙事詩の方が好まれたと言えるのかもしれない。実際、英雄叙事詩の根底にはゲルマン神話の世界観が横たわり、これがゲルマンの人々になお強い影響を与えているのである。例えば『ニーベルンゲンの歌』をはじめとするゲルマンの叙事詩を見ても、死をもって英雄たちの物語は終末を迎えている。死んでオーディンの元へ召されることが彼らにとって最高の名誉とみなされているわけである。

ヴァルハラ（戦死者の館）炎上
(Emil Doepler 作、1905 年)

　古代ゲルマン人の世界では、神話を見る限りにおいて、その死生観は極めて直線的なものとして描かれているといっていい、すなわち、この自然世界は終わりに近づいてまっすぐに進むという素朴な自然観である。ゲルマン人の世界観では、最終的に世界の終末（神々の黄昏）が訪れる。フィムブルヴェトと呼ばれる冬がやって来て、その季節は雪・風・霜がひどく太陽は役に立たない。冬がずっと続き、夏が訪れることはない。人々は互いに殺し合うようになる。現世で戦士としての生活を終えた死者の国は、ヴァルハラ（ただし終末の戦いが来ると戦場に駆り出される）と呼ばれる。ヴァルハラの戦士たちにとって死とは生の延長にすぎない。つまり生は死後の世界への準備にすぎず、そしてその死後の世界もラグナロク（神々の黄昏）への準備でしかない。

オーディンは、戦死者の父として、戦死者を選びヴァルハラに召し集める。ヴァルハラに来た戦死者（エインヘルヤル：死せる戦士たち）は神々の終焉（ラグナロク）の時に備えて日夜、戦に明け暮れる。ヴァルハラには540の扉があって、ラグナロク（怪狼フェンリルとの決戦）に赴く時には1つの扉から800人の戦士が一度にうってでることができるという。

フェンリル

　オーディンはもともと巨人から生まれたとされている。巨人の祖ユミルを殺して天地を創造する（肉から大地を、血から海を、等）のであるが、やがてラグナロクに巨人族の襲撃を受ける（フェンリル狼に呑み込まれて死ぬ）ことになり、ここに神の一族が滅びるというプロセスである。

　さて、ゲルマン神話の主神オーディンを中心に、ゲルマン人の世界観に少し触れておこう。北欧神話では、オーディンがルーン文字を発明したとされており、「オーディンの箴言」の中に「我はルーン文字を読み取り、呻きながら読み取り」という場面がある。これは、主神オーディンが、宇宙の中心にあるとされている世界樹ユグドラシル（巨大なトネリコの木）に自ら9夜吊り下がり、我が身を槍で傷つけ、この修行・苦行を経て魔法の文字であるルーンを取得したというシーンである。ルーン文字がオーディンに由来すると言われていること自体、言語学・考古学的には、中世の人びとにはルーン文字が何に由来するのか、もはやわからないということを示していると考えられる。

第1章　ゲルマン神話の本質　221

北欧神話に登場する世界樹ユグドラシル
(古ノルド語 Yggdrasill)[19]

北欧神話・英雄伝説の集成『エッダ』に次のような詩がある。[20]

パンも角杯も
恵まれぬまま
私（オーディン）は下をうかがう
私はルーンをつかみあげた
うめきつつ　つかみ
それから大地に落ちた

Við hleifi mik sældu

né við hornigi;

nýsta ek niðr,

nam ek upp rúnar,

æpandi nam,

fell ek aftr Þaðan.

オーディンは若い頃、ある敵対者に破れ捕虜となり世界樹の吊るされる定めにあった。9日9夜、オーディンに、彼を力づける蜂蜜酒の杯やパンを与える者は誰一人なかったという。

　私は知っている　私が
　9日9夜にわたって
　風吹きすさぶ樹に吊り下がり
　槍に傷つき　私自身が
　オーディン　つまり私自身に
　私をいけにえとして
　それがいかなる根から発しているか
　知るひともない

　Veit ek, at ek hekk
　vindga meiði á
　nætr allar níu,
　geiri undaðr
　ok gefinn Óðni,
　sjalfr sjalfum mér,
　á þeim meiði,
　er manngi veit
　hvers af rótum renn.

　オーディンは、恐ろしい苦しみの中で、自分に残されたすべての精神の力をふりしぼり、痛みのあまり大声をあげながらルーン文字を編み出したのである。そして、この文字たちがオーディンを吊り下げられた状態から解放した。この後、オーディ

ンの口からは知恵深いことばが溢れ出るようになり、大いなる御業(みわざ)を次々になし遂げていったが、これはひとえにルーン文字の創案によるものであるとされている。[21]

　ゲルマン神話とは実質的に北欧神話である。キリスト教が導入される以前の北欧の神々・英雄が描かれ、そのモチーフは宇宙の誕生から宇宙の壊滅までの神々・巨人・人間の誕生などである。その主要な部分は『エッダ』に述べられており、現在ゲルマン神話と呼ばれているものは『エッダ』を中心とした説話がほとんどである。『エッダ』は民族大移動の時期の英雄像を伝えているという意味で、ギリシア神話など他の神話群との比較研究に欠かすことのできない材料を提供している。ホメロスの叙事詩、あるいは、日本の『古事記』などと並んで、比較神話学へ果たす役割は大きい。[22]以下でまず、主神と目されるオーディンをはじめ主要ゲルマン神3柱を概観してみよう。

オーディン

[23]

　アース神族の中で最も年長の神オーディンは、別名アルファズル(万物の父)とも呼ばれ、いわば王として君臨する。オーディンは自分の食べ物をすべて2匹の狼にやり、自らはワインだけしか口にしない。さらにオーディンは2羽のカラスを飼ってい

て、それぞれ、フギン「考え」・ムニン「記憶」という名である。彼らは毎日、地上を飛び回ってあらゆる情報を収集し夕暮れ時に戻って来てはオーディンの肩に止まり見聞きしたことを報告するのである。オーディンの馬は8本の足をもったスレイプニルという名前の怪物馬であった。

　かつて地上に住み戦場で勇敢に戦って死んだ英雄たちは、ヴァルハラと呼ばれる広大な館に住んでいる（彼らはアインヘルヤルと呼ばれる）。オーディンは地上で戦いがあるたびに、ヴァルキューレと呼ばれる武装した戦いの乙女たちを遣わし、戦場で活躍した勇士をこのヴァルハラという館に連れて来させるのである。勇士たちは、来たるべき世界の終末戦争に備え、朝起きると中庭で武術に励み、正餐の席に着くという日常を過ごしている。

トール

(24)

　雷の神にして、ゲルマン神話の中でも主要な神であり、神々の敵である巨人と対決し活躍する。トールの活躍は群を抜いており、元来はオーディンと同格以上の地位があった。ノルウェーなどスカンディナヴィア地方ではトールが主神であったけれど、オーディンを主神とする他のゲルマン部族の影響で、次第

第1章　ゲルマン神話の本質　225

にトールは主神の地位を奪われたのだと推定される。稲妻を象徴するミョルニルといわれる柄の短い槌を使いこなし、特に農民階級に信仰された神であった。

チュール

(25)

本来は法と豊穣と平和をつかさどる天空神で、現存する史料を見る限り、概ね軍神とされている。ゲルマン人が激しい戦乱の時代を迎え（2世紀後半）、戦争の神であるオーディンへの信仰が台頭し、テュールは主神を追われ、軍神の地位に転落したと考えられている。世界終末戦争において地獄の番犬（冥界ヘルの入口）ガルムと戦い相討ちとなった。

さて、前述のように、古代ゲルマンの神々について確実に知識を得ることのできる唯一の情報源は『エッダ』である。早くからキリスト教化したイギリスや大陸ゲルマン語圏には断片的な史料しか残されていないのに対し、北欧ではキリスト教への改宗が遅く（10～12世紀）、異教の信仰が比較的長く残り、古伝承が語り伝えられ、まとまった形で記録が行われるようになった。(26)(27)

『エッダ』以外で、当時のゲルマン人の生活や信仰に関して知る術としては、デンマークの学者サクソ・グラマティクスに

よる歴史書『デーン人の事跡』（ラテン語での執筆）がその一つとして挙げられる。この書物のうち最初の9冊の中に、神々についての物語が入っている。北欧各国の民族の王たちを神々とみなし、その戦いの歴史を神話としている（ここには『エッダ』など他の作品にはない物語も記されている）。また同様に、『サガ』も重要な作品である。12世紀以降にアイスランドなどで成立した長編文学群（主に英雄伝説）で、伝説や歴史についての記述が多い（ただ、神話そのものを扱ったものは少ない）。『サガ』とは、語り継がれてきた伝承（独：sagen、英：say）という意味である。

　ローマ側の史料としては、カエサルが記した『ガリア戦記』やタキトゥスの『ゲルマニア』がある。断片的ではあるけれども、ゲルマン人ではない人びとが記録したという意味で貴重である[28]。『ガリア戦記』によれば、ゲルマン人の神は太陽・月・火とされ、古来、ゲルマン人も他の民族と同様、太陽・月・火などを崇拝する自然宗教的な暮らしをしていたことが推測される[29]。

　ところで、キリスト教化が進み、異教的なものは次第に消滅の道を辿ることになるが、以下は、異教の神々が棄てられる場面である（古高独語『洗礼宣誓』8世紀、フルダ）。

　汝はすべての悪魔の業を棄てるか？
　―はい、すべての悪魔の業と言葉、トゥネル・オーディン・サクスノート、および、その他おびただしい悪魔すべてを棄てます。

　このように大陸側では、偶像破棄の誓いの中にオーディンの名が見える。キリスト教化の中、滅びゆくゲルマンの神々の姿

がここにある。アイスランドの記録に書き留められることによって、辛うじて古代ゲルマンの神々は救われたと言える。

そもそも、最高神とされているオーディン神の性格は複合的な要素から成り立っているため理解が難しい。オーディンが併せ持っているさまざまな性格を大別して整理すれば、およそ次のように区分できよう。[30]

①創造神、②戦争の神、③死の神、④詩の神、⑤魔法の神

おそらく本来的には、種々別々の神がもっていた、いろいろな役割をオーディンが引き受けたという経緯があるのではないだろうか。この点は『エッダ』を読む者、誰もが疑問に思うことであろう。オーディンが元々、持ち合わせていた根本的な神性から発して、後に種々の特性を帯びるようになっていったのではないかと思われる。こうしてオーディン像は今日、並列的にいくつものイメージをもつようになったのであろう。ドイツの神話学者グリムは、最高神のあり方について次のように述べている。

Es musz ein grund vorhanden gewesen sein, warum bei Homer wie noch bei den tragikern zwar Apollo, Athene und andere götter und göttinnen, niemals Zeus selbst den menschen leiblich erscheinend und redend vorgeführt wird; gleichsam stellen sich jene nur als seine boten dar, die den höchsten, an sich unaussprechlichen willen in menschenworte zu kleiden und zu fassen beauftragt sind, und in der wuchernden vielgötterei treten lauter unterwürfige handlanger des höchsten wesens auf, dessen eigenschaften sie vorstellen, dessen geheisz sie verkünden und ausrichten, wie die catholischen engel oder heiligen.（Grimm ²1879:272）

> musz = muss, zwar「確かに」, menschen：複数3格, leiblich「肉体の（＜Leib）」, erscheinend, redend：共に現在分詞, vorführen「連れて行く・見せる」, sich als ～ dar|stellen「～として現われる」, Bote「使者（弱変化名詞）」, an sich「それ自体として」, unaussprechlich「名状し難い・口では言い表わせない」, wille「意志（弱変化名詞）」, kleiden「衣服を着せる」, beauftragen「委託する」, wuchern「繁茂する」, auf|treten「登場する」, lauter「ただ～のみ」, unterwürfig「卑屈な」, handlanger「手下」, wesen「存在・本質」, dessen：wesenを先行詞とし「その最高神の」の意, vor|stellen「前に置く・表現する」, geheisz = geheiß「命令」, ver|künden「（公的に）伝える」, aus|richten「（使命を）果たす」

> ホメロスでもまた他の悲劇詩人の場合でも、どうしてアポロ、ヘルメス、アテネやその他の男神や女神たちは、人間たちの前に肉体を持ち、話をする存在として現われるのに、ゼウス自身は決して現われないのかということには理由があったはずである。他の神々はまるで、それ自身は言葉にできない最高神の意志を人間の言葉に包んで捉えるよう委託された使者のように振る舞う。そして、膨大な数の多神信仰において、現われるのは最高神に隷属する家来の神々のみであり、その神々は最高神の属性を表現し、その伝令を伝え、実行するのである。それはちょうど、カトリックの天使や聖人たちと同じである。

　オーディンはゲルマン人の宗教と儀礼を考える上で極めて重要な神であることは間違いない。例えばタキトゥスの『ゲルマニア』（第9章）にも、ゲルマニアの神々のうちで最も崇拝されている神はメルクリウス[31]とされており、これは、ラテン語の

水曜日 dies Mercurii（メルクリウスの日）に対応する、古高独語 Wuotanstac, 現代英語 Wednesday, 現代ノルウェー語 onsdag（いずれもラテン語名の翻訳借用で「オーディンの日」）からも見て取れる。オーディン像を明らかにすることは北欧神話の世界の全貌を解明する手がかりとなる。

オーディン（狼・鴉と共に）[33][34]

　オーディンと魔法の関係を暗示する表現は『エッダ』に驚くほど多く見られる。ここから浮かび上がるオーディン像は、知恵と魔法の神にして同時に上の①〜⑤の神性をすべて内包しているようなイメージである[35]。オーディンが使う魔法の1つを示せば、例えば、木に吊るされた死者のためにオーディンがルーン文字を彫って生き返らせるというものである[36]。こうした知恵と魔法は、賢者ミーミルに由来すると言われている。トネリコの大樹の根の下にミーミルの泉があって、そこに知恵と知識が隠されている。この場所に万物の父（すなわちオーディン）がやってきて、泉から一口飲ませてほしいと頼む。オーディンは自らの眼を犠牲にしてようやく飲ませてもらった（このためオーディンは片眼なのである）。

　さて、スノリの『エッダ』の中、「ギュルヴィたぶらかし」23章が語るところから見ると、通常、神と称される存在には

異なる2種の区別があったことがわかる（アース神族・ヴァン神族）：「ニョルズはアースの一族ではない。彼はヴァナヘイムで育てられたが、ヴァンたちは彼を人質として神々に引き渡し、そしてアースたちの人質としてはヘーニルという者を受け取った。彼は神々とヴァンたちの間の講和の手段になったのだ[37]」。従来、これら2つの神の種族、すなわち、アース神族とヴァン神族は、長らく戦闘などの対立関係になく[38]、つまり、抗争と和解を重ねながらも共存している[39]と捉えられてきた。この問題も含め、神話を、その細部の要素に拘わるのではなく、全体の枠組みを比較するという姿勢をとると、ゲルマン語派はじめインド・ヨーロッパ語族の神話には共通性がある[40]ことがわかる[41]。例えば、先述の神話学者デュメジルは、三機能（神聖性・戦闘性・生産性）をゲルマン神話に当てはめ、次のような体系性を導き出している。

・主権（暴君・僧侶）—オーディン[42]
・軍事—トール
・豊穣—フレイ

こうした区分は日本神話にも対応形が見出される[43]。

・王権：アマテラス
・軍事：スサノオ
・生産：オオクニヌシ

ここで興味深いのは、アース神族（オーディン・トール・チュールなど）とヴァン神族（ニョルズ・フレイ・フレイヤなど）の成立の過程を[44]、日本神話における二大神族「天津神（あまつかみ）と国津神（くにつかみ）」の成り立ちの経緯と引き合わせて比較してみると、明らかに一定の共通性が見られることである。すなわち、この点は、ゲルマン神話・日本神話だけに限られることではなく、世界の神話全

体に普遍的に見出される特性である可能性がある。つまり、三機能体系で言えば、国津神（オオクニヌシなど）は土着の神で生産者的な様相を示す傾向があり、この神族が先行して歴史に現われる。この後、天津神（アマテラスなど）が登場し、祭祀・軍事の機能を司る。ちょうど同じように、インド・ヨーロッパ語族の神話でも、第一・第二機能（主権・軍事）をもつ神々と第三機能（生産）をもつ神々は当初、対立するが、最終的には和解する。抗争のプロセスにおいて、最初は第三機能の神々が優勢であるが、段階が進むと第一・第二機能の神々の形勢が優位となる。日本神話で言えば、オオクニヌシの国譲りが象徴的な場面である。

　ここで見てきた神話の三機能説は、適用の程度を高めればどの神話にでもいくらでも当てはまるといった種類のものではなく、むしろ個々の神話ごとに精査していく必要があるであろう。ゲルマン神話に関して言えば、現存する資料に見られるアース神族の個々の神々は性格が必ずしも一義的ではないこと、あるいは、古代の社会において祭祀階級がきちんと確立していたかどうか明らかではないこと、など疑問に感じられる点がどうしても残る。

　翻って、ゲルマンの神々における主神の問題に目を向けてみたい。論点は、ブレーメンのアダムがウプサラの神殿で見たオーディンは、主神で最高位のトールの脇に、フレイと共に座を占めていたという伝承についてである。

フレイ・トール・オーディン（木版画）
左からフレイ・トール・オーディンと並んでいる（中央のトールは王冠をかぶって椅子に腰を下ろし、右側のオーディンは鎧を付けて立っている。左側のフレイは弓と剣を持っている）。

ブレーメンのアダムは、その著書『ハンブルク教会史』で神殿について記述している。彼によれば、ウプサラに有名な神殿があり、その神殿には3台の王座に座る3柱の神の像が崇拝されている。アダムが、最も偉大であると言及するのがトールで、中央の王座に座っており、オーディンとフレイがトールの両側の王座に座っているという。マグヌス(1555)『北方民族文化誌』（上巻・第3章）の「イェートランドの三主神」から該当箇所を抜粋・引用すると、

> 私の愛する名高き兄にして先任者であるウプサラの大司教ヨハンネス・マグヌスがその歴史書の冒頭に述べているように、異教徒である昔のイェートランド人のもとでは三柱神が最も崇拝されていた。そのうち最も権勢のある神がトールで、クッションつきの三人掛けの台座の真中に座して崇拝された。その両側を二柱の他の神、すなわちフレイとオーディンが囲んでいた。

なお、アダムは、トールをローマ神話の中のジュピターと同一視し、この2神を詳細に比べる作業を行っている。

　この主神の問題は、従来の先行研究で長らく次のように想定されている(52)。スカンディナヴィア本来の土着の神（生産・豊穣）であるフレイと同じく、トールもまた粗野で単純な農民の神であった。後に大陸のゲルマン人から入って来た神オーディンが主神の座に就くまで、トールがゲルマンの神々の中で中心的な役割を果たしていたと考えられる。オーディンはルーンをよくし、王侯や詩人の間でその地位を高め、次第に高い位へと地歩

を固めていったのであろう。何より、アイスランド植民の折には、トール神・フレイ神の崇拝は前面に出てくるが、この時期、オーディンの影が薄い。また、地名研究からも、オーデンセ Odense（＝「オーディンの聖所」）のようなオーディンの名をもつ地名は、北欧では南部のデンマーク・スウェーデンに多く、ライン川の中・下流域にも見られるが、ノルウェー南西部・アイスランドにはほとんど見られないことがわかっている。併せて、北欧人の人名に、トール神との合成語（例：ソールスティン）は非常に多いのに対し、オーディンとの合成語（例：ウースィンカル）はデンマークにわずかに見受けられる程度である。

　言語文化史的な観点から、この構造的な神話の解釈を次のように捉えることが可能ではないだろうか。おそらくは印欧語系ではない先住民族のヴァン神族（豊穣・富・生殖などを司る神々）を崇拝する農耕民族の土地に、後から印欧語系のアース神族信仰の遊牧民が侵入する。軍事・祭祀などを司る後者の民が次第に支配権を確立して、前者の農牧畜民を征圧していくプロセスが神話の形で反映されているのではないか。歴史的経緯として、アース神族を奉ずる民族が、ヴァン神族を崇拝する民族と、戦争・和睦・講和を繰り広げてきた過程が神話の中に映し出されていると考えられる。2神族のうちアース神族は、北欧だけでなく広く他のゲルマン民族の間にも認められることからも、この考え方は有力であると考えられる（ヴァン神族は、ニョルズ、その息子フレイ、その娘フレイア以外は文献で見る限り知られていない）。

【注】

(1) キリスト教の習俗に巧みに残しているだけである(例えば曜日の呼び名など。例:Tuesday(火曜日)北欧神話の軍神Tiwから、Wednesday(水曜日)北欧神話の主神Wodenから、Thursday(木曜日)北欧神話の雷神Thorから、Friday(金曜日)北欧神話の女神Freijaから等)。
(2) 『散文エッダ』(Prose Edda)、『新エッダ』とも呼ばれる。三部からなる詩学入門書(スノリの神話観が紹介された後、1.「ギュルヴィたぶらかし」(神話の概観)、2.「詩語法」(ケニングなどの詩語の説明。海の巨人エギルと詩の神ブラギの対話からなる)、3. 韻律一覧(作者の創作詩による韻律総覧))である。
(3) 例えばノルウェーではトールが主神であったと考えられるのに対して「歌謡集」ではオーディンが主神の位置にいるなど神格の変容もある。
(4) 『歌謡エッダ』(Poetic Edda)とも呼ばれる。英雄伝説の多くは、ゴート人・フランク人・サクソン人に関するものである。これは、中世の騎士道に基づいた叙事詩とは異なり、自然で素朴、激情的な異教精神を特徴としている(谷口1987:205)。
(5) 17世紀にアイスランドで見つかった「王室写本」(29篇)と呼ばれる歌謡写本も『古エッダ』に加えられる。
(6) 一握りの神話よりもサガをはじめとした英雄物語が非常に多く伝わっていることからも、このように推測することができる。
(7) 予言された終末へと続く避けられぬ運命のことである。
(8) 『ニーベルンゲンの歌』の中では、ジークフリート・ハーゲンといったフランク族の英雄と、グンテル・ギーゼルヘルといったブルグントの英雄たちが混じり合って登場している。部族の単位を越えて英雄が行き交うことがあるわけである(ホイスラー 2017:9-10)。
(9) こうした終末論をもっていたがゆえに、後にキリスト教の世界観を受け入れる素地があったと言えるかもしれない。
(10) 老衰・病死者が行く死者の世界はニヴルヘイムと呼ばれる。また、ヴァルハラに対する対概念はヘル(冥府)である。
(11) ラグナロクに備えて武芸に励む勇士(エインヘルヤル)たちは、結局、巨人族との最後の決戦に呼ばれることはない。ラグナロクと結び付けたのは、後代ヴァイキング時代の詩人たちであろう(谷口1987:214-215)
(12) 北欧にも、死者が聖山に行き生き続けるという民間信仰がある。
(13) 谷口(1987:211)
(14) 天地創造の話には、家畜の肉や血や骨などを何一つ無駄にしない牧

畜民の生活が反映している（谷口1987:210）。旧約聖書の天地創造や、日本の国産み神話と比べて、戦闘的でダイナミックである。
(15) 巨大なトネリコのことで9つの世界を支えているとされている（9はゲルマン人の世界で神聖な数である）。
(16) 戦争神（つまり自分自身）への生贄とされたのである。戦争の捕虜は神への生贄として木に吊るし殺される運命にあった。
(17) キリスト教がローマ帝国内で広がっていくにつれて、同時に領土内でラテン文字が浸透していったプロセスを再現してみよう。そのためにまず注目すべきなのは宗教上の文書である。公文書などの記録ももちろん重要な文字史料で、これを無視することはできないが、宗教の伝播・普及とともに文字文化が広がっていく過程は、その時代の人びとがどの文字に依存していたのかを理解できる最重要史料である。周知のとおり、今日のヨーロッパはラテン文字とキリスト教の文化圏とも言えるが、当然、最初からそうだったのではない。ルーン文字は文字体系として文化誌的にはどれほど成功したものであったのであろうか。この評価については、次にあるように、実際 'with very limited success' といったところであろう。

「ゲルマン人の精神文化は伝統的に口伝であり、ローマ人が実践していた書記の技術というのはゲルマン人にとって羨望の的であって、真似をしてでも自らの文化に採り入れたいものであった。ただ、それほど成功したとは言えない（with very limited success）」

"Germanic spiritual culture was traditionally oral. The art of writing was a luxury which Germanic people had seen Romans practise and which they no doubt envied and tried to imitate, with very limited success." (Odenstedt 1990:173)

歴史的に見て、ルーン文字がラテン文字より優位にたつことは実際なかったし、いつの時代にもルーン文字がラテン文字に取って代わることはなかった。これが「限定的な成功」（with very limited success）とする理由である。ヨーロッパ全土を版図に入れ、ルーン文字を巡る議論を辿ってみることによって、ゲルマン語圏（当時のヨーロッパの辺境）における文字体系の位置付けを文化誌として明らかにすることができる。

今日、私たちは、ルーン文字と言えば「ヴァイキングが用いた文字」（古ノルド語の表記はルーン文字が使われ、それゆえ2世紀～11世紀にかけて多くのルーン文字の石碑が残されている）という印象をもっている。確かに、現存する銘文の多くはヴァイキングが活躍した中世の時代のものであり（北欧へのキリスト教の伝播は11～12世紀に早

いペースで進んだ。11世紀頃のものと思われる、北欧の本来的な自然信仰の墓地と並んで、キリスト教の墓地の跡が発掘されている。この頃が、昔からの信仰とキリスト教の共存した時代なのだろう)、一般的には今もどうしても、ローマの文化とは深い森を隔て、北方の地に住んでいるゲルマン人というイメージが先行する。

　ゲルマン民族のうち、いくつかの部族はヨーロッパ北方から黒海沿岸に移り住んでおり、大西洋から黒海までの広い範囲でローマ帝国と国境を接していた。つまり、ゲルマン人は実はかなり古くからすでにローマ文化圏に隣接しており、恒常的にローマ人と盛んな交易があったことは事実である。ルーン文字は「ヨーロッパ北方の未開の蛮族の文字」・「ヴァイキングの文字」という一般的なイメージと異なり、先進文化圏であったローマと交流をもっていたゲルマン人の間で使用されていたのである。歴史と地理的広がりをもつ文字というのが実はルーン文字の史的特徴なのである。地理的・歴史的な環境を考えれば、ルーン文字はローマ文化やキリスト教などの高度な文明圏と接触し続けたことは確かだが、その内実はいかなるものであったのだろうか。そのために、まず注目するべきなのは宗教的要因である。異教が支配していた北欧へキリスト教が勢いをもって伝播していくのは11-12世紀の頃、7-8世紀頃に全盛期を迎えていたルーン文字（現存しているルーン遺物は5000点程度である。その大多数がスウェーデンにある）も、次第にその地位をラテン文字に譲ることになる。キリスト教の布教がラテン文字の普及と相関し、ルーン文字は異教のシンボル的存在として次第に排除されていくのである。この移行の時期、ルーン文字とラテン文字が同時に彫られた銘文がいくつも発見されている。cf. 藤森 (2006))、文字そのものの歴史は中世よりもはるか以前、ローマ帝国の時代にまで遡る（考古学の裏付けもあり、現在わかっている最古のルーン文字は紀元後2世紀のものであると言われている。cf. 岡崎 (1995:5):「ルーン字銘文の多くはキリスト教の導入後に違いない」)。ゲルマン人がキリスト教化されて（紀元後2世紀頃にライン川・モーゼル川流域に住んでいたキリスト者はいずれもローマ人であった。ゲルマン人のキリスト教への改宗は、498年のクリスマスにフランク王国の創設者クローヴィスが受洗することに始まる)、教会が彼らにローマの学問をもたらすまで（cf. 竹内 (2008):「布教の中で自分たちのラテン文字を各地に普及させていったと考えることができます」『ニュートン』(2008) 5月号、22頁)、彼らは読み書きができない非識字の状態であったというのは（事実に近いかもしれないが）事実をやや単純化しすぎていると指摘せざるを得ない。少なくともゲル

第1章　ゲルマン神話の本質　237

マン人の一部は、ルーンと呼ばれる彼ら自身の文字体系をもっていたからである（この文字の系譜については種々の議論があるが、一般的に、アルファベット体系の1変種であることは間違いない）。
(18) ラーニシュ（2014:42）には「紀元後200ごろラテン語の文字を模範としてルーン文字のアルファベットが創案された」とあるが、この説が正しいかどうか定かではない。
(19) https://ja.wikipedia.org/wiki/%E3%83%A6%E3%82%B0%E3%83%89%E3%83%A9%E3%82%B7%E3%83%AB#/media/File:Yggdrasil.jpg
(20) 「シグルドリーヴァの歌」という詩の中にもルーンのことが歌われている。

　勝利を望むならば、勝利のルーンを知らねばなりません
　剣の柄の上か。血溝の上か、剣の峰に彫り、
　二度チュールの名を唱えなさい。
　信じる女に裏切られたくなければ、麦酒のルーンを知らねばなりません
　角杯の上に、手の甲に彫りなさい。
　爪にニイドのルーンを記しなさい。

(21) ラーニシュ（2014:41-43）
(22) 谷口（1987:205）
(23) https://www.google.co.jp/search?q=%E3%82%AA%E3%83%BC%E3%83%87%E3%82%A3%E3%83%B3&newwindow=1&hl=ja&rlz=1T4GIGM_jaJP530JP530&source=lnms&tbm=isch&sa=X&ved=0ahUKEwjH9YD365vgAhXDM94KHXpsD3sQ_AUIDigB&biw=1183&bih=497#imgrc=eKJx86n7_aVcDM:&spf=1549069055447
(24) https://www.google.co.jp/search?q=thor+%E7%A5%9E%E8%A9%B1+%E3%83%88%E3%83%BC%E3%83%AB&newwindow=1&hl=ja&rlz=1T4GIGM_jaJP530JP530&source=lnms&tbm=isch&sa=X&ved=0ahUKEwjbvrSl7ZvgAhXYPXAKHdM4AkIQ_AUIDigB&biw=1183&bih=497#imgrc=OUmmDkf9kbtIAM:&spf=1549069420470
(25) https://www.google.co.jp/search?q=%E3%83%81%E3%83%A5%E3%83%BC%E3%83%AB+%E7%A5%9E%E8%A9%B1&newwindow=1&hl=ja&rlz=1T4GIGM_jaJP530JP530&source=lnms&tbm=isch&sa=X&ved=0ahUKEwjhvYCg7pvgAhWZFYgKHRodAaoQ_AUIDigB&biw=1183&bih=497#imgrc=i08o6BiD4idYAM:&spf=1549069678099
(26) ノルウェー西部・南部の豪族らが9世紀に政治的事情でアイスランドへの植民を進め、その地に故国の伝統的な生活様式を移しかえた。
(27) 12世紀終わりから文献記載の時代を迎える。
(28) ローマの史料では、トールが雷神と捉えられジュピターと同一視され

たり、オーディンがメルキューレと、チュールが軍神マルスと同一視されている。これら三神がゲルマンの主要神であったことは確かであろう。
(29) ローマのカエサルが著した『ガリア戦記』や、タキトゥスの『ゲルマニア』などは、成立時期が非常に古く、その意味で価値のある文献である。
(30) 谷口（1987:206-221）
(31) ギリシア神話のヘルメス。
(32)「ゲルマニアにおいて、神々の中でいちばん篤く崇められているのはメルクリウス神である」（タキトゥスの『ゲルマーニア』國原吉之助訳、ちくま学芸文庫）
(33) 共に戦場で屍を喰らう獣である。
(34) https://www.google.co.jp/search?q=Odin&newwindow=1&hl=ja&rlz=1T4GIGM_jaJP530JP530&source=lnms&tbm=isch&sa=X&ved=0ahUKEwjW1tzA8JvgAhVKeXAKHcwkBjIQ_AUIDigB&biw=1183&bih=497#imgrc=Kjo5il_DhQDIcM:&spf=1549070284033
(35) 谷口（1987:217）
(36)「オーディンの箴言」（146-163）に魔法の数々が記されている。
(37) 菅原（1984:46）
(38) デュメジルは、同じインド・ヨーロッパ語族であるインドのヴェーダのテクストを詳細に分析したが、この最初期の分離と統合の物語は憶測するしかないという結論に至った。
(39) ギリシア神話に見られるの激しい戦闘や嫉妬とは異質のものである。
(40) 大林（1966）・吉田（1975）・吉田／松村（1987）
(41) 後藤（2017:192）
(42) この1つの機能が2柱の神によって代表される。ゲルマン神話では僧侶の機能をチュールが果たしている。ただ、暴君・僧侶という区分は究極的には1柱の神の両面と捉えることも可能である。
(43) 三種の神器（鏡・太刀＜草薙の剣＞・勾玉）がこれら3機能に対応する。
(44) 最初は同じ部族から分かれたのではないか、後に紛争・分離し、やがて和解・融合したのであろうと種々の議論がある。
(45) ローマ神話の、ローマとサビニの関係についても当てはまる。
(46) フレイはゲルマン人ではない先住民族の神であり、後にゲルマン人に融合していったその民族において主神であったと考えるのが無理のない説明であろう。その先住民の主要神がニョルズ・フレイ・フレイアであったと想定される。一方、オーディン・チュール・トールは3柱ともゲルマン人の部族ごとの主神であったと考えられる。歴史的事実

として、オーディンを主神とする民族（ゲルマン人）が先住民に出会い、さまざまな争いの中で和解・融合し、オーディンを神とするゲルマン人が優位ではあるものの原住民の社会的地位も十分、守られ、このようにして、原住民の主要神（ニョルズ・フレイ・フレイア）がオーディンの神体系の中に組み入れられていったのであろう。

(47) 後藤（2017:192-193）。典型的には古代インド社会に当てはまるが、ローマやケルトの伝承にも適用でき説得力がある。

(48) 出雲大社の建造（開始は7世紀初め？）は、表面上は元明天皇（707-715在位）・元正天皇（げんしょう）（715-724在位）の事業ということになるが、その計画・実行者は藤原不比等であろう。かつて、聖徳太子は彼の怨霊の鎮魂のために藤原不比等によって法隆寺に祀られ、また柿本人麻呂は同じく藤原不比等によって石見（いわみ）に流罪となった。しかし、怨霊として藤原不比等の手により祀られたのはこの二人ばかりではない。大和王朝に敗れた出雲王朝のスサノオ・オオクニヌシこそ、藤原不比等が最も手厚く祀った怨霊神なのであり、藤原不比等（659-720年）こそが出雲王朝の神々を出雲の地に封じ込めた人物と考えられよう（梅原2012:344-5&368）。出雲のオオクニヌシの矛先は当初、越の国に向かったが、やがて大和にまで及び、出雲王権の支配圏は広大になるものの、最終的には大和王権に迫られ、ついに国譲りのやむなきに至る。こうして、大和王権に屈し滅び去ったスサノオ・オオクニヌシの出雲王権は長い時の流れの中でいつしか幻と化し、神話的フィクションとみなされるに至った。しかしながら、出雲神話は幻ではなかった。近年、荒神谷遺跡（こうじんだに）（銅剣）・加茂岩倉遺跡（銅鐸）が発見され、数多い青銅器が出土し、この考古学的発見により、出雲にかつて強大な王権が存在し高度な青銅器文化が栄えていたことが立証されたのである。出雲王朝の興亡を神話化した『古事記』・『日本書紀』成立に深く関与した藤原不比等こそが、スサノオ・オオクニヌシという大怨霊神を手厚く祀るため壮大な出雲大社を建立したのではないかと考えられるわけである。

(49) 菅原（1984:54-55）

(50) ブレーメンのアダム（1050年～1080年）とは、ドイツのブレーメンの大司教区で大聖堂付属神学校の学校長であった人物で、スカンディナヴィア諸国の歴史について執筆した年代記編者。著書『ハンブルグ年代記』の中で神々の神殿について記しているが、事実性に関しては今日はっきりしたことはわかっていない。

木版画:ウプサラ神殿(オラウス・マグヌスによる『北方民族文化誌』1555年)

カール・ラーションの絵画『冬至の生贄』による、想像上のウプサラ神殿

(51) ウプサラ神殿。オラウス・マグヌス(ウプサラ大司教)の『北方民族文化誌』(1555年)より。
(52) Petersen (1876) の論考以来のことである。
(53) 移民したのは農民たちと考えられ、ある意味、当然である。
(54) 谷口(1987:223)
(55) 菅原(1984:46-47)

第2章
比較神話学

> 歴史としての古代史はこのままではいつまでたっても見えてきはしない。人々の澱(おり)ともいうべき古記録や古伝や古い社殿やそれらに類する叙事詩的史料としての古事記・日本書記を復権させることなしにはおそらく永遠に［…］。（安彦 2003:137）

　比較言語学が、サンスクリットと古典ギリシア語との比較がいわば一番の基礎になって、インド・ヨーロッパ語というのをある程度まで復元できるくらいの成果を上げたように、それと同様に、神話に関しても、インドとギリシアに最も豊富に古代の神話が残っているのであるから、インドとギリシアの神話を、ちょうど比較言語学者がサンスクリットと古典ギリシア語を対象にして行ったようにして比較すれば、インド・ヨーロッパ語族のもっていた共通の神話を復元できるという方法論をうちたてんとしたのは自然なことであった。

　インド・ヨーロッパ語に関する比較言語学という学問の進展に伴い、インドとヨーロッパの関係が注目されるようになり、「インド・ヨーロッパ語族」という分類が誕生したのが19世紀後半であり、フランスの神話学者デュメジル G.Dumézil が比較言語学の手法に基づき比較神話学を確立させたのが20世紀前半である。そもそも、18世紀以前から、アメリカ大陸より伝えられる新しい神話を比較しようとする試みもまた、構造主義言語学の発展期の動向と類似していると言える。人類学者レヴィ・ストロースが世界のさまざまな神話に目を向け、構造的

神話学の著『神話論』(1964-1971)を発表したのは画期的であった[1]。

　科学的な学問として神話の比較を本格的に行ったのがデュメジルであると言える。このデュメジルについて注目すべきは、彼が必ずしも最古の神話を研究対象とはしていないことである。すなわち、デュメジルによって、比較神話学は、当時、当然の如く考えられていた比較言語学の延長線上にあるものとしての地位からいわば独立したことになると言える。デュメジルが行った、比較神話学の比較言語学からの独立宣言とは次のようなものである。ヴェーダやホメロスは確かに言語的に見れば最古の史料であるが、しかしながら、古い神話テーマの残存は史料の年代とは必ずしも合致しない。比較神話学では古い史料が必ずしも最善ではない。こうして、言語の古さという基準から逃れることで、言語学では軽視されてきた史料まで含めた、より広い展望を手に入れることができる。また、ラテン・ゲルマン・ケルト・スラヴなどの史料の方を重視するが、それは、これらの社会は、インド・イラン・ギリシアに比して文明化が遅れたので、たとえ史料の年代が新しくとも、インド・ヨーロッパ語族の観念をより忠実に保持しているという理由からである。よって、史料の相対年代・ジャンルへの偏見のなさが、比較言語学にはないデュメジル流の比較神話学の特徴である[2]。その根拠となるのは、インド・ヨーロッパ語族についての最古の諸証言からは、分裂前の状態は再建できず、古い史料が残っているのは、知的努力が早くから見られた文明社会だからである。すべての口承伝承は非常に緩慢に姿を変えていくし、それは秩序立ったものではない。しかし、文明社会の史料はそうした単純な進化をとげないのだ。文明社会では成熟化があらゆる面に

及ぶので、史料はすでに改訂され、再考され、場合によっては背景に追いやられた形でしか残らない。歴史はその第一歩からすでに、バラモンの神秘主義やゾロアスターの道徳主義などに直面するのである(3)。

ところで、19世紀の進化論の影響を受けた神話学は、次第にその進化論の考え方の影響下から脱していくことになり、その変換期に登場した人物がデュメジルであると言える。デュメジルは、世界中のインド・ヨーロッパ語族の神話を対象とし、インド・ヨーロッパ語比較言語学の泰斗メイエ A.Meillet の弟子として、歴史言語学者の立場から神話を研究し、さらに神話体系の比較研究のみならず、個々の神話に対してケース・スタディー的研究をも進めた。こうしたデュメジルの研究には、ヨーロッパ独自の神話を発見しようとする意識の芽生えをさまざまなところで見て取ることができる。例えば、インド・ヨーロッパ語族に固有の世界観を求めていたデュメジルは、ゲルマン神話特有のエピソードに配慮しつつ、三機能体系（神聖性・戦闘性・生産性）をゲルマン神話に当てはめることでそのオリジナリティーを証明しようとした。先行する19世紀のミュラーやフレイザーの立場をある部分継承しながらも、デュメジルはそこから抜け出そうとしている印象を与える。デュメジルは19世紀と20世紀の分岐点にいて、歴史と構造という二つの立場を体現していたと言えよう(4)。

デュメジルが神話の変容の要因として挙げていることばを引用するとすれば、ケルトやスラヴなどキリスト教化された地域では、神話はそのまま存在することが許されず、「古い儀式と結びついた伝説（＝神話）すぐに民間伝承の地位へと下落し、神々は英雄に姿を変える」。ギリシアには確かに極めて豊富に

神話が残っているけれども、インド・ヨーロッパ語族であるギリシア人が、インド・ヨーロッパ語族時代の神話を伴い現在のギリシアの地に入り込んで来たのは、紀元前2000年より少し前くらいである。その時点で、当時のギリシア人は、すでに当地で行なわれていた、より進んだ青銅器文明の影響を受け、その後クレタ島のミノア文明の影響を受け、あるいは地中海のフェニキア、さらにメソポタミア・エジプトなどの先進文明の影響を受けて、もともとギリシア人が本来もっていたインド・ヨーロッパ神話は変容していった。このように、ギリシア人の神話は、インド・ヨーロッパ語族ではない他の先進文明から受けた影響の方がずっと強い。この点に関し、言語学的な並行性をグリムは指摘しているように思われる。(5)

Plato, der sich müht in griechischen wörtern einen ursprünglichen geistigen sinn zu entdecken und dabei völlig übersieht, dasz dieser in seinen schwingungen auf unzähligen wegen in den formen der spreche verloren gegangen sein oder versteckt liegen könne. (Grimm ²1879:302)
　　sich mühen「骨折る」, geistig「精神的な（cf. geistlich「宗教の」）」, über|sehen「見落とす」, dasz = dass, schwingung「振動」, unzählig「数え切れない」, könne：接続法Ⅰ式
　　プラトンはギリシア語の言葉の中に根源的な精神的意味を見出そうと努めたが、そのような意味が無数の道筋を経て振幅するうちに言葉の形態の中に消失してしまったか、あるいは隠蔽されてしまった可能性があることを全く見逃している。

ギリシア神話と異なり、ゲルマンやケルトの神話は、キリス

第2章　比較神話学

ト教の影響を強く受けているので、元の神話を残す余地があまりない。あるいは、ラテン語で書かれたローマの文学の中で語られている神話は、そのほとんどすべてがギリシア神話の翻案で、ローマ人が元来、神話をもっていたかどうかわからない。ただし、デュメジルはここで、

- インドの祭司ブラーフマナに匹敵するような、堅個な祭司組織がローマにはある。これは、非常に保守的で伝統をよく保持する。併せて、ゲルマン神話は極めてよくその元の構造を残している。
- 本当に古い元のインド・ヨーロッパ語族の神話を復元できる可能性という点に絞れば、神話の比較を補うために役立つ史料は、むしろゲルマン・ケルト・イラン等の側の神話にある。

という見方をする。

　デュメジルの発想の中でも一番注目すべき点は、『インド・ヨーロッパ語族の三区分イデオロギー』の中で提唱された、神話の三機能体系である。これは、デュメジルが唱えたインド・ヨーロッパ語族に固有の世界観で、この三構造に鑑み、個別地域の神話を、より精緻に体系化しようとする試みである。神聖性・戦闘性・生産性という三つの観念が階層をなして世界を構成しているという考え方である。具体的には、インド（ミトラ・ヴァルナ・インドラ・アシュヴァイン双神）、イラン（大天使）、ローマ（ユピテル・マルス・クイリヌス）、ゲルマンの各々について言語学・文献学の面から、この三機能を当てはめ説明しようと試みたのである。ただし、この論点には批判も多い。例えば、三機能体系というのはインド・ヨーロッパ語族に固有のものであるはずはなく、祭司・戦士・生産者という分業があるような

社会であれば、どこでも自然にそういうものが生まれ得、よってインド・ヨーロッパ語族の影響を受けたところ以外でも、いたるところで同様のものが見つかるはずであるという趣旨のものである。ただ、デュメジルは、神話の普遍性を目指していたのではなく、インド・ヨーロッパ語族の神話の独自性を解明しようという志向性をもっていたことを表わす例証として、デュメジルが次のような説を提唱していたことが挙げられる。すなわち、デュメジルは、ある神話がインド・ヨーロッパ語族に独自の神話テーマであることを示すための条件として以下の3つを挙げた。

1) そのテーマが他の言語集団には見られないこと。
2) 複数のインド・ヨーロッパ語族に同じテーマが見られるのが偶然ではないと示すこと。
3) それがある集団から伝播した結果ではないこと。

さて、古より伝えられてきた神話は、人類の精神史とも言えよう。文明発祥の頃から神話は人類とともにあり、その元は古代の人が自然の動きや天変地異を自分なりに解釈して語り継ごうとしたものなのかもしれない。比較神話学界の泰斗マックス・ミュラー Max Müller（1823-1900）は、世界各地の神話の神々（特に最高神や主神）が天体や自然現象を司ることから、天体の動きの反映が神話であると考えた。この意味において、ミュラーを比較神話学の先駆者と呼んでもいい。彼は、原人類は抽象的な概念を表現する言語をもっていなかったので、天体現象から受ける畏敬や畏怖の念を人格的な表現でもって表わしたのだとし、これが後に本来の意味が忘れられ人格的な存在が登場する神話になったのだと説く。ミュラーは、神話の全ては自然現象にあると主張した。比較言語学の手法を用い、最古だとの史料

だといわれている『ヴェーダ神話』を中心に神々の名前の比較を行うことから、彼は神話を扱い始めた。ミュラーの信条ともなっている「すべての神話は太古の人類が太陽の運行に対して感じた驚きから生まれた」とする自然神話学説（もしくは太陽神話学説）は、インドとギリシア両地域の神話伝承を比較検討することで、インド・ヨーロッパ語族さらには人類の最古層の精神文化を知ることができると想定している。[11]

　マックス・ミュラーがイギリスで活躍していたのと同じ頃、ドイツでは、グリム兄弟 Brüder Grimm を代表とする、ロマン派の影響を受けた新しい比較神話学の動きが始まっていた。[12] 兄ヤーコプ Jacob と弟ヴィルヘルム Wilhelm が共同で『グリム童話』（1812-1815）・『ドイツ伝説』（1816-1818）を著しているが、これもやはりロマン派の「民族の魂」を明らかにしようとする動きの1つであると考えられる。彼らの伝説観を示すものとして次の箇所がある。

Dasz an eines menschen ohr jemals, so lange die welt steht, ein unmittelbares wort gottes gedrungen sei, kann alle menschliche geschichte mit nichts erweisen. Seine verlautbarung würde keiner menschensprache nahe kommen, eine harmonie der sphären sein. Wo, dasz gott redete, aufgezeichnet ist, hat der geschichtschreiber einer sage gefolgt, die für die dunkelheit der vorzeit eines gangbaren bildes sich bediente. (Grimm ^{2}1879:275)
　dasz = dass, mensch「人間（弱変化名詞）」, jemals「かつて」, dringen「（突き）進む」, sei:接続法Ⅰ式（< sein）, er| weisen「証明する」, verlautbarung「（公式の）発表」, würde:接続法Ⅰ式（<

werden）, auflzeichnen「描く」, sage「伝説・民話」, vorzeit「大昔・太古の時代」, gangbar「実行可能な・広く行われている」, bild「比喩・像・表象」, sich et.² be|dienen「使う」

この世が存在して以来かつて、人間の耳に神の直接の言葉が届いたということなど、人間の歴史すべてに、証明できるものはない。［…］神が話をしたと記録されている場合、歴史の記録者は伝説に従ったわけであるが、伝説とは、暗闇に包まれた太古の時代に対して、わかりやすい比喩を使ったものなのである。

　兄ヤーコプは単著で『ドイツ神話』（1835）を刊行する。その中で彼はドイツ以外のインド・ヨーロッパ地域の神話にたくさん言及している(13)。その際ヤーコプは神話とその他の物語形式の間にはどのような関連があるのかを考察した。基本的に彼は神話が伝説や昔話に変容していくという立場をとっており、ゲルマン民族には北欧を除けばギリシア神話に相当するような神話群が見当たらないその理由も、古代のゲルマン神話が昔話や伝説に姿を変えていったからだと説明している(14)。

　さて、20世紀の最初の神話学者と言えるのが民俗学者レヴィ・ストロースである。彼は、まず言語学者として音韻構造の分析を手がけ、その後、民俗学者として同様の構造分析を行えないかと始めたのが神話の体系化であった。彼は、神や英雄など個別の名前や役割よりもむしろ、神々や登場人物たちの関係から導かれる体系性を重視する。このような、自然に存在する諸事象を分類し体系化・構造化することによって世界を理解しようとする思考をレヴィ・ストロースは神話的思考と名付けた。20世紀を代表するもう一人の神話学者はミルチア・エリアーデである。彼は、歴史主義のもとに発展した唯一神への信

仰ではなく、さまざまな神々が存在する神話の世界が宗教の代わりとなると考えた。エリアーデは、すべての神話は何らかの始まりを説明する起源神話であるべきであり、神話とは存在を基礎付ける模範的な典型例であると主張したのである。

　20世紀後半、世界中の神話をほぼ均等の比重で論じる気運が高まる。日本でも、インド・ヨーロッパ神話と日本神話との間に構造的類似（アマテラス・スサノヲ・オオクニヌシの三神の役割等で）が見られるという考え方は、研究者の間で根強く信じられている。これには、イラン系の遊牧スキタイ人が東進してアルタイ語系の遊牧民と交流し、インド・ヨーロッパ語圏の三機能体系の神話伝承を伝え、それが朝鮮半島に伝わり、さらに朝鮮半島からの帰化人集団の手で古墳時代の大和朝廷に持ち込まれ、彼らが作成に携わった『記紀』神話にその骨組みとして採り入れたという経緯が、その前提として想定されている。

　ここまで比較言語学に端を発する比較神話学の系統を概観したが、神話学とその隣接諸領域の主な流れを大まかにまとめてみると、神話学は、

　　比較言語学 → 文化人類学 → 構造言語学（→ 精神分析）

という軌跡を辿ってきたようである。併せて、さまざまな学問分野と連携してきた証しとして、神話学が対象とした領域が次のように変遷していることを指摘できよう。

　　自然現象 → 文化現象 → 人間社会（→ 人間心理）

　柳田国男が「神話から昔話へ」という考えをもっていたことは事実だが、一方「耶蘇教国の人々だけは、従来文化は平押しに、新しいものが進み古いものが退いたと解して居た故に、説話時代の神話を認めることが出来ず、ましてや神話時代にも既にあった民間説話などは、想像して見ることも出来なかった」

(『桃太郎の誕生』)とも述べている如く、ちょうどドイツのグリムのように、神話から昔話へ発展という単線的で一方的なものとしては、これらの関係を捉えられないという認識であったこともまた確かである。もっとも、今日では、神話と昔話とは併存するものであり、互いに交流し合っていたという考え方が一般的になっており、神話・昔話の併存という方向性で議論される場合が多い。グリムの神話観の一面を示す、次の箇所を挙げておく。

> Des alterthums kindliche vorstellung pflegte unmittelbaren verkehr der gottheit mit den menschen anzunehmen, dessen wirklichkeit unsrer vernunft unbegreiflich und so ist wie der meisten andern mythen.（Grimm ^{2}1879:272）
> vor|stellung「表象・想像」, pflegen「～するのが常である（zu 不定詞と共に）」, ver|kehr「交流・往来」, an|nehmen「推測する・仮定する」, unbegreiflich「不可解な」, so - wie ～「～と同じく―」, unzulässig「許されない・許容し難い」, mythe「神話（= Mythus）」
> 古代の幼い考え方は、神と人間との直接的な交流を仮定してきた。その現実性は、しかしながら、私たちの理性には理解不可能で、他のほとんどの神話と同様、受け入れ難いものである。

【注】

(1) この書は、各神話間の関係性を調べたもので、1400もの神話が紹介・分析されている。
(2) 吉田（1975）
(3) デュメジル『不死の饗宴』「序論」。デュメジルはインド・ヨーロッパ

圏の神話の比較から、伝承圏という概念を提唱した。それは、アンブロシア伝承圏と呼ばれる、不死の飲料を巡る神々とその敵対者の争い、それをあらわす神話と儀礼のセットに代表される。これは、インド・ヨーロッパ語族に特有の神話のタイプなのだと考えられる。デュメジルは神話と儀礼を同地位のものと捉え、両者の複合を探し、重要な証拠として語源に一致を探求した。

(4) その意味で、デュメジルの前期（1930年代半ばまで）ではなお19世紀型神話学の影響が色濃い（デュメジル（1987）：個別地域の神話を三機能体系に基づいて、より精緻に体系化しようとする）。いわば中期（1938年の『大フラーメンの先史』から1958年の『インド・ヨーロッパ語族の三区分イデオロギー（邦題：神々の構造）』に至るまで）において、個別に神や神官を比較する作業から神話の体系の比較へと推移していく。これは、20世紀型神話学の先駆者となる段階であると位置付けられる。後期は集大成の時期として、1959年の『ゲルマンの神々』でインド・ヨーロッパ語族の個別神話についての再検討と総合を目指し、また、神話が叙事詩化されていく過程を総合的に分析する（デュメジル『神話と叙事詩』(1968-1973)）。神話が他の物語へと変容する可能性についてのデュメジルの指摘も注目に値する。神話研究の領域に、こういった叙事詩・伝説・昔話などもまた研究対象として組み入れられ得る可能性は十分にある。

(5) 神話と同様、言語に関しても、ギリシア語は他言語とは異なり特別に貴重な存在であるという印象をもたれていたことは否めない。

(6) ケルトで言えばドゥルイド。

(7) この点、ヴァンドリエス J.Vendryès が、ラテン語とインド・イラン語に、宗教関係の語彙で共通するものが多く残っていること（伝統的な祭司組織がインド・イラン人、イタリック人、ケルト人等に共通してあったことと併せて）を指摘している。例として、ロムルスの建国神話（インド・ヨーロッパ語族の神話の古形をよく残している）を挙げている。

(8) デュメジルは、神話に採用されなかった三機能が叙事詩となった可能性をも指摘し興味深い理論を提供している。

(9) http://www.mirai.ne.jp/~panther/myth/myth00.html（2018年10月 アクセス）

(10) ミュラーに代表される自然神話学派が果たした貢献とは、印欧語族という1語族に共通の神話を復原しようと試みたことである。これは、その後、印欧語族以外の諸語族についても、ある語族に共通の神話を復原しようという試みの先駆けになった点において、高く評価されるべきである（大林1966:16）。片や、Schmidt (1930) が指摘するように、

印欧語族以前の宗教や神話が、印欧諸族の神話中に残存している事実にほとんど注意を向けなかったことなどの欠陥が挙げられる。
(11) Grimm (^{2}1879:276)：„Es mag auffallen, dasz weder das griechische noch indische alterthum versucht haben die frage nach dem ursprung und der manigfaltigkeit menschlicher zungen zu stellen und darauf zu antworten. Die heilige schrift strebte wenigstens das eine der beiden räthsel, das der manigfaltigkeit durch den thurm von Babel zu lösen." (auflfallen「目立つ」, weder - noch ～「――でも～でもない」, manigfaltig = mannigfaltig「多様な」, zunge「舌・言語」, heilige schrift「(聖なる書き物)＞聖書」, streben「努める」, thurm = turm「塔」)「古代ギリシアも古代インドも、人間の言語の起源とその多様性について問うことをせず、それに答えようともしなかったということは不思議に思われるかもしれない。『聖書』は、その2つの謎のうちの少なくとも1つ、多様性の謎を「バベルの塔」で解決しようとした」。グリム以前に、ヘルダーが言語を人間自身が生み出したものという立場を表明していた。一方、言語を神によるものだという考えも当時、根強かった。グリムは改めて、人間による言語の創出という説を展開している。
(12) ホイスラー（2017:9）：「古代ドイツ人は［…］その原初の時から神々のうたを歌い、そして同時に地上の英雄たちのうたを歌ってきた」。
(13) 吉田・松村（1992:208）
(14) この考え方に対し、昔話や伝説は神話の残存ではなく、むしろ神話の誕生の土壌であるとみなすのが Schwarz (1885) である。妖精や小人など小さな存在への信仰からこそ大神は生まれたはずだとする。
(15) これは、「近代的神話学」の登場とも言われる。エリアーデ(1907-1986)の『世界宗教史』で展開される神々誕生の物語は、現在でも多くの民俗学書に引用されている。それ以前は、主にインド（よく使われた史料はリグ・ヴェーダ）とヨーロッパの神話の比較論が盛んであった。
(16) 大林（1984）『東アジアの王権神話―日本・朝鮮・琉球』、吉田（1974）『日本神話と印欧神話』、吉田（1976）『日本神話の源流』など。
(17) 松村（2000:26-33）。
(18) 例えばエリアーデは、ゲルマンの神オーディンとその神話に関しシャーマニックな特徴が見られることに触れ、オーディンの自己供犠、化身による旅、ミーミルの頭などは北アジア・シベリアのシャーマニズムと類似していることを指摘し、オーディンを魔術の授受者のイメージで捉えている（谷口1987:228）

第3章
日本神話(1)(出雲神話を中心に)

> 花の窟神社の鎮座地、有馬町は縄文弥生式以来の古代遺跡の多数分布する所で、この祠跡(2)はイザナミ神話を奉ずる弥生式農耕民族によって残された我が国最古の祭祀遺跡の一つであると思われる。(3)(『熊野市史』263頁)

　日本人はどのような世界観をもっていたのか、それは、『記紀』の神話を見るとわかる。どうやら世界は三構造をなしていたらしい。高天原(たかまがはら)という天があって、地下に根の国があり、高天原と根の国の中間に葦原の中つ国がある。魂が天上から地上の国、すなわち中つ国にやってくる。しばらく経って死んで、また天上へ帰っていくものもあれば、地下へ行って押し込められるものの二種がある。霊というのは、復活したいという願望があるので、できるだけ天上へ帰っていこうとする。地下へ行って永遠に地下に押し込められることのないようにする性格がある。(4)こうした三世界構造の認識が『古事記』あたりから感じられる。こうして、現実世界の中には、いつも、神の国から来た人間と、根の国から来た人間が混ざり合っている。(5)日本人の深層にある異界からのイメージを動物で例えて言うならば、天界と結び付くのは鳥であり、根の国の使いはヘビである。以下は、まず、比較神話学の構想のもと、日本神話の特性を浮かび上がらせることを目的に、『記紀』を中心的な素材にして日本の神話および神話学の現況について論じることから始めたい。

神話には、ある民族が過去に経験した事実が秘められている。それは、歴史的な事象だけではなく、その民族の心と夢が投影されている。例えて言うならば、日本神話において、日本人の心情は他の民族とは異なるものとして描かれているといった具合である。あるいは、その世界観においても、日本神話では、神は人間になることができ、人間もまた神になれるという見方がなされる。これは、キリスト教文化とは異なるものである。日本神話の著しい特徴として挙げられるものとして、禊ぎ(6)（みそぎ）（アマテラスはミソギによって生まれる）がある。他の国の建国神話には見られないものである。イザナギは死の国へ行き穢れたので身をすすぐ。このミソギにより、最も重要な神々であるアマテラス・スサノオ・ツクヨミが生まれる。クニノトコタチノカミをはじめとする自然生成の神々、あるいはイザナギ・イザナミという国土・人間の生産に結びつく神々は決定的な支配神になることができず、その後の時代に初めて、すなわち、ミソギによってのみ、国家支配の神が生じる(7)。

　『古事記』にしろ『日本書紀』にしろ、日本神話に共通して見られる特徴は、神の世界の出来事と人の世界の出来事が一つの統一された物語性の中で捉えられているということである。インド・ヨーロッパ神話の一つ、ギリシア神話においては、神々の世界と人間の歴史世界の間には時間的断絶があって連続してはいない。このように、日本の神話記述の方法とギリシア神話の記述方法とでは根本的に違っている(8)。片や、世界神話には、個々の民族の神話を通底するような共通した筋書きや型（パターン）がある。例えば、創世神話・国生み神話・始祖降臨神話・日蝕神話・五穀起源神話・食物神殺害神話・隠れ里説話・呪的遁走型説話・釣針喪失説話・末子成功譚・霊泉譚・大樹伝説な

どである。ここですでに、いわゆる口承文学のカテゴリーのあり方を検討し直す必要性に迫られる。神話・説話・伝説の類は、もともと古代人が自らの豊かな想像力を描き記し、それを口頭で語ったものである。さまざまな出来事を神々の活動を中心に解釈し説明したものが神話であり、理想的な英雄を軸に話が展開されれば伝説とみなされるし、また、話そのものにウェイトがおかれ神話や伝説に見られる信仰的な要素が失われているものが説話と考えられる。もっとも、これら古伝承の区分は容易ではなく、ひとまとめに解する傾向がある(9)。

さて、日本神話、とりわけ『古事記』・『日本書紀』の神話体系は、出自淵源を異にする神話モティーフ、諸要素が複合・整合化され出来上がっている。すなわち、『記紀』神話は、いくつかのモティーフを素材として用いながら、その原初的意味を違え、整然とした体裁の中に自らの世界観に基づく新しい論理体系を組み立て上げた。日本神話は、まさに日本語の系統の問題と同じく、その系譜には複合的な側面が見受けられる。単純化して述べれば、天孫降臨など支配階級につながる神話は朝鮮半島から中央アジアに連なる内容であるし、島生みなどに関する基層的な神話は中国南部・東南アジア・オセアニアなどに類例を辿ることができる(10)。

一般に、『古事記』は天武天皇の命により、稗田阿礼が誦習するところの『帝記』・『本辞』を太安万侶が選録（711年）したものとされている。作品の全体の三分の一（上・中・下の三巻のうちの上巻）が神の代の物語、すなわち神話に当てられている。筆録にあたって、いかに表記するかで太安万侶が苦心する様子が「序」に詳しい。必要に応じて、表音的・表意的の2つの方式を折衷して表記した。散文は和化漢文体、歌謡は音仮

名による和文体というスタイルをとっている⁽¹¹⁾。神話の中身は、それを生み出した人たちの世界観のあらわれであり、神話の世界観は、原初の時に対する統一的な認識のありようを示すと言える。例えば、出雲の地に目を向けてみれば、この地は元来、他界信仰の霊地であり、他界への入り口と信じられていた。出雲の国譲りの神話は神々の終焉を物語る説話の名残と言えるであろう⁽¹²⁾。こうして、環日本海の出雲は、政治的と言うより宗教的な勢力であり、呪術（シャーマニズム）的な信仰文化の中心とみなされるようになった。この関連では、『記紀』のオオクニヌシノミコトの医療神的性格（例：因幡の白兎）が指摘されよう。ただし、神話の成立には確かに国家的・政治的な理念に基づく虚像によるところがあるとは言え、ある程度、民間信仰に基盤をおいている実像の部分もあると考えられ、この虚像の成立事情およびそのプロセスを解明するには歴史学や民俗学・民族学の方法がどうしても必要である⁽¹³⁾。これまで『記紀』の出雲神話や『出雲の国風土記』は専ら文学者や民俗学者の研究対象であった。

　次に引く伝承は、『記紀』が単なる創作ではなく、生き生きと史実を描かんとする姿勢が見て取れる箇所と言えよう。ここでは、本居宣長の『古事記伝』巻十にある熊野に関する描写を例証として挙げる（「凡て熊某（クマナニ）と云は、みな猛（タケキ）を云る例なること」『古事記伝』（三）岩波文庫67頁）⁽¹⁴⁾。この熊野は、『日本書記』においてイザナミノミコトの葬られた場所として登場してくるのであるが、現在の三重県熊野市有馬町に「花の窟（いわや）」というところがあり、ここがイザナミノミコトと火の神カグツチの墓とされている⁽¹⁵⁾。

一書曰「伊弉冉尊火神を生み給う時に灼かれて神退去まし
ね故れ紀伊国熊野の有馬村に葬しまつる土俗此神の魂を祭る
には花の時に花を以って祭る又鼓吹幡旗を用て歌い舞いて祭
る」

　花の窟神社の祭神、イザナミはこの神社から西へ1,5キロ
行ったところにある産田神社の地でカグツチを産んだと言われ
ている。毎年、2月2日・10月2日に、今日まで連綿とこの『日
本書記』に記されていることそのままに「花の窟神社大祭」と
いう神事が行われ続けている。この神社には古来、社殿がなく、
高さ45メートルの石の巌壁が南向きにあり、その正面に壇を
作り、玉垣が囲む拝所が設けられている。花の窟神社には宣長
も次の歌を寄せている。

紀の国や 花窟にひく縄の ながき世絶えぬ 里の神わざ

花の窟神社春季例大祭（毎年2月2日）

ただし、『古事記伝』巻十の中、宣長が熊野と出雲の関係を論じている点は、歴史学的に考えてみるに、疑問符が付けられねばならないのではなかろうか。論点とは、すなわち、紀伊の国の熊野と、出雲の国の中にある熊野とで、少なからぬ地名が共通することの理由を、古い時代に出雲族の一部が、その出雲国より紀伊の熊野へ渡来移住した所以だとする考え方の妥当性に関してである。確かに、熊野三山の一つ、速玉神社と同名の神社が出雲国意宇郡にもあること、あるいは、同所に韓国伊達(からくにいだて)神社があるのに対して、やはり紀伊国名草郡にも伊達神社があり、また、出雲の国大原郡に加多神社がある一方、紀伊の国名草郡にも加太神社がある等、同名の社が多いことは事実である。しかしながら、熊野の地名の起源は出雲にあるとし、熊野は出雲族により開かれた土地であると説く宣長の学説が十分な論証をもった説かどうか、明確なことは現在でも言い切れない。もっとも、この説は代々受け継がれ、明治時代以降でも唱えられ続けるいわば伝統的な学説なのである。以下に宣長の考えるところを記す。[19]

　出雲と木ノ國と、同く通へること多し。まづ伊邪那美ノ命をば、伯伎の堺なる比婆之山に葬奉ルとあると、紀伊ノ國熊野之有馬ノ村に葬奉ルと同事、又熊野てふ地ノ名も、二國にあり。また意宇ノ郡速玉ノ神社、牟婁ノ郡熊野速玉ノ神社、又意宇ノ郡韓國伊達ノ神社、名草ノ郡伊達ノ神社、大原ノ郡加多ノ神社、名草ノ郡加太神社、これらみな同名なり。此レ皆右の三神の、出雲ノ國より遷り渡り坐シし時の由縁なるべし。書記に、奉レ渡シ二於紀伊ノ國一とあるも、須佐之男ノ命の、三神を出雲ノ國より渡し奉りたまふなり。然後云々とあ

るにてしか聞ゆ。

　近年、続々と発掘される環日本海地方の遺跡は、かつて出雲を中心とした王国が実在した証拠であると言えよう。畿内とは異なる、環日本海文化を共有する文化圏集団をなし、クニとしてはそれぞれ独立し王や首長のもと原始国家を形成していたと考えられる環日本海地方には、北九州・出雲よりも進んだ文化と技術が段階的に徐々に渡来したと想定される。この渡来の動きは弥生時代に本格化し古墳時代中期頃まで続いたものと考えられよう。古代史の日本は大きく分けると、縄文地域と弥生地域に分かれる。弥生地域は、大陸からやって来た渡来人が稲作農業をもって住みついたところである。熊野は、弥生文化の中心である近畿地方にありながら、強く縄文文化の面影をとどめている地域である。多分に縄文的特徴をもった縄文の遺民であり、最近まで縄文的生活をしていたという点に、熊野の風土的特徴がある(20)。

　ここで、従来の歴史学・考古学等の成果を総合的に判断し、古代の渡来のプロセスを時間軸に沿った形で通時的に描いた図として次のものを挙げよう(21)。

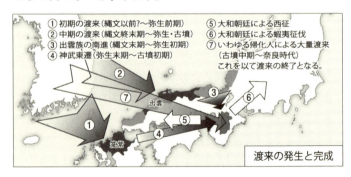

まず距離的に最も大陸・半島に近い北九州に向かって行われ①、

ついで出雲は北九州とは別個に「渡来人の国」を山陰に築き、その勢力を拡大していた②。

その勢力は大和にも及んでいたと考える③。

やがて出雲を傘下においた北九州勢力は大和を攻めこれを征服する④。

勢いに乗った新興勢力は矢継ぎ早に周辺部族を征服し、初期王権国家を立てる。そして未だまつろわぬ西国・東国を攻める⑤・⑥。

今日大和朝廷と呼ばれるこの勢力は、ほどなく全国を統一して中国に倣って律令国家を樹立する。その過程で大陸・半島から多くの人材を呼び寄せ、国家の建設に向かう⑦(22)。

『記紀』によれば、高天原を追われた素戔嗚尊は、出雲の国肥の川(ひ かわ)(23)の上流に天降った。ここで八俣大蛇を退治し、櫛稲田姫(くしいなだひめ)と夫婦になり、須賀の地に新居を建て子をもうけた。その五代目の子孫が大国主命(24)である。大国主命は、因幡の白兎にも見られるような善政で出雲を治めていたが、高天原から派遣された建御雷神(たけみかずち)は稲佐の浜で大国主命に出雲を高天原に譲るよう迫った。大国主命は、我が子、事代主命(ことしろぬしのみこと)と建御名命(たけみなのみこと)に相談するが、二人とも服従の意を示したのでいさぎよく天つ神に国を譲り、自らは壮大な宮殿を建てて隠遁する(25)（異説によれば海中に没したという）。これで出雲は高天原勢力の傘下に入ることになる。こうして出雲が平定されて、『記紀』の伝える天孫降臨の舞台は九州に移る。天孫番能邇邇芸命(ほのににぎのみこと)は、筑紫は日向の高千穂の久士布流多気(くしふるたけ)に天降った。ここで木之花佐久夜毘売(このはなのさくやひめ)を妻とし三

人の子をもうける。この子孫からやがて初代天皇である神武天皇が出るのである。[26]

ここでいう「壮大な宮殿」とは、すなわち出雲大社のことであるが、この神社がいつ造られたかははっきりわかっていない。『記紀』では、神代の昔に「豊葦原の中つ国」つまり日本国の支配権をニニギに譲って黄泉の国の王となったオオクニヌシの宮殿として建てられたのが出雲大社とされている。しかしながら、このような巨大な建造物が弥生時代と思われる神代に建てられたとは考え難い。[27]

出雲大社の社の配置

そもそも、神社が建造されるのは、仏教の寺院が造られた後と考えられる。日本最初の仏教寺院は蘇我氏が建てた飛鳥寺(法興寺)であり、これが完成したのは推古天皇の御世である。もともと、日本人の神信仰は自然信仰であった。例えば、大神神社(三輪神社)・那智大社などでは、一つの山・一つの滝が御神体であり、したがって神社という建物を必要としなかったのである。日本の歴史において神社崇拝が行われるようになったのは通常、考えられているよりかなり後のことである。[28]

出雲大社の建造について『出雲風土記』には次のように書かれている。[29]

杵築郷　郡家西北二十八里六十歩
八束水臣津野命之國引給後所造天
下大神之宮將奉與諸皇神等參集宮
處杵築故云寸付

杵築の郷。郡家の西北のかた二十八里六十歩なり。
八束水臣津野命の国引き給ひし後、天の下造らしし
大神の宮を造り奉らんとして、諸の皇神等、
宮処に参集ひて、杵築きたまひき。故、寸付という。

　この『出雲風土記』が語るには、出雲大社が造られたのは大国主命の祖父、八束水臣津野命の「国引き」の後のことという。つまり、出雲大社ははるか昔の神代において造られたと記している。あたかも、大勢の神々が集まって出雲大社を建てたかのような表現である。しかしながら、この記述は事実とは認めがたい。おそらくは、『記紀』と辻褄を合わせるために、『出雲風土記』の著者は、出雲大社の建造の時期を神代の時代と語ったのであろう。

　『古事記』・『日本書紀』に関する研究の歴史は確かに古い。今日なお、神話学・宗教学・考古学・歴史学・民族学・言語学など多方面から分析、解読がなされている。戦前の皇国史観に対する反動により、『記紀』に記述された神話の部分には一切、歴史性はないと考えられるに至ったのは自然ななりゆきではあった。もっとも、『記紀』の記述を全くの史実だと鵜呑みにすることもできない。ただ、比較神話学的に見れば、世界の神話で、実際の事跡を伝えている事例は多数存在し、また『記紀』における神代の部分は地名（九州・出雲）も含め具体的な記述

が多く、『記紀』に伝承される神話は日本の古代に起きた何らかの史実を伝えている可能性が高い⁽³⁰⁾。

　『古事記』は律令時代に作られた歴史書である。律令制は農業を根幹とし、いわば弥生時代・古墳時代と続く農業国家成立の歴史の延長線上にある。ゆえに、律令時代は、農業にとって欠かせない太陽の恩恵が大切にされ、太陽の神アマテラスが最高神である。一方で、縄文時代に最も尊敬された火の神は正反対の扱いを受ける。『記紀』神話において、イザナミノミコトは火の神カグツチを産むことによって陰を焼かれて神去りたもうたのである。こうしてイザナミノミコトとカグツチを祭る「花の窟神社」のある熊野のいくつかの地で今なお火祭りが盛んに行われている。火祭り神事の主役たる火の神が死を宣告される一方、同じ熊野の地にあって火の神を崇めるという縄文的風土が今日も色濃く残っているのである⁽³¹⁾。日本に数ある火祭りの中でも代表的と言えるのが、那智の扇祭（毎年7月14日）である。この祭りは、十二体の扇神輿と十二体の大松明が出会うという趣向である。ここにシンボライズされているのは、扇神輿を大松明が迎える、すなわち、渡来の神が土着の火の神に迎えられるという構図である。つまり、昔から、神武の軍を土地の神が迎えたのを偲ぶ祭りと伝えられているわけである⁽³²⁾。九州から東遷したと考えられる神々が、熊野の土地に新しく土着の神として根付き、年に一度の祭りの際に那智の大滝の御前に御帰座されるという神事を、今日どのように解釈することができようか。この那智の例大祭に象徴的に示されているような、『記紀』の中のいわゆる「国譲り」の神話は、天つ神の子の統治に対して、国つ神の代表として、対抗者を説話的に設定しなければならないという理念的産物ともみなしうる⁽³³⁾。

さて、『記紀』は我が国最古の歴史書であり、日本人が自らのことばで綴った最初の記録である。このうちの神話の部分から、何が史実で、何が創作なのかを見極めることができれば、我が国古代の歴史が垣間見えてくるのではなかろうか。『記紀』の記述に従えば、そこに描かれている出雲神話とは、天つ神の住む高天原に対立して、国つ神が集う場面の凝縮した描写である。このように出雲を描くことはすなわち、大和朝廷 対 地方という関係性を象徴的に表わすのだという考え方をすると、成立の背景となる原理としては、例えば、先住民族 対 侵入民族の対立・闘争といった史実を反映しているのではないかという想定も可能である。実際に、天つ神と国つ神の子孫を称する氏族がそれぞれ現実に存在していたし、一地方神にすぎない素戔嗚尊や大国主命の伝承が、国家神話の枠に基づいて、中央集権的な発想により変容していったのであろうと考えるのは自然なことである。いわば中央貴族の政治的理念の産物として神話が誕生したとする見方である。例えて言うならば、1）高天原：出雲、2）支配貴族：農民、3）大和朝廷：被支配者の農民層、4）律令制の原理の担い手：旧来の氏姓制の原理の代表者などである。

那智の火祭り(38)

　『記紀』が現実の政治の動きを反映しているとして、『記紀』の神話において卑弥呼を彷彿とさせる人物は何と言っても天照大神である。古くから、多くの学者・研究者が 卑弥呼＝天照大神 であるという説を唱えている。出雲や九州で起きた、古代人の記憶にある多くの事跡が幾世代にも渡って伝えられ、やがて『古事記』としてまとめられる時、卑弥呼は天照大神となって神話に残った。こう考えるのは無理のない発想であるように思われる。卑弥呼の死後、倭国がどうなったかは、その後の記録や遺跡の発掘結果から推論するしかない。すなわち、「邪馬台国＝大和説」に立てば、邪馬台国は強大になり全国制覇を成し遂げ、やがて大和朝廷になるということになるし、邪馬台国東遷説に立てば、卑弥呼の子孫が東遷し近畿に大和朝廷を立てるということになる。(39)いずれにしても、邪馬台国の主力は物部王朝であり、物部系の全氏族が弥生時代初頭、北部九州の遠賀川流域から河内・大和へ、稲作をもたらした最初の部族として東遷した。『旧事本紀』天神本紀は、このことの次第を記している。(40)神々が活躍する神話というものは、一般に架空的な絵空

事と思われている。しかし、実際はその根幹に、民族が過去に経験した歴史的事実が秘められているものである(41)。いずれの民族も建国の伝承は神話の形式をとるものである。物部降臨神話も建国神話ではあるが、実際には神話の域を出たもので、建国に至るまでの彼らの軌跡を記した伝承である(42)。

確かに、『記紀』に限らず、世界の多くの神話を見渡してみても、神話が実際の事跡を伝えたものであったという事例が多数存在する。『記紀』を全くの創作であり歴史書として省みる必要はないとするよりも、神話を現実界の反映であるという主張の方が合理的であるように思われる(43)。『記紀』は何らかの古代の事跡を伝えていると考え、歴史学の視点から『記紀』を見直すという作業は大いなる興味を引き起こす。しかしながら、山折（2003:273,277-8）の言うよう、私たちは、神話の中に歴史の断片を嗅ぎ取ろうとする習性があまりについてしまっている。『記紀』の中に、例えば王権や国家の形成の跡を探り、地方の豪族の盛衰の跡を読み込む作業を繰り返している。現在までの歴史学や考古学の成果によって、弥生時代の小国家群も姿をおぼろげに見渡すことがある程度可能である。そして、次なる時代の巨大な大和王権の世界を確認することができる。しかしながら、その小国家群という中統合の段階から巨大王権へと統合・展開していく移行期の問題が欠落したままになっている。こうしたプロセスが空白になっているわけである。この点が、歴史の間隙を埋めんとしようとする私たちの本性を刺激するのである。

【注】

(1) この世界はどうやって生まれたのか。この素朴な疑問に世界にある神話はさまざまな形で答えようとしている。例えば『古事記』上巻は次のような一文から始まる：「天地初めておこりしときに、高天原(たかまがはら)に成りませる神の名は、アメノミナヌシ」。

(2) 「花の窟 お綱かけ」神事のこと（三重県無形文化財）。長さ700ひろ（約1260m）のわらなわを編み、これを七つに折り束ねて100ひろ（180m）の大綱とし、この大綱をいわおの上から引き揚げ木の根方に結びつけ、これを浜辺に引いて境内の末の大樹のこずえに引き渡し、さらに海浜を南方に引き延ばして境内南隅の松の根元に結び付ける祭礼。

(3) 花の窟から程近い産田(うぶた)神社付近（北側）に「一の坪」という字名が残っており、この付近が熊野地方における水稲栽培の発祥地であったものと推察される（『熊野市史』264頁）。

(4) 柳田国男によれば、お盆の風習というのは、決して仏教ではなく、仏教以前からあるという。お盆には、祖先の霊が訪れるだけでなく、誰も祭り手のない霊もやって来る。正月も、実際は、死霊がやって来るお祭りであった。（さらに、お彼岸も含めて年4回、祖先の霊がやって来る。）日本人がこのことを知らなかったら大変なことになるというのが、先祖の話を書いた柳田の真情なのである。

(5) 三貴士（アマテラス・ツクヨミ・スサノヲ）の誕生および三界（高天原・葦原中国(あしはらのなかつくに)・根国(ねのくに)）分治のモティーフは、始源的には東南アジア日食神話の一亜型の日本流入の影響がある。二元的な発想法ではないという点において注目される。

(6) 梅原（1985:336）

(7) 日本神話以外にも、北欧神話、ケルト神話を参照のこと。

(8) 山折（2003）。

(9) G. マレイのギリシア古典神話の研究法：ホメロスやヘシオドスらの中央伝承に登場する地名と、それに結びついた英雄の説話が、本当にその地の風土伝承であったかどうかを検証する決め手は、同時代にできたその土地に関する風土誌類や紀行文などに、その説話の原像やその人物の聖所や遺跡が記されているかどうかということである。

(10) 後藤（2017:192）

(11) 「古事記は稗田阿礼と太安万侶の作である。そのように、今まで人は信じてきた。『記紀』にたいして多少の疑いを投げる人も、それに代る有力な証拠が出ない以上、このような常識に従っていた」（梅原1985:289）をも参照のこと。ただし、同著者による「天武天皇が、舎

人稗田阿礼に暗記させた。そして稗田阿礼が二十何年間暗記していたものを、太安万侶に筆記せしめた。今まで多くそのように考えられてきた」(梅原1985:305)あるいは「[…]結論を下すべきときである。古事記、日本書紀の真の作者は藤原不比等である」(梅原1985:355)というダイナミックな新説が提案される余地は十分にある。

(12)かの地の土俗信仰が国家神話に組み込まれた例として、神武帝の死と蘇生が挙げられる（キリスト教の考え方との並列性も指摘される）。

(13)松前（1976:3-4)：「虚像の成立を、ただ少数の中央貴族たちの作為に基づくと説くとか、またさらに焦点を絞って、奈良時代前後のころの、二、三の特定人物の創作に帰するとか、あまりに安直、かつ証拠不十分な解釈で、さっさと片づけてしまうのは危険である」。

(14)宣長は、「熊鰐」、「熊曾」という例を挙げている。

(15)『古事記』では、イザナミノミコトの墓所は出雲国と伯伎国との境の比婆の山とされている。

(16)「花の窟」という名の由来は、増基法師が花をもって祭ったことに因るという。

(17)『古事記伝』巻十（『古事記伝』（三）岩波文庫85頁）で宣長は「木ノ國。名ノ義此字の如し。【紀伊と書クは、必二字に定むべしとの御制に因て、紀ノ音の韻の伊を添たるなり。此例多し。】」と注釈を施している。

(18)https://www.google.co.jp/search?q=%E8%8A%B1%E3%81%AE%E7%AA%9F%E7%A5%9E%E7%A4%BE+%E7%94%A3%E7%94%B0&newwindow=1&hl=ja&rlz=1T4GIGM_jaJP530JP530&source=lnms&tbm=isch&sa=X&ved=0ahUKEwi-stqkssHgAhWCHHAKHWY8BcUQ_AUIDygC&biw=1360&bih=572#imgrc=hFHK5thRHKuLTM:&spf=1550359380418

(19)『古事記伝』（三）岩波文庫86-7頁。

(20)梅原（2000:329)。また、梅原（2000:30)：「日本の文明は、縄文的なものと弥生的なものの二つから成り立っているように思われる。政治的に日本の支配者になったのは弥生の稲作農耕民の子孫であり、彼らは外来者としてのおのれの血の意識のうえに立って、外来文明を尊重した。弥生時代以来、彼らは権力の印を、むしろ外来文明のシンボルである銅鐸や銅鏡を求めたのである」を参照のこと。

(21)http://www.inoues.net/index.html（2018年10月アクセス）

(22)http://www.inoues.net/index.html（2018年10月アクセス）

(23)現在の斐川。

(24)大巳貴神とも言う。

(25)現在の出雲大社。

(26)ここまでが神武東征までの『記紀』神話の概略である。http://www.

inoues.net/index.htm（2018年10月アクセス）
(27) 梅原（2012:340）
(28) 梅原（2012:340-341）
(29) 出雲国風土記は、奈良時代の成立とされる五風土記（常陸、播磨、出雲、豊後、肥前）の中でも、成立当初の様式をもっともよく留めていると言われている。
(30) http://www.inoues.net/index.html（2018年10月アクセス）
(31) 梅原（2000:414-6）。
(32) 梅原（2000:405-6）。
(33) 神々の流竄説、つまり「天照大神の崇拝」対「流された神」という興味深い見解もまた提示されている（梅原1985）。さらに梅原（1985）は、（改変前の）『原古事記』の作者として柿本人麿の名を挙げている。なお、梅原氏によれば、古事記に書かれたことをすべてそのまま真実であると信じることによって、本居宣長もまた、真の神の道を見失ったのである。なぜなら、それによって、彼は古事記、日本書紀に語られた神の教えのみを唯一の神の教えと考え、それ以前の、あるいはそれ以外の日本人がもっていたさまざまな神の教えを、見失ってしまったからである。その点、我々は、『古事記』・『日本書紀』の神々とちがった神々の痕跡を、日本の到るところで見ることが出来るようになったのである（梅原1985:34）。
(34) かつて津田左右吉（1924）が、『記紀』の出雲関係の記事は、ほとんど全く後代の、出雲について明るくない大和の皇室関係者によって政治的意図の下に構想されたとする見解を著した時点から長い時を経て、今日なお諸説紛々たる状況である。
(35) 横田（1977）:「『古事記』上巻に、なぜ皇室に敵対的立場にある出雲の英雄的な神々であるスサノオの命やオホナムチの命の所業について厖大で詳細な記述がなされているのであろうか。」
(36) 肥後（1938）:「出雲とは地理的概念というよりも、むしろ治者階級としての皇室貴族階級と被治者階級としての庶民・農民階級との対立が、天津神と国津神との対立、高天原と地上根国との対立という神話的表現を地理的平面へ投影したものと解する」。
(37) 上山（1975）。
(38) https://www.google.co.jp/search?q=%E9%82%A3%E6%99%BA%E3%81%AE%E7%81%AB%E7%A5%AD%E3%82%8A&newwindow=1&hl=ja&rlz=1T4GIGM_jaJP530JP530&source=lnms&tbm=isch&sa=X&ved=0ahUKEwj606-q85vgAhWPQN4KHatAAAUQ_AUIDygC&biw=1183&bih=497#imgrc=7kFe7G3fWtaGpM:&spf=1549071043184

(39) http://www.inoues.net/index.html（2018年10月アクセス）
(40) 鳥越（2002:7,298）。
(41) 鳥越（2002:9）。
(42) 『日本書記』の「神武東遷」を参照のこと。
(43) 『古事記』に出現する地名や文字は、現在でも見当がつきやすそうな名前をたくさん残している。

第4章
世界の神話

> 神々の中でメルクリウスを最も崇拝する。その像が一番数多く、さまざまなわざを工夫したものと信じ、旅行者を導くもの、富の獲得や商売に大きな力をもつものと思っている。これに次ぐのはアポロやマルスやユピテルやミネルヴァである。これらの神々については他の民族と同じような考え方をしている。すなわちアポロは病気をはらい、ミネルヴァは仕事やわざの手ほどきをし、ユピテルは大空を支配し、マルスは戦争を司る。（カエサル『ガリア戦記』VI 17）

　ケルト人は長い間ゲルマン人と隣接して居住し、紀元前から密接な文化交流を行なってきた。例えば、ドイツに残るケルト語起源の地名（特に河川名など）、鉄の使用、あるいは法律制度など、ケルトからゲルマンへの借用はよく知られている。ゲルマン語とケルト語の密接な関係は紀元前からあったが、ヴァイキング時代には、ゲルマン語の中でも特に北欧語とケルト語の接触が緊密であった。このケルトの神話に目を向けてみると、ゲルマン神話との多くの注目すべき共通点が見出される。こうしてケルト神話の体系もまた、他の神話群との比較という観点から重要な史料を提供してくれる(1)。

　ケルトの神々は実は先行研究でこれまで400以上も名前が挙げられている。しかしながら、そのうち大方はたった一度しか登場しない神であり、現実的には、同じ性格をもつ神々が各地域で別々の名前で呼ばれていただけで、地域ごとに独自の神々

が無関係に群立していたのではないであろう。上で引用した『ガリア戦記』の個所は学問的史料としては有用であるが、もちろんローマ的解釈（他の民族の神々をローマ神話の枠組みで捉えること）には気を配らねばならない。つまり、カエサルはガリアのケルト人の神々を指して、ちょうどそれらに近い性質をもったローマの神々の名を使って記述しているのである。ローマの神々（そしてこれらに先行するギリシア神話のオリュンポス12神）になぞらえて捉えているわけで、ゲルマン神話でいう、第一機能（暴君・僧侶）をもつオーディン・チュール、第二機能（軍事）をもつトールに対応するのが、ケルト神話では、それぞれ、エスス Esus（ギリシアのアレス、ローマのマルスに相当）・テウタテス Teutates（ギリシアのヘルメス、ローマのメルクリウスに相当）、タラニス Taranis（ギリシアのゼウス、ローマのジュピターに相当）である。

	ゲルマン神話	ケルト神話	ギリシア神話	ローマ神話
暴君	オーディン	エスス	アレス	マルス
僧侶	チュール	テウタテス	ヘルメス	メルクリウス
軍事	トール	タラニス	ゼウス	ジュピター

ただし、ケルトの神々は場合によっては、そのまま人間であるようなものなので、上の図表のように明確に対応するとは言い難い面もある。例えば、テウタテスが対応する神は必ずしも固定的ではなく、碑文の調査によるとテウタテスはメルクリウスともマルスとも同一視された形跡がある。いずれにしても、ガリアのケルト人の神殿では、エスス神・テウタテス神・タラニス神が崇拝されていたようである。

エススは、最高神で、一般に戦闘の神である。人間の供犠を好み、しかもそれは樹に吊して供えられる。文明の神、詩人の神、雄弁と魔法の神で、それどころか、オーディンと同じように息子を失う。また、空を駆ける駿馬、（ミーミルの）切られても話をする首など、オーディンを思わせる多くの類似点がある。また、テウターテスは、種族の守護者で仲裁者であり、祖先の神でもあった。その名は語源の面では「部族」を意味するteuta, touta, totaに由来すると言われている。この神に献じられた石碑などが多く発見されている。ラテン語の碑文に「マルス・テウターテス」という神名が見られ、カエサルらローマ人が、ローマ神話で戦いの神でもあったマルスになぞらえてテウターテスを理解していたことがわかる。さらに、タラニスは、雷・稲妻・嵐の神である。ことばの上でもゲルマン人のトールに似ていると言える。語源的には、ゴール語のtaran「雷鳴」に由来すると考えられる。この神は、太陽と天上の神であり、炎、空の神でもある。ローマ神話の天空神ジュピターの称号の1つにタラヌクス Taranucus というのがあり、ローマ人はタラニスをジュピターと同一視していたであろうことが推察される。

　これら3柱がケルトの人々の間で祀られていたであろうと推測できる史料がある。ルカヌス（ローマの詩人。ストア派の哲学者セネカの甥）の叙事詩『内乱記』（De Bello Civili, ポンペイウスとカエサルの争いをテーマに共和政の末路を描く）がそれで、ここでは、カエサルがマッサリア（現在のマルセイユ）を攻めた時のエピソードが記述されている。カエサルは叫ぶ（『内乱記』第1巻 444-446）。

　汝ら、残忍なテウターテスを、恐ろしい血によって、

獰猛なエススを血なまぐさい祭壇によって、なだめる者よ、タラニスの祭壇も［…］恵みなどもたらさない。

　カエサルは、ドルイド僧の護っていた聖なる森の伐採を命じ、これに尻込みする兵士たちにむかって「非道の罪はひとり我にありと思え」と言い、自ら真っ先に斧を入れたという。土地の人々が神聖視している神の土地へ、祟りを恐れず踏み込んで行く支配者の態度である。マルセイユの聖林に祀られていた神々こそが上のテウターテス・エスス・タラニスなのである。

　ここで概観したケルト神話も、ローマ神話との関連性など内容上はかなり入り組んだものになっているが、ゲルマンの『エッダ』の神話と同様、より大きな枠組みの中にどのように組み込んでいくかという比較神話学のアプローチで取り組んでいくべき対象である。神話群の比較研究はえてして、拡がりはもつものの解釈が皮相なものになりがちではあるが、インド・ヨーロッパ語族の伝承を厳密に比較するという手法により、共通な太古に遡れる宗教的思考の根本構造を立証し、これまで説明のつかなかった多くの事象に新しい光を当てることができる。さらに世界のさまざまな神話群を考究するのにも有効な方法論が確立される可能性を秘めている。

【注】

(1) Grimal（1967:9-44)
(2) 鶴岡・松村（1999:87)
(3) これらの神々の役割ははっきりとは区分されていなかったようである。また、地域によってこの3柱の機能が入れ替わることもあった。

(4) 主人・支配者が語源であると考えられる。
(5) ケルトの古文字であるオガム文字を創造したとされる、文化・雄弁のケルトの神オグミオスは、ルーン文字を発明したオーディンとよく似ている。
(6) 島嶼（ブリテン・アイルランド）のケルト人の間ではグィディオンGwydionという名である（Grimal 1967:26-32）。
(7) テウターテス・タラニスに比べると考古学上の発見は少ない。
(8) ルカヌスによってしか伝えられていないが、この神はケルト文化圏全域に広まっていた形跡がある。
(9) スケルスという（鬚がある）ケルトの神は木槌をもち、ゲルマンのトール神を思わせる。
(10) 鶴岡・松村（1999:88-90）
(11) 『内乱記』第3巻（420）

参考文献

第Ⅰ部

朝岡勝（2016）:『ニカイア信条を読む』いのちのことば社
荒井献 他（1997）:『新約聖書外典』講談社文芸文庫
荒井献 他（1998）:『使徒教父文書』講談社文芸文庫
アーマン、バート／津守京子 訳（2011）:『キリスト教の創造──容認された偽造文書』柏書房
バルト、カール／佐藤敏夫 訳（1996）:『バルト自伝』新教出版社
バルト、カール／井上良雄 訳（1991）:『カール・バルト説教選集』6、日本基督教団出版局
ブランケンベイカー、フランシス／後藤・渋谷 訳（1997）:『イラスト早わかり「聖書」ガイドブック』いのちのことば社
ブリンカー・フォン・デア・ハイデ、クラウディア／一條麻美子 訳（1997）『写本の文化誌』白水社
ブルトマン、ルドルフ／川端純四郎・八木誠一 訳（1963）:『イエス』未来社
ブッシュ、エーバーハルト／小川圭治 訳（²1995）:『カール・バルトの生涯1886-1968』新教出版社
ブッシュ、エーバーハルト／佐藤司郎 訳（2009）:『バルト神学入門』新教出版社
カーギル、ロバート／真田由美子（2018）:『聖書の成り立ちを語る都市 フェニキアからローマまで』白水社
中東教会協議会 編（1993）:『中東キリスト教の歴史』日本基督教団出版局

エウセビオス／秦剛平 訳（2004）:『コンスタンティヌスの生涯』京都大学学術出版会

エウセビオス／秦剛平 訳（2010）:『教会史』上　講談社学術文庫

ファイル、エルンスト（2001）『ボンヘッファーの神学 解釈学・キリスト論・この世理解』日本ボンヘッファー研究会訳、新教出版社

藤代泰三（1989）:『キリスト教史』嵯峨野書院

グラーフ、フリードリヒ／片柳榮一 監訳（2014）:『キリスト教の主要神学者』上　教文館

グラーフ、フリードリヒ／安酸敏眞 監訳（2014）:『キリスト教の主要神学者』下　教文館

グリム, J. & W.(千石・高田 編)(2017)『グリム兄弟 言語論集』ひつじ書房、Grimm, Jakob (1864, ²1879) „Über etymologie und sprahvergleichung," & „Über den ursprung der sprache." *Kleinere Schriften*. Band 1, Berlin.

ハーレイ、ヘンリー（2003³)『聖書ハンドブック』聖書図書刊行会

橋口倫介（2014）:『十字軍 - その非神話化』岩波新書

橋口倫介 監修（2008）:『キリスト教史』（普及版）朝倉書店

橋本祐樹（2008）:「D・ボンヘッファーにおける＜世＞の理解:『服従』第II部を中心に」『神学研究』(関西学院大学) 第55号、S.157-168.

秦 剛平（2000）:『ヨセフス』ちくま学芸文庫

秦 剛平（2018）:『七十人訳ギリシア語聖書入門』講談社選書メチエ

ホーファー、ヴァルター／救仁郷繁 訳(1982)『ナチス・ドキュメント』ぺりかん社

蛭沼寿雄（1972）:『新約正典のプロセス』山本書店

蛭沼寿雄（1987）:『新約本文学史』山本書店

堀川敏寛（2018）:『聖書翻訳者ブーバー』新教出版社

いのちのことば社（2007）:『バイリンガル「聖書」』

石川明人（2016）:『キリスト教と戦争』中公新書

カウフマン、トーマス／宮谷尚実 訳（2010）:『ルター 異端から改

革者へ』教文館

クライン R.A. 他／佐々木勝彦 他訳（2013）『キリスト教神学の主要著作－オリゲネスからモルトマンまで』教文館

加藤 隆（1999）：『「新約聖書」はなぜギリシア語で書かれたか』大修館書店

加藤 隆（2016）：『集中講義「旧約聖書」』NHK出版

勝又悦子・勝又直也（2016）『生きるユダヤ教』教文館

川口 洋（1996）：『キリスト教用語小辞典』同学社

川村輝典 他（1976）：『聖書外典偽典』第六巻（新約外典Ⅰ）教文館

河崎 靖（2015）：『ボンヘッファーを読む』現代書館

前田護郎（[13]1975）：『聖書』（世界の名著12）中央公論社

南川高志（2015）：『ユリアヌス 逸脱のローマ皇帝』世界史リブレット（山川出版社）

森 平太（2004）：『服従と抵抗への道』新教出版社

村上 紳（2003）：『ボンヘッファー』清水書院

鍋谷堯爾（2009）：『創世記を味わうⅠ』いのちのことば社

日本基督教団出版局『旧約聖書注解』日本基督教団出版局『旧約聖書注解』日本聖書協会（2000）：『死海写本と「聖書」の世界』（キリスト降誕2000年「東京大「聖書」展」実行委員会）

大里 巌（1998）「ナチス政権下における教会の対応ことグラフ・フォン・ガレン司教の抵抗運動」『広島女学院大学論集』48, S.21-37.

ペティグリー、アンドルー／桑木野幸司 訳（2017）：『印刷という革命』白水社

ペレス、フランシスコ（1985）：「アウグスティヌスの戦争論」『中世思想研究』第27号、S.25-51.

佐藤 研（2003）：『「聖書」時代史 新約篇』岩波現代文庫

シュミット、ディートマール／雨宮栄一 訳（1959）：『マルティン・ニーメラー その戦いの生涯』新教出版社

シュミット、ヴィルヘルム／四本美彦 他（2004）：『総論ドイツ語の

歴史』朝日出版社

塩谷 饒（1975）:『ルター「聖書」のドイツ語』クロノス

塩谷 饒（1983）:『ルター「聖書」』大学書林

シュタインバッハ、ペーター ＆トゥヘル・ヨハネス／田村光彰 他訳（1998）『ドイツにおけるナチスへの抵抗 1933-1945』現代書館

寺沢芳雄（1969）:『英語の聖書』冨山房

徳善義和（2004）:『マルチン・ルター 原典による信仰と思想』リトン

徳善義和（2007）:『マルチン・ルター 生涯と信仰』教文館

徳善義和（2012）:『マルティン・ルター ことばに生きた改革者』岩波新書

山﨑和明（2003）:『ボンヘッファーの政治思想』新教出版社

山﨑和明（2003）「反ナチ抵抗牧師の決断 ―ヒトラー暗殺・クーデタ計画―」『キリスト教文化研究所紀要』（金城学院大学）第8号, 1-48.

山谷・高柳・小川（[38]1995）:『「新約聖書」略解』日本基督教団出版局

Aland, Kurt (1962) *The Problem of the New Testament Canon*. London : Mowbray.

Barth, Karl (1925) *Das Wort Gottes und die Theologie*. München : Kaiser.

Barth, Karl (1945) *Eine Schweizer Stimme*. Zürich : Evangelischer Verlag.

Barth, Karl (1956) *Die Menschlichkeit Gottes*. Zürich : Evangelischer Verlag.

Barth, Karl (1998) *Predigten 1916*. (Hg. von Hermann Schmidt) Zürich : Theologischer Verlag.

Bethge, Eberhard (1967) *Dietrich Bonhoeffer. Theologe - Christ - Zeitgenosse. Eine Biographie*. München : Chr. Kaiser Verlag.

Bonhoeffer, Dietrich (1998) *Ethik, Dietrich Bonhoeffer Werke*

(6.Band), Hrsg. von Martin Kuske & Ilse Tödt, München : Chr. Kaiser Verlag.

British & Foreign Bible Society (1954) *The Gospel in Many Tongues*.

Campenhausen, Hans Freiherr (1968) *Die Entstehung der christlichen Bibel. Lost Scriptures*: Books that Did Not Make It into the New Testament. Oxford : Oxford University Press.

Hamp, V. et al. (1979) *die ganze heilige schrift*. Prisma Verlag.

Hoffnung für Alle® (Hope for All) Copyright © 1983, 1996, 2002 by *Biblica*, Inc.®

Martin Luthers Werke. Kritische Gesamtausgabe (Weimarer Ausgabe) Band 18 (1908). Weimar : Hermann Böhlau.

Quadro-Bibel (2010) 5.0 Vollversion (German Edition)

第Ⅱ部

朝岡勝 (2016)：『ニカイア信条を読む』いのちのことば社
バルト、カール／佐藤敏夫 訳 (1996)：『バルト自伝』新教出版社
バルト、カール／井上良雄 訳 (1991)：『カール・バルト説教選集』6　日本基督教団出版局
ブランケンベイカー F. (後藤・渋谷 訳) 1997：『イラスト早わかり「聖書」ガイドブック』いのちのことば社
ブルトマン、ルドルフ／川端純四郎・八木誠一 約 (1963)：『イエス』未来社
ブッシュ、エーバーハルト／小川圭治 訳 (21995)：『カール・バルトの生涯 1886-1968』新教出版社
ブッシュ、エーバーハルト／佐藤司郎 訳 (2009)：『バルト神学入門』新教出版社
中東教会協議会 編 (1993)：『中東キリスト教の歴史』日本基督教団出版局

ファイル、エルンスト（2001）『ボンヘッファーの神学 解釈学・キリスト論・この世理解』日本ボンヘッファー研究会訳、新教出版社

藤代泰三（1989）：『キリスト教史』嵯峨野書院

グラーフ／片柳榮一 監訳（2014）：『キリスト教の主要神学者』上 教文館

グラーフ／安酸敏眞 監訳（2014）：『キリスト教の主要神学者』下 教文館

グリム, J. & W.（千石・髙田 編）(2017)『グリム兄弟 言語論集』ひつじ書房、Grimm, Jakob (1864, ²1879) „Über etymologie und sprahvergleichung," & „Über den ursprung der sprache." *Kleinere Schriften*. Band 1, Berlin.

橋口倫介（2014）：『十字軍－その非神話化』岩波新書

橋口倫介 監修（2008）：『キリスト教史』（普及版）朝倉書店

ホーファー、ヴァルター／救仁郷繁 訳(1982)『ナチス・ドキュメント』ぺりかん社

橋本祐樹（2008）：「D・ボンヘッファーにおける＜世＞の理解：『服従』第Ⅱ部を中心に」『神学研究』（関西学院大学）第55号、S.157-168.

蛭沼寿雄（1972）：『新約正典のプロセス』山本書店

カウフマン、トーマス／宮谷尚実 訳（2010）：『ルター 異端から改革者へ』教文館

クライン R.A. 他／佐々木勝彦 他訳（2013）『キリスト教神学の主要著作——オリゲネスからモルトマンまで』教文館

ハーレイ H.H.（2003³）：『「聖書」ハンドブック』『聖書』図書刊行会

いのちのことば社（2007）：『バイリンガル「聖書」』

石川明人（2016）：『キリスト教と戦争』中公新書

加藤 隆（1999）：『「新約聖書」はなぜギリシア語で書かれたか』大修館書店

加藤 隆（2016）：『集中講義「旧約聖書」』NHK出版

川口 洋（1996）：『キリスト教用語小辞典』同学社

川村輝典 他（1976）:『聖書外典偽典』第六巻（新約外典Ⅰ）教文館
河崎 靖（2015）:『ボンヘッファーを読む』現代書館
前田護郎（[13]1975）:『聖書』（世界の名著12）中央公論社
南川高志（2015）:『ユリアヌス 逸脱のローマ皇帝』世界史リブレット（山川出版社）
森 平太（2004）『服従と抵抗への道』新教出版社
村上 紳（2003）『ボンヘッファー』清水書院
鍋谷堯爾（2009）:『創世記を味わうⅠ』いのちのことば社
日本聖書協会（2000）:『死海写本と「聖書」の世界』（キリスト降誕2000年「東京大「聖書」展」実行委員会）
大里 巌（1998）「ナチス政権下における教会の対応ことグラフ・フォン・ガレン司教の抵抗運動」『広島女学院大学論集』48, S.21-37.
ペレス、フランシスコ（1985）:「アウグスティヌスの戦争論」『中世思想研究』第27号、S.25-51.
佐藤 研（2003）:『「聖書」時代史 新約篇』岩波現代文庫
シュミット、ディートマール／雨宮栄一 訳（1959）:『マルティン・ニーメラー その戦いの生涯』新教出版社
塩谷 饒（1975）:『ルター「聖書」のドイツ語』クロノス
塩谷 饒（1983）:『ルター「聖書」』大学書林
シュタインバッハ、ペーター＆トゥヘル・ヨハネス／田村光彰 他訳（1998）『ドイツにおけるナチスへの抵抗 1933 1945』現代書館
徳善義和（2004）:『マルチン・ルター 原典による信仰と思想』リトン
徳善義和（2007）:『マルチン・ルター 生涯と信仰』教文館
徳善義和（2012）:『マルティン・ルター ことばに生きた改革者』岩波新書
山﨑和明（2003）:『ボンヘッファーの政治思想』新教出版社
山﨑和明（2003）「反ナチ抵抗牧師の決断 ―ヒトラー暗殺・クーデタ計画―」『キリスト教文化研究所紀要』（金城学院大学）第8号,

1-48.

山谷・高柳・小川（[38]1995）:『「新約聖書」略解』日本基督教団出版局

Aland, Kurt (1962) *The Problem of the New Testament Canon*. London : Mowbray.

Barth, Karl (1925) *Das Wort Gottes und die Theologie*. München : Kaiser

Barth, Karl (1945) *Eine Schweizer Stimme*. Zürich : Evangelischer Verlag.

Barth, Karl (1956) *Die Menschlichkeit Gottes*. Zürich : Evangelischer Verlag.

Barth, Karl (1998) *Predigten 1916*. (Hg. von Hermann Schmidt) Zürich : Theologischer Verlag.

Bethge, Eberhard (1967) *Dietrich Bonhoeffer. Theologe - Christ - Zeitgenosse. Eine Biographie*. München : Chr. Kaiser Verlag.

Bonhoeffer, Dietrich (1998a) *Ethik, Dietrich Bonhoeffer Werke* (6. Band), Hrsg. von Martin Kuske & Ilse Tödt, München : Chr. Kaiser Verlag.

Campenhausen, Hans Freiherr (1968) *Die Entstehung der christlichen Bibel*. Tübingen : Mohr Siebeck.

Hamp, V. et al. (1979) *die ganze heilige schrift*. Prisma Verlag

Martin Luthers Werke. Kritische Gesamtausgabe (Weimarer Ausgabe) Band 18 (1908). Weimar : Hermann Böhlau.

Quadro-Bibel plus (2000) R. Brockhaus Verlag

第Ⅲ部

石母田正（1973）『日本古代国家論』第二部　岩波書店
上山春平（1975）『続・神々の体系』中央公論社
梅原 猛（1985）『神々の流竄』集英社文庫

梅原 猛（2000）『梅原猛著作集』第6巻「日本の深層」小学館
梅原 猛（2012）『葬られた王朝—古代出雲の謎を解く—』新潮文庫
大林太良（1966）『神話学入門』中公新書
岡崎 晋（1999）：「ルーン文字とそのメッセージ—スウェーデン、その他の北欧諸国のルーン文字銘文から—」『学習院大学言語共同研究所紀要』第23号、S. 3-14.
加藤 隆（1999）『新約聖書はなぜギリシア語で書かれたか』大修館書店
熊野市教育委員会（1983）『熊野市史』上巻
倉野憲司 校注（1963）『古事記』岩波文庫
後藤 明（2017）『世界神話学入門』講談社現代新書
菅原邦城（1984）『北欧神話』東京書籍
周藤芳幸・村田奈々子（2000）『ギリシアを知る事典』東京堂出版
周藤芳幸・澤田典子（2004）『古代ギリシア遺跡事典』東京堂出版
竹内茂夫（2008）：「『ABC』の起源にせまる　アルファベットのルーツ　4000年の歴史をもつ世界文字の"原型"とは？」『ニュートン』（2008）5月号
谷口幸男（1987）『ゲルマンの民俗』渓水社
津田左右吉（1924）『神代史の研究』岩波書店
鶴岡真弓・松村一男（1999）『ケルトの歴史 文化・美術・神話をよむ』河出書房新社
鳥越憲三郎（2002）『女王卑弥呼の国』中公叢書
中村善也・中務哲郎[24]1998）：『ギリシア神話』岩波ジュニア新書
肥後和男（1938）『日本神話研究』河出書房
肥後和男（1938）『古代伝承研究』河出書房
藤森 緑（2006）『ルーン・リーディング』魔女の家BOOKS
松前 健（1976）『出雲神話』講談社現代新書
松村一男（1999）『神話学講義』角川書店
松村一男（2000）「神話に民族の分岐を見る—デュメジル流の比較

神話学的観点から」『言語』（大修館）12月号、26-33頁。

松島道也（²2004）：『図説ギリシア神話「神々の世界」篇』河出書房新社

松島道也・岡部紘三（2002）：『図説ギリシア神話「英雄たちの世界」篇』河出書房新社

三浦佑之（2003）『古事記講義』文芸春秋

安彦良和（2003）『古事記巻之二神武④』（中公文庫コミック版）

柳田国男（1910）『遠野物語』聚精堂

山折哲雄（2003）『古事記巻之二神武①』解説（中公文庫コミック版）

横田健一（1977）「古事記に於ける出雲関係記載の一考察」伊藤清司・大林太良 編『日本神話研究』3

吉田敦彦（1975）『比較神話学の現在』朝日出版社

吉田敦彦・松村一男（1987）『神話学とは何か』有斐閣新書

デュメジル, G.（松村一男 訳）（1987）『神々の構造──インド・ヨーロッパ語族三区分イデオロギー』国文社

Grimal, Pierre（1967）*Mythen der Völker*. Frankfurt.

グリム, J. & W.（千石・髙田 編）（2017）『グリム兄弟 言語論集』ひつじ書房、Grimm, Jakob（1864, ²1879）„Über etymologie und sprahvergleichung," & „Über den ursprung der sprache." *Kleinere Schriften*. Band 1, Berlin.

ホイスラー, A.（吉田孝夫 訳）（2017）『図説 ゲルマン英雄伝説』八坂書房

リトルトン, C. S.（堀美佐子 訳）（1981）『新比較神話学』みすず書房

マグヌス, O.（谷口幸男 訳）（1991-1992）『北方民族文化誌』上・下巻」渓水社

Odenstedt, Bengt（1990）*On the Origin and early History of the Runic Script*. Uppsala: Almqvist & Wiksell International.

Petersen, Henry（1876）*Om Nordboernes Gudedyrkelse og Gudetro i Hedenold, en antikvarisk undersörgelse*（異教時代における北

欧人の神崇拝と神信仰―古代論考). C.A. Reitzels Forlag.

ラーニシュ, W.（吉田孝夫 訳）(2014)『北欧神話の世界』八坂書房

Schmidt, Wilhelm (1930) *Handbuch der vergleichenden Religionsgeschichte*. Münster.

おわりに

　本書は、主にドイツ語の諸テクストを使いながら、神学・神話の歴史とその意義を考察する試みである。つまり、キリスト教の伝播・拡張の過程を「文化的格闘の歴史」と見ることによって『聖書』がこれまでさまざまな文化圏で及ぼしてきた影響について検討・考究を行うものである。

　ここで述べる「文化」とは特定の一分野の学問的アプローチに限定した手法にこだわらず、隣接諸分野の知見を総合的に援用しつつキリスト教の伝播を見つめ直そうとする視点という含意がある。そのために、さまざまな人の思想を直接的に表現する言語史料を重視するため、本書では、多くの外国語の文献を紹介している。では、なぜ日本語に翻訳されたテクストではなく、外国語の原典とともにキリスト教のことを考えるのかという疑問をもたれる方もいらっしゃるでしょうが、実はここには一つの重要な問題が含まれているからである。それが“翻訳"の問題である。ご存じのように初期キリスト教が流布・拡大していく段階で、『聖書』は政治的闘争のプロセスも交えながら、言語媒体（メディア）として伝承されてきた。ではその際どのようにして翻訳の問題を解決してきたのであろうか？　単なる表面的なことばの問題というレベルを越えて、伝道者は『聖書』の内容をいかにして伝えてきたのか？　はたまた『聖書』の翻訳というのはそもそも可能なのであろうか？　このプロセスはまさに異文化どうしの対話を成立させようとする、しばしば命がけともなった、きわめて真摯な文化闘争と言ってもいい。他者の思考や信仰を理解するのはもちろん容易ではない。まして

や同意するとなれば、そのための努力は一定の時間枠で収まるものではないだろう。キリスト教がすでに公認されていた4世紀のローマ帝国でさえ、政治的思惑も絡んで、一時、伝統宗教への揺り戻しが起こったくらいである。そこで絶対的に必要となるのは「言葉」である。自らの胸のうちの想いを他者に伝えるためには、どうしても＜言語＞が必要になる。宗教に聖典があるのは、その意味で必然とも言える側面があるのだろう。このように、ことばの問題に留まらず『聖書』にまつわる言語文化的な諸問題を歴史的文脈の中で取り組んでいくのが本書の主題である。

　そもそも宗教を理解しようという営みには、必然的に時空を越えた人びとへの想像力が求められる。その教義へ賛同するか否か以前に、まずはその信仰を求めた人びとへの理解が必要になる。キリスト教に限ることなく、仏教やイスラム教、または日本の宗教である神道ですらも、その教えを深く理解しようと思えば、はるか昔の異文化の中で暮らす人びとの生き方を考え、聖典が編まれ、信仰が確立したプロセスを謙虚に受け入れなければならない。外国の文化・歴史・言語に対し十分な想像力を働かせ、正確な知識を得ようとする努力は、寛容の精神を培うことにもつながっている。宗教史について学ぶ重要性はこの点にもあることは間違いない。そして、実は宗教史は、きめわて深刻な「教訓史」という側面ももつ。宗教に関心をもつ者は、人類の歴史の中で、忘れたくても忘れられない側面があることに目をつむってはならない。例えば、『旧約聖書』の「ヨシュア記」（6:18など）には現に＜聖絶＞というおぞましい事実が描かれている。これは、敵対する異民族は（家畜も含め）生けるもの皆が殺戮されるというものである。聖絶の対象とされた敵

おわりに　289

対異民族は、宗教的理由により根絶やしにされ、異教の神を拝むという理由で当該者・それに関連する事物はことごとく滅ぼし尽くされる。こうなった時、殺戮戦は聖戦として正当化されることになる。人類そのものの歴史がそうであるように、宗教史もまた、理性と誤謬、寛容と憎悪という両極が混在する大きな渦を成している。この混沌の中から私たちは今、希望を見出すための英知が求められているのである。

さて、私たちの多くは、いかに生きるかという問いを抱いて日常の生活を送っている。何かに関心を寄せ、それをいかに信じ得るかという日々の問いかけである。信仰論的な問いではなくとも、時にある思想に向かって、その思想家との対話を通して、次第にその思想世界の中に入っていく。しかし、その対象がキリスト教の場合、その考察はより詳細かつ難解なものにならざるを得ない。二千年の研究史のある神学を個々の神学者と関連付けながら有機的体系を築くのは確かに決して容易な作業ではないからだ。近年の神学者、例えば第二次世界大戦中のドイツ人神学者・牧師D.ボンヘッファー[5]やアメリカ人神学者・牧師R.ニーバー[6]のような場合であっても、彼らの生き方を現代的文脈でどのように捉えたらいいのかという問いは決して容易なものではない。時代の動きの中で、信仰と社会の関係に触れることは避けて通れず、また、キリスト教倫理の観点から神学の基本的問題に立ち返ることも必須であろう。

本書（特に第Ⅱ部）では主要なキリスト教思想家たちの思索を辿り、個々の人間理解を一つの軸として記述を進めていく。そのために、それぞれの神学者の全体的なテーマに適うであろう数編の著作の抄訳・抜粋という形で全体を構成することにした。もちろん、思想家たちの大部の原典から一部を抜粋して、

神学者たちの思想の全貌を明らかにするというのは至難のことである。例えば、意外に思われるだろうが、ルターには主著と言われるものがない。残された諸文書が扱う対象も多岐にわたっている。多くの神学者たちの思想のエッセンスを取り出す作業は、ともすれば断片的な言葉の紹介になりがちである。本書ではそのリスクも意識しつつ、それでも偉大な先人たちの言葉の森に分け入らんとするものである。現代人のほとんどの方には大著や全集を一生かけて研究する贅沢は許されていない。日々刻々と起きている問題群の中で速やかに判断しなければならない場面も少なくない。本格的な長期間の研究は神学思想を理解するためには理想的かもしれないが、残念ながらほとんどの現代人にとってそれは現実的ではない。現代人にとって今むしろ必要なのは、一片の警句の中に時代を超越した真理を見出す、動的なリテラシーなのだろう。現代文明の曲がり角に立つ我々に今、求められている英知は、短い箴言の中に籠められたメッセージを抽出する解析能力なのだろう。そこで本書では、神学者・思想家たちの主要と思われる著作を取り上げ、その思想世界の一端に触れることができるように心掛けた。神学者の思想の発展のプロセスを跡づけることは大切であり、この作業を踏まえて、神学者たちが信仰者としていかに生きたかを浮き彫りにするというアプローチをとった。こうしたアンソロジー（著作抄）の試みがどのくらい思想・倫理の核心を示すことができているかは心許ない。読者の判断に委ねる他ないが、信仰の一端に触れ人生の学びとしてもらうことが筆者のひそかな願いである。

【注】

(1) 神話には一定の決まったテクストがあったわけではなく、その内容が時代や場所によって異なる、口承口伝の形態をとってきた。
(2) なぜ本書では数ある外国語テクストの中で、あえてドイツ語のテクストを多用しているのであるか？ そこには実はドイツ語圏とキリスト教の歴史が深く関係している。この点についても本書の記述の中でその都度、言及している。
(3) 宗教間対話の類型として一般に次の3つが挙げられる：①原理主義（排他主義）、②包括主義（優越主義）、③宗教多元主義。
(4) 「ヨシュア記」11:12：「ヨシュアは、それらの王たちのすべての町々、および、そのすべての王たちを捕え、彼らを剣の刃で打ち殺し、聖絶した。主のしもべモーセが命じたとおりであった」（新改訳）
(5) 河崎 (2015) 参照。ドイツのディートリッヒ・ボンヘッファー (Dietrich Bonhoeffer, 1906-1945年) は神学者・牧師という立場にありながら、ヒトラーの危険性を当初から見抜き、そのユダヤ人政策を批判し、最後には文字通り命を賭してナチスの暴走を止めようとした。ドイツ人牧師・キリスト者ボンヘッファーは、当時のドイツの教会の多くがナチスに協力したのに対して、反ナチスの闘士としてヒトラーへの激しい抵抗運動を展開した。石川 (2016:67)：「ボンヘッファーの例は暴力と平和に関するアポリアをあらためて私たちに突きつける」や石川 (2016:207)：「愛と平和を説く宗教に血なまぐさいイメージが内包される理由は、逆説的ながら、信仰の目指すものが平和だからである」を参照のこと。
(6) アメリカの神学者・哲学者ラインホルド・ニーバー (Reinhold Niebuhr, 1892-1971年) は、よく「平静の祈り」という呼び名で知られている「ニーバーの祈り」で有名である。次のように始まる祈りです（本来は薬物・アルコール依存症のためのもの）：God, give us grace to accept with serenity the things that cannot be changed, Courage to change the things which should be changed, and the Wisdom to distinguish the one from the other.「神よ、変えることの出来ない事柄については、それをそのまま受け入れる平静さを、変えることの出来る事柄については、それを変える勇気を、そして、この二つの違いを見定める叡智を、私にお与え下さい」。彼はもともとは平和主義の立場であったが、国際的に複雑な社会情勢（例：ナチスの台頭）を転機にいわゆる単純な平和主義を批判する側に身をおくようになる（石川 2016:63）。

河崎　靖（かわさき　やすし）
1960年、三重県生まれ。京都大学大学院文学研究科修士課程修了。現在、京都大学大学院 人間・環境学研究科教授。
著書『ゲルマン語学への招待――ヨーロッパ言語文化史入門――』（現代書館、2006）、『ドイツ語学への誘い――ドイツ語の時間的・空間的拡がり――』（現代書館、2007）、『ドイツ方言学――ことばの日常に迫る――』（現代書館、2008）、『アフリカーンス語への招待――その文法、語彙、発音について――』（現代書館、2010）、『ドイツ語で読む『聖書』――ルター、ボンヘッファー等のドイツ語に学ぶ――』（現代書館、2011）、『ボンヘッファーを読む』（現代書館、2015）。共著書に『低地諸国（オランダ・ベルギー）の言語事情――ゲルマンとラテンの間で――』（大学書林、2002）、『オランダ語の基礎』（白水社、2004）、『ドイツ語学を学ぶ人のための言語学講義』（西本美彦と共著、現代書館、2013）など。共訳書に『オランダ語誌』（現代書館、1999）、『ドイツ語の歴史』（朝日出版社、2004）などがある。

神学と神話
――ドイツ文化誌の視座から

2019年 3月30日　第1版第1刷発行

著　　者	河　　崎　　　　靖
発 行 者	菊　　地　　泰　　博
組　　版	プ　ロ　・　ア　ー　ト
印　　刷	平　河　工　業　社（本文）
	東　光　印　刷　所（カバー）
製　　本	積　　信　　　　堂
装　　幀	大　　森　　裕　　二

発行所　株式会社　現代書館
〒102-0072　東京都千代田区飯田橋3-2-5
電　話 03(3221)1321　FAX 03(3262)5906
振替00120-3-83725　http://www.gendaishokan.co.jp/

©2019 KAWASAKI Yasushi　Printed in Japan　ISBN978-4-7684-5858-7
定価はカバーに表示してあります。乱丁・落丁本はおとりかえいたします。

本書の一部あるいは全部を無断で利用（コピー等）することは、著作権法上の例外を除き禁じられています。但し、視覚障害その他の理由で活字のままでこの本を利用出来ない人のために、営利を目的とする場合を除き、「録音図書」「点字図書」「拡大写本」の製作を認めます。その際は事前に当社までご連絡ください。また、活字で利用できない方でテキストデータをご希望の方はご住所、お名前、お電話番号をご明記の上、右下の請求券を当社までお送り下さい。

活字で利用できない方のための
テキストデータ請求券
『神学と神話』

●現代書館 河崎 靖・好評既刊本

ボンヘッファーを読む——ドイツ語原典でたどる、ナチスに抵抗した神学者の軌跡
河崎 靖 著 ナチス独裁の戦争時代、ヒトラー暗殺計画を計画した者の中に一人の牧師・神学者がいた。この意外な「暗殺者」はどんな思いで戒律を破り、暗殺を決意したのか？ その思想の全容を京大教授がドイツ語テキストから明らかにする。　　　　　　　　　　　2700円+税

ドイツ語で読む『聖書』——ルター、ボンヘッファー等のドイツ語に学ぶ
河崎 靖 著 京都大学教授による書き下ろし。ルターの宗教改革等、キリスト教史上、特異な役割を果たしてきたドイツ語訳聖書の世界を文法・語彙・表現を豊富に例示。ラテン語・ギリシア語等古典語も併記しながら解説。ボンヘッファーのテキストも多数解説。　　2400円+税

ドイツ語学への誘い——ドイツ語の時間的・空間的拡がり
河崎 靖 著 欧州地域内で最も話者が多い言語は実は英語ではなくドイツ語である。EU内で重要な役割を果たすこの言語の歴史・文化・特徴を一般向けに書き下ろした。ドイツ語とルターの宗教改革の関係を軸として宗教と言語の関係も解説する。　　　　　　　　2300円+税

ドイツ方言学——ことばの日常に迫る
河崎 靖 著 「方言礼賛」を超えて、展開されるドイツ方言学入門の真髄。言語学から見た方言とは何か、外国語の方言を学ぶ意義とは何か等の疑問に答えながら、かけがえのない母語としての方言の歴史・特徴・文化的可能性をドイツ方言を通じ考える。　　　　　2300円+税

ゲルマン語学への招待——ヨーロッパ言語文化史入門
河崎 靖 著 英語・独語・蘭語グループのおおもとゲルマン語の全貌と歴史が分かる本。ギリシア、ラテンなど古典語として強い文化的求心力を持つ言語に対し、ゲルマン語が担ってきた多様な文化と歴史を多くの文献、会話例などで詳解する。　　　　　　　　2300円+税

アフリカーンス語への招待(CD付)——その文法、語彙、発音について
河崎 靖 著 南アフリカ共和国を中心として話されるアフリカーンス語は、稀有な歴史を持つ。欧州を源泉とし独自の発展を遂げた。京大教授の著者が発音と文法、語彙について解説。ネイティブ吹き込みによるオリジナルCD付。　　　　　　　　　　　　　　　3000円+税